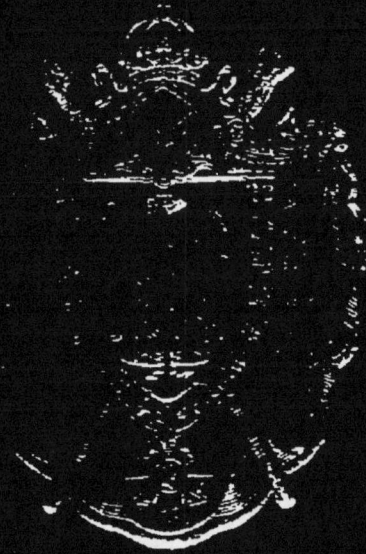

LA

SYNONYMIE

FRANÇAISE.

Se trouve à Paris,

Chez { BRUNOT-LABBE , quai des Augustins.
      { ARTHUS BERTRAND , rue Haute-Feuille.

LA
SYNONYMIE
FRANÇAISE,
OU
DICTIONNAIRE

DE tous les SYNONYMES définis jusqu'à ce jour,
par MM. GIRARD , BEAUZÉE , ROUBAUD ,
GUIZOT , et autres auteurs :

OUVRAGE principalement destiné aux jeunes gens,
qui y trouveront un rapprochement succinct des
Synonymes de la langue française , et une détermination précise des nuances d'acception particulières à chacun d'eux.

Par J. L. PIESTRE , de l'Académie de Lyon.

TOME PREMIER.

A LYON,

Chez CORMON et BLANC, Libraires.

1810.

AVERTISSEMENT
DE L'ÉDITEUR.

J'AVAIS plusieurs fois entendu émettre le vœu que le recueil de Synonymes, publié en trois volumes in-12, fût, quant à l'étendue des articles, réduit au moins de la moitié, afin que, par une diminution de prix proportionnelle, cet ouvrage devînt d'une acquisition moins coûteuse, et, par conséquent, d'une utilité plus générale.

Ce vœu me détermina à relire le travail de MM. GIRARD, BEAUZÉE et ROUBAUD; et cette dernière lecture m'ayant convaincu de la possibilité et même de l'utilité de la réduction désirée, je me décidai à l'entreprendre. Voici comment je l'ai exécutée.

L'abbé GIRARD est aussi ingénieux dans

a

ses définitions qu'heureux dans le choix des exemples dont il les appuie ; mais il a plusieurs fois associé des mots qui ne sont point synonymes : plusieurs fois aussi, où la véritable différence de deux synonymes lui a échappé, et alors il a établi entre eux des distinctions purement imaginaires ; ou bien enfin il n'a que très-superficiellement indiqué les fonctions respectives des termes qu'il comparait : ce qui fait que les *synonymies* de cet auteur sont assez souvent inexactes ou incomplètes. Je n'ai point hésité à supprimer le très-petit nombre de ses articles où des mots entièrement différens d'acception se trouvaient mal-à-propos rapprochés. Quant aux inexactitudes, il m'a été facile d'y remédier, puisqu'elles ont été, pour la plupart, relevées par Roubaud, dont je n'ai eu qu'à emprunter les observations, pour les placer d'une manière convenable.

Beauzée, grammairien plus savant et dialecticien plus sévère que Girard, creuse davantage son sujet; mais une certaine affectation de métaphysique, dont il paraît qu'il ne savait pas se défendre, l'a fait tomber par fois dans l'obscurité, et même dans l'erreur. J'ai tâché de donner à ses articles une rédaction propre à éclaircir ce qui voulait être éclairci : tout ce qui m'a semblé faux, subtil, alambiqué, je n'ai pas craint de le retrancher; et dans cette réforme, c'est encore l'excellente critique de Roubaud, bien plus que mon propre jugement, qui m'a servi de guide.

Disciple de Gébelin, et comme lui très-docte étymologiste, Roubaud l'emporte d'ailleurs sur les deux précédens en profondeur, en justesse, en solidité; et tout ce qu'il voit, il le rend avec une netteté et une précision admirables. Mais si c'est toujours en homme de talent qu'il emploie les immenses ressources de son érudition pour jeter la plus vive lumière sur la signification essentielle et l'énergie particulière des mots soumis à ses recherches, il faut avouer aussi qu'il mêle souvent à une foule de vérités utiles, des choses entièrement problématiques, et qui, en dernière analyse, sont très-indifférentes pour l'exactitude du langage et la pureté de la diction. Sans doute il est nécessaire que les gens bien nés et bien élevés, connaissent la valeur précise de tous les mots de la langue usuelle; mais qu'est-il besoin pour eux de remonter à l'origine même de chacun de ces mots, de vouloir assister en quelque façon à sa formation, rechercher à quelle langue il appartient primitivement, le suivre dans ses émigrations, l'observer dans toutes ses modifications successives, soit d'acception, soit d'orthographe ; se procurer enfin une histoire complète de ce mot? Qu'importe à ceux qui désirent simplement acquérir cette justesse d'expression sans laquelle le discours ne peut plus être la peinture fidèle de nos sentimens et de nos pensées, qu'importe, dis-je, que vous leur appreniez d'où vient un mot, et ce qu'il a été avant de passer à l'état où on le trouve? Quelle est sa signification présente? quel est son usage dans la langue, telle que la parlent aujourd'hui les meilleurs écrivains? en quoi diffère-t-il de tel ou tel autre mot avec lequel on pourrait le confondre? Voilà ce que personne ne devrait ignorer, et à quoi il serait bon qu'un lexicographe sût restreindre son érudition.

J'ai donc abrégé de beaucoup les articles de ROUBAUD, en en retranchant les recherches purement étymologiques qui les alongeaient presque tous. Mais en me permettant ces retranchemens, commandés par le cercle étroit dans lequel je voulais me renfermer, j'ai religieusement conservé le texte de cet auteur qui m'a paru définir les synonymes avec le plus de vérité et de concision, et caractériser le plus heureusement leurs différences. Je me plais à le répéter : ROUBAUD réunit, à un très-haut degré, les qualités nécessaires pour bien traiter un sujet tel que celui-ci, et il eût rendu un service inappréciable à la langue française, en nous laissant un dictionnaire complet des synonymes qu'elle possède.

On voit que je suis souvent sorti du rôle passif d'abréviateur. J'ai pensé que, tout en remplissant ce rôle, il ne fallait pas négliger l'occasion qui se présentait de faire disparaître du travail de MM. GIRARD, BEAUZÉE et ROUBAUD quelques taches légères que j'y avais remarquées.

en sorte que, si l'on ne trouve pas ici les *synonymies* de ces auteurs dans leur entier, et telles qu'ils les ont données, on reconnaîtra peut-être, en ce qui concerne du-moins les deux premiers, que leurs articles ont gagné en exactitude et en précision; et l'on me pardonnera dans ce cas les suppressions et les modifications que je me suis permis d'y faire. J'aurais voulu mettre au bas de chaque article le nom de son auteur; mais la chose m'était impossible, par la raison que j'ai souvent composé un article avec des fragmens empruntés à plusieurs auteurs, et que le mélange et la combinaison de ces morceaux détachés ne permettaient plus d'indiquer le texte qui appartenait à chaque synonymiste.

Mon travail était fini; mais non pas encore livré à l'impression, lorsque M. Guizot a publié son Dictionnaire universel. J'ai cru que les excellens articles dont cet éditeur a lui-même enrichi l'ouvrage de ses prédécesseurs, devaient trouver leur place dans mon recueil. La lecture de ces articles m'a fait regretter que M. Guizot, se contentant d'être l'heureux imitateur de MM. Girard, Beauzée et Roubaud, n'eût pas revu, disons même amélioré les articles qui ne lui appartiennent pas; il a certainement senti la nécessité de cette révision, et il suffit, pour croire qu'il l'eût exécutée avec le plus grand talent, d'avoir lu l'introduction qu'il a placée à la tête de son Dictionnaire.

Il a paru dans le *Journal de l'Empire* et dans le *Courrier de l'Europe* plusieurs articles relatifs à l'ouvrage de M. Guizot: j'ai été à temps de profiter, pour le mien, de diverses observations très-judicieuses que contenaient ces articles. Par exemple, j'ai donné aux synonymes *avertissement*, *avis*, *conseil*, les épithètes indiquées par l'un des critiques. J'ai dit, au mot *sauvage*, en quoi les *nations sauvages* diffèrent des *nations barbares*. J'ai donné la synonymie des mots *richesses*, *biens*, *revenus*, etc.

Il entrait dans mes vues que mon abrégé fût particulièrement utile aux jeunes gens et aux gens du monde. Aussi, en en écartant ce qui pouvait ne pas convenir à la position des uns et des autres, les choses scientifiques, les aperçus douteux, les subtilités, les discussions grammaticales, les développemens trop étendus, j'ai eu soin d'y laisser tous les exemples nécessaires à l'intelligence du texte : sans cela, une impénétrable obscurité régnerait souvent dans la définition des synonymes, et sur-tout dans la détermination de leurs nuances respectives. De-plus, l'aridité naturelle d'une matière, semblable à celle-ci, disparaît en quelque sorte sous un bon choix d'exemples ; et l'on peut assurer que MM. GIRARD, BEAUZÉE et Roubaud, ont dû une grande partie de leur succès à la piquante variété de ceux par lesquels ils ont su toujours développer leurs idées, et faire ressortir la valeur propre de chaque mot.

Je suis loin de regarder l'étude de la synonymie comme uniquement utile pour la pureté de l'élocution : c'est un exercice de l'entendement qui porte sur les notions bien plus que sur les mots ; et en n'y attachant que l'importance qu'il mérite, le résultat ne peut en être que très-avantageux. En effet, lorsqu'en parlant ou en écrivant, on s'accoutume à se rendre d'abord un compte fidèle et sévère de ses idées ; lorsqu'on cherche à fonder le perfectionnement du langage sur une logique exacte ; lorsqu'enfin on subordonne incessamment l'emploi des mots aux vues de l'esprit, et aux opérations de la pensée, il est impossible qu'une pareille étude n'éclaire pas le jugement, en même temps qu'elle forme l'élocution, et qu'ainsi on n'apprenne à mieux raisonner, en apprenant à mieux parler.

Je n'ai plus qu'un mot à dire sur cette *Synonymie*. Je n'ai garde de croire qu'elle puisse tenir lieu du Dictionnaire universel de M. GUIZOT, auquel il faudra toujours recourir, soit pour approfondir davantage la matière, soit pour consulter le texte original de nos synonymistes. Mais beaucoup de personnes ne peuvent consacrer 12 francs à l'achat de ce Dictionnaire ; le mien peut alors les consoler de la privation qu'elles éprouvent. Enfin j'ai voulu abréger GIRARD, BEAUZÉE et ROUBAUD. Puissé-je l'avoir fait comme ils l'eussent fait eux-mêmes, si l'idée leur en était venue ! C'est dans ce cas là seulement que je m'applaudirais de mon travail, parce que c'est alors seulement qu'il me serait permis de le croire bon et utile.

LA

LA SYNONYMIE FRANÇAISE.

~~~~~~~~~~

ABAISSEMENT, BASSESSE.

Une idée de dégradation, commune à ces deux termes, en fonde la synonymie; mais ils ont des différences bien marquées.

L'*Abaissement* volontaire.où l'ame se tient est un acte de vertu; l'*abaissement* où on la tient est une humiliation passagère qu'on oppose à sa fierté, afin de la réprimer; mais la *bassesse* est une disposition ou une action incompatible avec l'honneur, et qui entraîne le mépris.

Si on applique ces termes à la fortune, à la condition des hommes, l'*abaissement* est l'effet d'un évènement qui a dégradé le premier état; la *bassesse* est le degré le plus bas, le plus éloigné de toute considération.

On peut encore appliquer ces mêmes termes à la manière de s'exprimer. Alors, l'*abaissement* du ton le rend moins élevé, moins vif, plus soumis; la *bassesse* du style le rend populaire, trivial, ignoble.

ABAISSER, RABAISSER, RAVALER, AVILIR, HUMILIER.

Abaisser signifie, à la lettre, pousser en bas, mettre plus bas, au-dessous; diminuer la

A

hauteur d'une chose, et, par extension, sa valeur, son prix, sa dignité, son mérite. *Rabaisser*, c'est *abaisser* encore davantage, de plus en plus, avec effort. *Ravaler*, c'est produire, par un abaissement profond, un changement ou plutôt une opposition de situation, d'état, de condition. *Avilir*, c'est jeter dans une abjection honteuse, rendre *vil* et méprisable. *Humilier*, c'est *abaisser* jusqu'à terre, prosterner, jeter dans un état de confusion.

Abaisser exprime une action modérée, un médiocre abaissement. L'action de *rabaisser* est plus forte, et son effet plus grand. En parlant de l'orgueil, de l'arrogance, de la présomption qui prétendent à une hauteur démesurée, on dit plutôt *rabaisser* qu'*abaisser*. L'action de *ravaler* met un grand intervalle entre la hauteur dont l'objet déchoit et la sorte de bassesse dans laquelle il tombe. L'action d'*avilir* répand le mépris, attire la honte, imprime la flétrissure; elle fait plus que *ravaler* et *humilier*. Le grand homme, l'homme vertueux peut être *ravalé*, *humilié*, mais non pas *avili*.

L'homme modeste s'*abaisse*; le simple se *rabaisse*; le faible se *ravale*; le lâche s'*avilit*; le pénitent s'*humilie*.

ABANDONNEMENT, ABDICATION, RENONCIATION, DÉMISSION, DÉSISTEMENT.

On fait un *abandonnement* de ses biens, une *abdication* de sa dignité et de son pouvoir, une *renonciation* à ses droits et à ses prétentions ; on donne une *démission* de ses charges, et un *désistement* de ses poursuites.

ABANDONNER, DÉLAISSER.

Abandonner se dit des choses et des personnes ; *délaisser* ne se dit que des personnes, excepté en poésie.

Nous *abandonnons* les choses dont nous n'avons pas soin ; nous *délaissons* les malheureux à qui nous ne donnons aucun secours.

ABATTRE, DÉMOLIR, RENVERSER, RUINER, DÉTRUIRE.

Abattre, jeter à *bas* ce qui était élevé. *Démolir*, abattre les différentes parties d'un édifice, jusqu'à ce qu'aucune ne reste sur pied. *Renverser*, jeter par terre, changer entièrement la situation d'une chose, mettre le haut en bas. *Ruiner*, désoler, dévaster, ravager, causer la perte d'une chose, dans un sens figuré. *Détruire*, rompre, anéantir les rapports, les formes, l'arrangement des parties, la construction d'une chose, jusqu'à la ruine totale d'un ouvrage ou à la perte entière de la chose.

On *abat* ce qui est élevé, haut. On ne *démolit* que ce qui est bâti. On *renverse* ce qui peut changer de sens et de direction. On *ruine* ce qui se divise et se dégrade. On *détruit* en dissipant entièrement l'ordre et l'apparence des choses.

Abdiquer, se démettre.

C'est, en général, quitter un emploi, une charge. *Abdiquer* ne se dit guère que des postes considérables, et suppose un abandon volontaire; au lieu que *se démettre* peut être forcé, et s'applique plus aux petites places qu'aux grandes.

Abhorrer, détester.

Ces deux mots marquent également des sentimens d'aversion, dont l'un est l'effet d'un goût naturel ou du penchant du cœur, et l'autre l'effet de la raison et du jugement. On *abhorre* ce qu'on ne peut souffrir, et tout ce qui est l'objet de l'antipathie. On *déteste* ce qu'on désapprouve et que l'on condamne.

Abjection, bassesse.

L'*abjection* se trouve dans l'obscurité où nous nous enveloppons de notre propre mouvement; dans le peu d'estime qu'on a pour nous, dans le rebut qu'on en fait, et dans les situations humiliantes où l'on nous réduit. La *bassesse* se trouve dans le peu de naissance, de mérite, de fortune et de condition.

La nature a placé des êtres dans l'élévation et d'autres dans la *bassesse*; mais elle ne place personne dans l'*abjection* : l'homme s'y jette de son choix, ou y est plongé par la dureté d'autrui.

Abolir, abroger.

Abolir se dit plutôt à l'égard des coutumes, et *abroger* à l'égard des lois. Le non-usage suffit pour l'*abolition* ; mais il faut un acte positif pour l'*abrogation*.

Abominable, détestable, exécrable.

L'idée primitive et positive de ces mots est une qualification du mauvais au suprême degré. La chose *abominable* excite l'aversion ; la chose *détestable*, la haine, le soulèvement ; la chose *exécrable*, l'indignation, l'horreur.

L'exagération emploie assez indifféremment ces termes pour désigner une chose très-mauvaise, mais en enchérissant sur une de ces qualifications par l'autre. Ainsi, *abominable* dit plus que *détestable* ; et *exécrable*, plus qu'*abominable*. *Détestable* est comme le superlatif de *mauvais*.

Abrégé, sommaire, épitome.

L'*abrégé* est un ouvrage, mais la réduction d'un plus grand à un moindre volume. Le *sommaire* n'est point un ouvrage ; il indique seulement, en peu de mots, les principales choses contenues dans l'ouvrage : on le place ordinairement à la tête de chaque chapitre ou division, comme une espèce de préparatoire. L'*épitome* est, ainsi que l'*abrégé*, un ouvrage, mais plus succinct : ce mot, d'ailleurs, purement grec, n'est employé que par les gens de lettres pour le titre de certains ouvrages.

à l'Abri, à couvert.

A couvert désigne quelque chose qui cache ; *à l'abri*, quelque chose qui défend. *A couvert* du soleil, *à couvert* des poursuites des créanciers. *A l'abri* du mauvais temps, *à l'abri* des insultes de l'ennemi.

Absolu, impérieux.

Un homme *impérieux* commande avec *empire* ; un homme *absolu* veut être obéi avec exactitude. Le caractère *impérieux* ne se manifeste guère que lorsqu'il est irrité par la contradiction ; ainsi on est *impérieux* avec emportement : on peut être *absolu* en conservant de la douceur dans les formes. Être *impérieux* tient à l'orgueil ; être *absolu* tient à la raideur du caractère. On peut être *impérieux* et faible : sans fermeté, on n'est pas *absolu*.

Absolution, pardon, rémission.

Le *pardon* est en conséquence de l'offense ; il produit la réconciliation quand il est sincèrement demandé et sincèrement accordé. La *rémission* est en conséquence du crime : elle est accordée par le prince ou par le magistrat, et elle arrête l'exécution de la justice. L'*absolution* est en conséquence de la faute ou du péché, et concerne proprement l'état du coupable : elle est prononcée par le juge civil ou par le ministre ecclésiastique ; elle rétablit l'accusé ou le pénitent dans les droits de l'innocence.

ABSORBER, ENGLOUTIR.

Qui connaît la différence qu'il y a entre la totalité et l'intégralité, doit sentir celle qui se trouve ici. *Absorber* exprime une action générale, mais successive, qui, en ne commençant que par une partie du sujet, continue ensuite, et s'étend sur le tout. *Engloutir* marque une action dont la généralité est rapide et intégrale, saisissant le tout à la fois, sans le détailler par parties. Le premier a un rapport particulier à la consommation et à la destruction ; le feu *absorbe*. Le second dit proprement quelque chose qui enveloppe, emporte et fait disparaître tout-d'un-coup : l'eau *engloutit*.

ABSTRAIT, DISTRAIT.

Ces deux mots emportent l'idée d'un défaut d'attention ; mais avec cette différence que ce sont nos propres idées intérieures qui nous rendent *abstraits*, en nous occupant si fortement, qu'elles nous empêchent d'être attentifs à autre chose qu'à ce qu'elles nous représentent ; au lieu que c'est un nouvel objet extérieur qui nous rend *distraits*, en attirant notre attention de façon qu'il la détourne de celui auquel nous la donnions d'abord. On est *abstrait*, lorsqu'on ne pense à aucun objet présent, ni à rien de ce qu'on dit. On est *distrait*, lorsqu'on regarde un autre objet que celui qu'on nous propose, ou qu'on écoute d'autres discours que ceux qu'on nous adresse. La rêverie, de profondes études, de grandes affaires, de fortes passions, produisent des *abstractions* : la curiosité, l'étourderie, la jeunesse, causent des *distractions*.

ACADÉMICIEN, ACADÉMISTE.

Ces deux personnages sont l'un et l'autre membres d'une société qui porte le nom d'*académie*, et qui a pour objet des matières qui demandent de l'étude et de l'application. Mais les sciences et le bel-esprit sont le partage de l'*académicien*; et les exercices du corps, soit d'adresse ou de talens, sont du ressort de l'*académiste*. L'un compose des ouvrages pour la perfection de la littérature; l'autre s'exerce dans la science du cheval, de la danse, de l'escrime, etc.

ACCABLEMENT, ABATTEMENT, DÉCOURAGEMENT.

Accablement vient du corps et de l'esprit : l'*accablement* du corps vient de maladie ou de fatigue; l'*accablement* de l'esprit est l'état de l'ame qui succombe sous le poids de ses peines. L'*abattement*, sorte de langueur que l'ame éprouve à la vue d'un mal qui lui arrive, nous conduit quelquefois jusqu'à l'*accablement*, et produit toujours le *découra-*

gement. Le *découragement* est aussi une faiblesse de l'ame, qui cède aux difficultés, et abandonne une entreprise commencée, n'ayant plus le courage nécessaire pour la finir.

ACCABLER, OPPRIMER, OPPRESSER.

Accabler veut dire simplement, faire succomber sous le poids : il se prend en bonne et en mauvaise part, *accabler* de chagrins, *accabler* de bienfaits. *Opprimer* signifie *accabler* par force, par violence. *Oppresser* n'indique qu'une action physique ; il veut dire, presser fortement.

Ce qui *accable* ôte les forces ; celui qui *opprime*, écrase ; ce qui *oppresse*, suffoque.

Les choses *accablent* aussi bien que les personnes ; il n'y a que les personnes qui *oppriment :* quand on dit, la douleur m'*oppresse*, c'est pour dire, elle me suffoque, elle m'ôte la respiration.

Un peuple *accablé* d'impôts est *opprimé* par son souverain. On ne dit pas que l'*oppresseur* est celui qui *oppresse*, mais celui qui *opprime*.

AVOIR ACCÈS, ABORDER, APPROCHER.

On *a accès* où l'on entre. On *aborde* les personnes à qui l'on veut parler. On *approche* celles avec qui l'on est souvent. Les princes donnent *accès* ; ils se laissent *aborder*, et ils permettent qu'on les *approche*. L'*accès* en est facile ou difficile ; l'*abord* en est rude ou gracieux ; l'*approche* en est utile ou dangereuse.

ACCIDENTELLEMENT, FORTUITEMENT.

Accidentellement, par *accident*. *Fortuitement*, par *fortune* ou cas *fortuit*. L'*accident* est plus malheureux qu'heureux : *accident* seul, signifie malheur ; *fortune* se prend plutôt dans le sens contraire. *Accidentellement* sera donc plus convenable à l'égard d'un événement fâcheux ; *fortuitement*, à l'égard d'un événement favorable. Ce qui arrive *accidentellement* est un événement qui survient contre votre attente. Ce qui arrive *fortuitement* est un événement extraordinaire, qui paraît être au-dessus de toute prévoyance, parce qu'il tient à des causes absolument inconnues.

ACCOMPAGNER, ESCORTER.

On *accompagne* par égard, pour faire honneur, ou par amitié, pour le plaisir d'aller ensemble. On *escorte* par précaution, pour empêcher les accidens qui pourraient arriver.

Escorte s'entend toujours d'un certain nombre de personnes. Un homme seul *accompagne*, et n'*escorte* pas.

ACCOMPLI, PARFAIT.

L'idée de l'assemblage entier, de la plénitude, est propre au mot *accompli*; il annonce un assemblage complet, plein, entier. L'idée de *parfait* est celle d'une chose entièrement achevée, bien faite d'un bout à l'autre, consommée. Il n'y a rien à ajouter à ce qui est *accompli*; il n'y a rien à faire à ce qui est *parfait*. Un tout est *parfait*, lorsqu'il a ses parties toutes régulières, toutes exactement accordées les unes avec les autres. Un tout est *accompli*, lorsqu'il est non-seulement *parfait*, mais fini et travaillé avec le plus grand soin, jusque dans les plus petits détails, si plein ou si complet, qu'il n'en comporte pas davantage. Ces deux adjectifs se disent des personnes et des choses.

ACCORDER, CONCILIER.

Accorder suppose la contestation ou la contrariété : on *accorde* les différends.

Concilier ne suppose que l'éloignement ou la diversité : on *concilie* les esprits.

On *accorde* les opinions qui se contrarient; on *concilie* les passages qui semblent se contredire.

Accorder marque l'union étroite, des rapports intimes, de fortes convenances, une conformité particulière, la correspondance, le consentement, l'unanimité, etc. *Concilier* n'annonce qu'une simple liaison, la compatibilité, le rapprochement, une disposition favorable, une sorte d'intelligence.

Deux choses qui s'*accordent*, vont bien ensemble, cadrent l'une avec l'autre, s'ajustent, s'assortissent, se marient fort bien. Deux

choses qui se *concilient*, subsistent seulement
ensemble, ne se repoussent pas, s'attirent
peut-être l'une l'autre, s'allient même ensemble par de nouveaux moyens. L'*accord* exclut
toute opposition et produit l'harmonie; la
conciliation exclut la contradiction ou l'in-
compatibilité, et dispose à l'*accord* par des
moyens doux et insinuans.

ACCORDER, RACCOMMODER, RÉCONCILIER.

On *accorde* les personnes qui sont en dispute pour des prétentions ou pour des opinions.
On *raccommode* les gens qui se querellent,
ou qui ont des différends personnels. On *réconcilie* ceux que les mauvais services ont
rendus ennemis. Ce sont trois actes de médiation. La signification générale et commune de
ces trois mots consiste donc à marquer l'action
par laquelle on tâche de remédier aux brouil-
leries qui surviennent dans la société. Celui
qui *accorde*, travaille proprement sur les
manières, soit celles de la conduite, soit celles
du discours, pour ramener des esprits aigris.
Celui qui *raccommode*, agit directement
contre la passion et l'animosité, pour calmer
des esprits irrités. Celui qui *réconcilie*, attaque les projets de la rancune, pour guérir
des cœurs ulcérés.

ACCUSATEUR, DÉNONCIATEUR, DÉLATEUR.

L'*accusateur*, intéressé comme partie, ou
comme protecteur de la société, poursuit le

criminel devant le tribunal de la justice, pour le faire punir. Le *dénonciateur*, zélé pour la loi, révèle aux supérieurs la faute cachée, et leur fait connaître le coupable. Le *délateur*, dangereux ennemi des particuliers, rapporte tout ce qu'ils laissent échapper, dans leurs discours ou leurs actions, de non-conforme aux ordres ou à l'esprit du ministère public.

Un sentiment d'honneur, ou un mouvement raisonnable de vengeance ou de quelque autre passion, semble être le motif de l'*accusateur*; l'attachement sévère à la loi, celui du *dénonciateur*; un dévouement bas, mercenaire et servile, ou une méchanceté qui se plaît à faire le mal, celui du *délateur*. On est porté à croire que l'*accusateur* est un homme irrité; le *dénonciateur*, un homme indigné; le *délateur*, un homme vendu.

ACHEVER, FINIR, TERMINER.

On *achève* ce qui est commencé, en continuant à y travailler. On *finit* ce qui est avancé, en y mettant la dernière main. On *termine* ce qui ne doit pas durer, en le faisant discontinuer. Ainsi, l'idée caractéristique d'*achever* est la conduite de la chose jusqu'à son dernier période; celle de *finir* est l'arrivée de ce période; et celle de *terminer* est la cessation de la chose.

ACQUITTÉ, QUITTE.

On s'est *acquitté* quand on a payé tout ce que l'on doit pour le moment; on est *quitte* quand on ne doit plus rien du-tout. S'être *acquitté* d'une dette, c'est l'avoir payée; en être *quitte*, c'est en être libéré d'une manière quelconque. *S'acquitter* emporte, en général, l'idée de payement; être *quitte* ne suppose que celle de libération.

ACRE, APRE.

Ces deux termes s'appliquent aux fruits, ainsi qu'à d'autres alimens : ils marquent dans le goût une sensation désagréable, et enchérissent l'un sur l'autre. Le premier fait une impression piquante qui peut provenir de la quantité excessive des sels; le second dit quelque chose de rude dans sa composition, et se trouve dans un défaut de maturité.

Au figuré, *âpre* marque l'excès d'ardeur ou d'avidité que l'on a pour certaines choses: *âpre* au gain, au jeu. Il se dit encore en parlant d'une personne dont les manières sont choquantes et dures.

ACRIMONIE, ACRETÉ.

Acrimonie exprime une qualité active et mordicante des humeurs animales; c'est un terme scientifique. *Acreté* signifie à peu près la même chose; mais il est d'un usage plus commun, plus fréquent, et il se dit encore d'une sorte de saveur que le goût distingue et démêle des autres, par une sensation propre et particulière que produit le sujet affecté de cette qualité.

ACTE, ACTION.

Action se dit indifféremment de tout ce qu'on fait, commun ou extraordinaire; *acte* se dit seulement de ce qui est remarquable. On dit une *action* vertueuse, une bonne, une mauvaise *action*; mais on dit un *acte* de vertu, un *acte* de bonté.

Action a plus de rapport à la puissance qui agit; *acte* en a davantage à l'effet produit par cette puissance; ce qui rend l'un propre à devenir attribut de l'autre. L'*acte* est le produit de l'*action* d'une puissance : c'est par l'*action*, que cette puissance fait, effectue. L'*acte* émane donc de la puissance : ainsi, vous dites un *acte* de vertu, de générosité, d'équité, de magnanimité, de férocité, de barbarie. L'*action* est le mode de la puissance : ainsi, vous dites une *action* vertueuse, généreuse, etc. L'*action* marque mieux l'intention, le dessein, et reçoit les qualifications morales plutôt que l'*acte*.

ACTEUR, COMÉDIEN.

On nomme ainsi ceux qui jouent la comédie sur un théâtre.

Acteur est relatif au personnage que représente celui dont on parle : *comédien* est relatif à sa profession. Dans le sens figuré, ces deux termes conservent, à beaucoup d'égards, la même distinction. *Acteur* se dit de celui qui a part dans la conduite, dans l'exécution d'une affaire, dans une partie de jeu, de plaisir ; *co-médien*, de celui qui est habile à feindre des passions, des sentimens qu'il n'a point, dont la conduite est dissimulée et artificieuse. Le premier se prend en bonne ou en mauvaise part, selon la nature de l'affaire où l'on est *acteur* ; le second ne se prend jamais qu'en mauvaise part, parce que la dissimulation, qui fait le *comédien*, est toujours une chose odieuse.

ADHÉRENT, ATTACHÉ, ANNEXÉ.

Une chose est *adhérente* par l'union que produit la nature, ou par celle qui vient du tissu et de la continuité de la matière. Les branches sont *adhérentes* au tronc. La chose est *attachée* par des liens arbitraires, mais réels, avec lesquels on la fixe dans la place ou la situation où l'on veut qu'elle demeure. Les voiles sont *attachées* au mât, et les tapisseries aux murs. La chose est *annexée* par une simple jonction morale, effet de la volonté et de l'institution humaine. Il y a des emplois et des bénéfices *annexés* à d'autres pour les rendre plus considérables.

Adhérent est du ressort de la physique, et par conséquent toujours pris dans le sens littéral. *Attaché* est de l'usage ordinaire, et assez fréquemment employé dans le sens figuré. *Annexé* tient un peu du style législatif.

ADMETTRE, RECEVOIR.

On *admet* quelqu'un dans une société particulière; on le *reçoit* à une charge. Le premier
est une faveur accordée par les personnes qui
composent la société. Le second est une opération par laquelle on achève de vous donner
une entière possession, et de vous installer
dans la place que vous devez occuper.

Dans un usage plus ordinaire, ces deux
mots diffèrent encore, en ce qu'*admettre* suppose un objet plus intime et plus de choix, et
que *recevoir* paraît exprimer quelque chose de
plus extérieur, et où il faut moins de précaution. Ainsi, on *admet* dans sa familiarité et
dans sa confidence ceux qu'on en juge dignes:
on *reçoit* dans les maisons et dans les cercles
ceux qu'on y présente.

ADORER, HONORER, RÉVÉRER.

Ces trois mots s'emploient également pour
le culte de religion et pour le culte civil. Dans
le premier emploi, on *adore* Dieu; on *honore*
les saints, on *révère* les reliques et les images.
On *adore* une personne excessivement aimée.
On *honore* les honnêtes gens; on *révère* les
personnes illustres et celles d'un mérite distingué. *Adorer*, c'est se dévouer totalement au
service de ce qu'on aime, et admirer jusqu'à
ses défauts; on *honore* par les attentions, les
égards et les politesses; on *révère*, en donnant

des marques d'une haute estime ou d'une considération distinguée.

ADOUCIR, MITIGER, MODÉRER, TEMPÉRER.

Le propre d'*adoucir* est de corriger toute qualité désagréable au goût; celui de *mitiger* est de corriger l'austérité ou autre qualité analogue; celui de *modérer* est de corriger, ou plutôt de supprimer l'excès; celui de *tempérer* est de corriger ou de diminuer la force pour affaiblir l'effet. Tous les moyens contraires à la qualité vicieuse *adoucissent*. Les modifications, les amendemens, la réforme, *mitigent*. Le frein, la règle, la puissance, le temps, *modèrent*. Les contraires, leur mélange, les contre-poids, les contre-forces, *tempèrent*.

ADRESSE, SOUPLESSE, FINESSE, RUSE, ARTIFICE.

L'*adresse* est l'art de conduire ses entreprises d'une manière propre à y réussir. La *souplesse* est une disposition à s'accommoder aux conjonctures et aux évènemens imprévus. La *finesse* est une façon d'agir secrète et cachée. La *ruse* est une voie déguisée pour aller à ses fins. L'*artifice* est un moyen recherché et peu naturel pour l'exécution de ses desseins. Les trois premiers mots se prennent plus souvent en bonne part que les deux autres.

L'*adresse* emploie les moyens; elle demande de l'intelligence. La *souplesse* évite les obs-

tacles ; elle veut de la docilité. La *finesse*
insinue d'une façon insensible ; elle suppose
de la pénétration. La *ruse* trompe ; elle a
besoin d'une imagination ingénieuse. L'*arti-*
fice surprend ; il se sert d'une dissimulation
préparée.

Il faut qu'un négociant soit *adroit* ; un
courtisan, *souple* ; un politique, *fin* ; un
espion, *rusé* ; un lieutenant-criminel, *arti-*
ficieux dans ses interrogations.

ADROIT, HABILE, ENTENDU.

Habile se dit de la conduite ; *entendu*,
des lumières de l'esprit ; et *adroit*, des grâces
de l'action.

ADROIT, INDUSTRIEUX, INGÉNIEUX.

Un homme *ingénieux* imagine ; un homme
industrieux trouve les moyens d'exécuter ;
un homme *adroit* exécute. Le dernier met
en pratique les inventions du premier et les
théories du second.

Etre *adroit* ne désigne qu'un acte des
mains. Pour être *ingénieux*, il faut de
l'imagination. Etre *industrieux* ne suppose
que de la fécondité dans les ressources.

On naît *ingénieux* et *adroit*. On peut devenir *industrieux*. La nécessité, dit-on, est
la mère de l'industrie. Le mot *industrieux*
semble indiquer un besoin, une obligation
d'appliquer son industrie à un objet quelconque. *Ingénieux* et *adroit* désignent une

disposition naturelle qui se manifeste en tout, mais qui peut n'avoir jamais d'application directe.

AFFECTATION, AFFÉTERIE.

Elles appartiennent toutes les deux à la manière extérieure de se comporter, et consistent également dans l'éloignement du naturel ; avec cette différence, que l'*affectation* a pour objet les pensées, les sentimens et le goût, dont on veut faire parade ; et que l'*afféterie* ne regarde que les petites manières par lesquelles on croit plaire.

L'*affectation* est souvent contraire à la sincérité : alors elle travaille à décevoir. L'*afféterie* est toujours opposée au simple et au naïf ; on la passe plus aisément aux femmes qu'aux hommes. On tombe dans l'*affectation*, en courant après l'esprit ; et dans l'*afféterie*, en recherchant les grâces.

AFFECTER, SE PIQUER.

Avoir fort à cœur une prétention, c'est *se piquer*. Manifester ou déceler la prétention par des manières recherchées, étudiées, singulières, habituelles, choquantes, c'est *affecter*. On *se pique* en soi ; on *affecte* au dehors. Celui qui *se pique* d'avoir une qualité, a telle opinion de lui-même ; celui qui l'*affecte*, veut donner de lui telle opinion. Le premier croit être tel ; le second veut le paraître.

D'où il suit que, contre le sentiment de

M. l'abbé Girard , *affecter* et *se piquer* ne sont point synonymes.

AFFECTION , DÉVOUEMENT.

Ces deux mots présentent l'idée de la bienveillance et du dévouement.

L'*affection* est une sorte d'action continue , un sentiment profondément gravé , qui vous rend sujet , vous attache ; c'est une passion douce , toujours en activité. Le *dévouement* est une sorte de consécration ; c'est l'oubli de soi-même. L'*affection* a ses degrés ; le *dévouement* absolu n'en a pas.

AFFERMER , LOUER.

C'est l'action de céder la jouissance, et l'usufruit d'une chose , moyennant une somme annuelle ; mais *affermer* ne se dit que des biens ruraux , et *louer* est destiné aux logemens , ustensiles , animaux.

AFFLICTION , CHAGRIN , PEINE.

L'*affliction* est au *chagrin* ce que l'habitude est à l'acte. La mort d'un père nous *afflige ;* la perte d'un procès nous donne du *chagrin ;* le malheur d'une personne de connaissance nous cause de la *peine.* L'*affliction* abat ; le *chagrin* donne de l'humeur ; la *peine* attriste pour un moment.

AFFLIGÉ , FACHÉ , ATTRISTÉ , CONTRISTÉ , MORTIFIÉ.

Ils expriment tous le déplaisir dont l'ame est affectée.

Les deux premiers sont l'effet d'un mal particulier ; mais *affligé* exprime plus de sensibilité, et suppose un mal plus grand que *fâché* : il n'y a souvent dans une personne *fâchée* qu'un simple mécontentement. Ce qui *afflige* ruine les fondemens de la félicité, en attaquant les objets de l'attachement : ce qui *fâche* ne fait que troubler un peu la satisfaction, en contrariant le goût ou le système qu'on s'est fait.

Attristé et *contristé* ont leur cause dans des maux plus éloignés et moins personnels que ceux qui produisent les deux précédentes situations. Ils paraissent s'opposer plutôt à la gaîté et à la joie, qu'à la satisfaction particulière et intérieure. *Attristé* désigne un déplaisir plus apparent que profond ; *contristé* enchérit sur *attristé*, et marque une personne plus touchée, des maux plus grands ou plus prochains. *Mortifié* indique un déplaisir qui prend sa source, ou dans les fautes qu'on fait, ou dans les mépris, les airs de hauteur et les ironies qu'on essuie, ou dans les succès d'un concurrent : l'amour-propre y est directement attaqué.

Affluence, concours, foule, multitude.

Le *concours* exprime l'action simultanée de plusieurs personnes qui se rendent au même endroit : une foire attire un grand *concours*. La *multitude* exprime la quantité de ces personnes : la terre est couverte d'une *multitude* d'habitans. L'*affluence* exprime un nombreux rassemblement : une ville reçoit une grande *affluence* d'étrangers. La *foule* indique la gêne que produit la réunion d'un grand nombre de personnes dans un même lieu : il y a *foule* à la porte d'un spectacle.

Il n'y a *foule* qu'à l'endroit où l'on est pressé, *foulé*. L'affluence est par-tout où l'on arrive en grand nombre, où l'on *afflue*. Pour le *concours*, il suffit que plusieurs personnes courent ensemble au même endroit. La *multitude* peut s'étendre sur tout espace capable de contenir un grand nombre d'individus, rapprochés ou séparés.

Foule et *multitude* ne nécessitent ni l'idée de mouvement, ni celle de repos; *affluence* et *concours* emportent l'idée de mouvement.

AFFRANCHIR, DÉLIVRER.

Affranchir est, à la lettre, donner la franchise; et *délivrer*, rendre la liberté. On *affranchit* une terre d'une redevance, d'une charge, de toute servitude dont elle était grevée. On *délivre* un pays d'ennemis, de brigands, de tout ce qui lui est nuisible. On *affranchit* d'une sujétion, d'un devoir, d'un droit, d'un tribut, d'un engagement; on *délivre* d'un poids, d'un fardeau, d'une charge, d'un embarras, d'une entrave, d'un travail, autant de gênes qui nuisent à la liberté naturelle.

Affranchir désigne un acte d'autorité, de puissance. *Délivrer* ne demande qu'une voie de fait, un acte tel quel, sans idée accessoire ; car on *délivre* par toutes sortes de moyens.

AFFREUX, HORRIBLE, EFFROYABLE, ÉPOUVANTABLE.

Ces épithètes portent jusqu'à l'excès la qualification en mal, mais en mal provenant d'une conformation laide, ou d'un aspect déplaisant.

Les deux premières semblent avoir un rapport plus précis à la difformité ; et les deux dernières en ont plus particulièrement à l'énormité.

Ce qui est *affreux* inspire le dégoût ou l'éloignement ; on a peine à en soutenir la vue. Une chose *horrible* excite l'aversion ; on ne peut s'empêcher de la condamner. L'*effroyable* est capable de faire peur ; on n'ose l'approcher. L'*épouvantable* cause l'étonnement et quelquefois la terreur ; on le fuit, et si on le regarde, c'est avec surprise.

AFFRONT, INSULTE, OUTRAGE, AVANIE.

L'*affront* est un trait de reproche ou de mépris lancé en face de témoins ; il pique et mortifie. L'*insulte* est une attaque faite avec insolence ; on la repousse ordinairement avec vivacité. L'*outrage* ajoute à l'*insulte* un excès

de

de violence qui irrite. L'*avanie* est un traite-
ment humiliant, qui expose au mépris et à la
moquerie du public.

AGITATION, TOURMENT.

Dans un sens moral, *tourment* est un mal-
aise dont la cause est déterminée. *Agitation*
est une inquiétude de l'ame qui veut être mieux
et qui n'est jamais bien. Quand l'objet de notre crainte ou de notre espérance n'est pas fort
important, on n'est qu'*agité*; s'il intéresse
vivement, on est véritablement *tourmenté*.

AGITÉ, ÉMU, TROUBLÉ.

Être *ému*, c'est éprouver un mouvement;
être *agité*, c'est éprouver une succession rapide
de mouvemens produits en différens sens et
réagissant les uns sur les autres; être *troublé*,
c'est être mis en désordre par un mouvement
quelconque.

L'*émotion* est donce ou pénible, selon le
sentiment qui la produit; l'*agitation* est toujours désagréable; le *trouble*, quelquefois
cruel, peut quelquefois être enchanteur.

L'*émotion* n'indique qu'un mouvement de
l'ame; l'*agitation* entraîne l'idée d'incertitude,
de déchirement; le *trouble* exprime celle de
désordre.

AGRANDIR, AUGMENTER.

On se sert d'*agrandir*, lorsqu'il est question
d'étendue; et lorsqu'il s'agit de nombre, d'élé-

B

vation ou d'abondance, on se sert d'*augmenter*. On *agrandit* une cour, un jardin, une ville. On *augmente* le nombre des citoyens, la dépense, les revenus. Le premier regarde particulièrement la quantité vaste et spacieuse ; le second a plus de rapport à la quantité grosse et multipliée.

AGRÉABLE, DÉLECTABLE.

Agréable convient, non-seulement pour toutes les sensations dont l'ame est susceptible, mais encore pour ce qui peut satisfaire la volonté, ou plaire à l'esprit ; au lieu que *délectable* ne se dit proprement que de ce qui regarde la sensation du goût, ou de ce qui flatte la mollesse ; et cette dernière épithète, moins étendue par l'objet, est plus énergique pour l'expression du plaisir.

AGRÉGER, ASSOCIER.

Associer, unir en société, ou à la société. *Agréger*, joindre au troupeau, à la troupe. Les *associés* sont unis ensemble ; ils constituent la société, la compagnie, le corps. Les *agrégés* sont joints au corps, à la compagnie, à la société ; ils lui appartiennent.

Associer renferme l'idée propre d'incorporation ; *agréger* exprime une adjonction, et n'offre pas, comme le premier, les idées d'ordre et d'union intime.

AGRICULTEUR, CULTIVATEUR, COLON.

Le mot *agriculteur* a un sens plus étendu ; c'est un propriétaire qui fait valoir par lui-même et en grand. Celui de *cultivateur* a un sens plus borné ; c'est un amateur qui s'adonne à un genre particulier de culture, comme les arbres, les fleurs, les plantes médicinales. On appelle *colons* ceux qui vont s'établir dans un pays étranger, et y fonder une colonie.

L'*agriculteur* cultive l'agriculture ; c'est son goût, son talent. Le *cultivateur* cultive la terre ; c'est son travail et son état. Le *colon* cultive le pays ; c'est sa vie.

AIDE, SECOURS, APPUI.

Un *aide* nous sert dans les travaux ; un *secours*, contre les dangers ; un *appui*, dans tous les temps.

Un *appui* est ce que demande l'être trop faible pour la situation où il est placé ; un *secours*, ce qu'implore l'être trop faible contre l'ennemi qui l'attaque ; un *aide*, ce que réclame l'être trop faible, relativement à la tâche dont il est chargé.

AIMER, CHÉRIR.

Nous *aimons* généralement ce qui nous plaît, soit personnes, soit toutes les autres choses ; mais nous ne *chérissons* que les personnes, ou ce qui fait en quelque façon partie de la nôtre, comme nos idées, nos préjugés, même nos erreurs et nos illusions.

Chérir exprime plus d'attachement, de tendresse et d'attention. *Aimer* suppose plus de diversité dans la manière.

AIMER MIEUX, AIMER PLUS.

Une idée de comparaison et de préférence est commune à ces deux expressions, qui ont d'ailleurs des différences bien marquées.

Aimer mieux ne marque qu'une préférence d'option, et ne suppose aucun attachement; *aimer plus* marque une préférence de choix et de goût, et désigne un attachement plus grand. De deux objets dont on *aime mieux* l'un que l'autre, on préfère le premier pour rejeter le second; mais de deux objets dont on *aime plus* l'un que l'autre, on n'en rejette aucun; on est attaché à l'un et à l'autre, mais plus à l'un qu'à l'autre.

AIR, MANIÈRES.

L'*air* semble être né avec nous; il frappe à la première vue. Les *manières* viennent de l'éducation; elles se développent successivement dans le commerce de la vie. On se donne un *air*, on affecte des *manières*.

L'*air* dit quelque chose de plus fin, il prévient. Les *manières* disent quelque chose de plus solide; elles engagent.

On compose son *air*, on étudie ses *manières*.

AIR, MINE, PHISIONOMIE.

L'*air* dépend non-seulement du visage, mais encore de la taille, du maintien et de l'action. La *mine* ne dépend quelquefois que du visage ; et d'autres fois elle dépend aussi de la taille, selon qu'on applique ce terme, ou à quelque chose d'intérieur, ou au seul extérieur. La *phisionomie* se considère dans le seul visage ; elle a plus de rapport à ce qui concerne l'esprit, le caractère, et les évènemens de l'avenir. Voilà pourquoi l'on dit une *phisionomie* spirituelle, une *phisionomie* heureuse. La plupart des hommes ont leur ame peinte sur la *phisionomie*.

AIS, PLANCHE.

Le mot *planche* désigne principalement la forme longue et plane d'un corps ; de là vient qu'il y a des *planches* de cuivre, des *planches* en terme de jardinage. Le mot *ais* ne peut se dire que de planches de bois ; et il renferme en outre l'idée d'une destination particulière ; il est placé de champ, et sert à serrer, à contenir. *Ais* est donc plutôt le mot propre et générique ; la *planche* est une espèce d'*ais* d'une certaine largeur et d'une certaine longueur, employé pour servir dans une table, des tablettes, un plancher, etc.

AISE, CONTENT, RAVI.

Ils expriment la situation agréable de l'ame avec une sorte de gradation, où le premier, comme le plus faible, se fait ordinairement appuyer de quelque augmentatif : *très-aise*, *fort aise*.

Nous sommes bien *aises* des succès qui ne nous regardent qu'indirectement. L'accomplissement de nos désirs, dans ce qui nous concerne personnellement, nous rend *contens*. La forte impression du plaisir fait que nous sommes *ravis*.

AISÉ, FACILE.

Ils marquent l'un et l'autre ce qui se fait sans peine; mais le premier exclut proprement la peine qui naît des obstacles et des oppositions qu'on met à la chose; et le second exclut la peine qui naît de l'état même de la chose. Une entrée est *facile*, lorsque personne n'arrête au passage; elle est *aisée*, lorsqu'elle est large et commode à passer.

Facile suppose une intelligence; *aisé* s'arrête à l'opération. Une chose est *aisée* en elle-même, quand elle nous laisse sans gêne, au large, à l'aise, avec liberté, commodément. Elle est *facile* par rapport à nous, quand nous pouvons la faire sans peine, sans effort, sans beaucoup de travail. Un habit est *aisé*, et non pas *facile*, lorsqu'il ne gêne pas. Un chemin *facile* est celui qu'on trouve sans peine; un chemin *aisé*, celui où l'on marche sans peine.

Les manières, les airs, une taille, sont *aisés*, c'est-à-dire, que leurs mouvemens sont libres, dégagés, sans contrainte. Le cœur, l'humeur, le caractère, sont *faciles*, c'est-à-dire, disposés à faire des actes de bonté, d'indulgence.

B 3

AISES, COMMODITÉS.

Les *aises* disent quelque chose de plus voluptueux, qui tient de la mollesse. Les *commodités* expriment quelque chose qui facilite les opérations ou la satisfaction des besoins, et qui tient de l'opulence.

Les gens délicats et valétudinaires aiment leurs *aises*. Les personnes de goût, et qui s'occupent, recherchent leurs *commodités*.

AJOUTER, AUGMENTER.

On *ajoute* une chose à une autre; on *augmente* la même. Le mot *ajouter* fait entendre qu'on joint des choses différentes, ou que, si elles sont de la même espèce, on les joint de façon qu'elles ne sont pas confondues ensemble. Le mot *augmenter* marque qu'on rend la chose ou plus grande, ou plus abondante, par une addition faite de façon que ce qu'on y joint se confonde et ne fasse avec elle qu'une seule et même chose, ou du-moins que le tout ensemble ne soit considéré que sous une idée identique. Ainsi on *ajoute* une seconde mesure à la première, un nouveau corps de logis à l'ancien; mais on *augmente* la dose, la maison.

AJUSTEMENT, PARURE.

Ce qui appartient à l'habillement complet, quel qu'il soit, simple ou orné, est *ajustement*. Ce qu'on ajoute d'apparent et de superflu, est *parure*. L'un se règle par la décence et la mode; l'autre par l'éclat et la magnificence.

ALARME, TERREUR, EFFROI, FRAYEUR, ÉPOUVANTE, CRAINTE, PEUR, APPRÉHENSION.

Termes qui désignent tous les mouvemens de l'ame occasionés par l'apparence ou la vue du danger.

L'*alarme* naît de l'approche inattendue d'un danger qu'on croyait d'abord éloigné. La *terreur* naît de la présence d'un événement ou d'un phénomène que nous regardons comme le pronostic et l'avant-coureur d'une grande catastrophe. La *terreur* suppose une vue moins distincte du danger que l'*alarme* : aussi l'*alarme* fait-elle courir à la défense, et la *terreur* fait-elle jeter les armes. On porte la *terreur* dans l'esprit, et l'*alarme* au cœur.

L'*effroi* et la *terreur* naissent l'un et l'autre d'un grand danger; mais la *terreur* peut être panique, et l'*effroi* ne l'est jamais. Il semble que l'*effroi* soit dans les organes, et la *terreur* dans l'ame. La *terreur* a saisi les esprits ; les sens sont glacés d'*effroi*.

La *frayeur* naît ordinairement d'un danger apparent et subit. On peut être *alarmé* sur le compte d'un autre; la *frayeur* nous regarde toujours en personne. La *frayeur* suppose un danger plus subit que l'*effroi*, plus voisin que l'*alarme*, moins grand que la *terreur*.

L'*épouvante* a son idée particulière ; elle naît sur-tout de la vue des difficultés à surmonter pour réussir, et de la vue des suites terribles d'un mauvais succès.

La *crainte* naît de ce que l'on connaît la supériorité de la cause qui doit décider de l'événement. La *peur* vient d'un amour excessif de sa propre conservation, et de ce que, connaissant ou croyant connaître la supériorité de la cause qui doit décider de l'événement, on est convaincu qu'elle se décidera pour le mal. En sorte qu'on peut *craindre* sans avoir *peur*.

L'*appréhension* est une inquiétude qui naît simplement de l'incertitude de l'avenir, et qui voit le même degré de possibilité au bien et au mal.

L'*alarme* naît de ce qu'on apprend; l'*effroi*, de ce qu'on voit; la *terreur*, de ce qu'on imagine; la *frayeur*, de ce qui surprend; l'*épouvante*, de ce qu'on présume; la *crainte*, de ce qu'on sait; la *peur*, de l'opinion qu'on a; et l'*appréhension*, de ce qu'on attend.

ALARMÉ, EFFRAYÉ, ÉPOUVANTÉ.

Ces mots désignent, en général l'état actuel d'une personne qui craint, et qui témoigne sa crainte par des signes extérieurs. *Épouvanté* est plus fort qu'*effrayé*, et celui-ci qu'*alarmé*.

L'*alarme* produit des efforts pour éviter le mal dont on est menacé. L'*effroi* se borne à un sentiment vif et passager. L'*épouvante* est plus durable, et ôte presque toujours la réflexion.

ALLÉGIR, AMENUISER, AIGUISER.

Termes communs à presque tous les arts mécaniques. *Allégir* et *amenuiser* se disent généralement de la diminution qui se fait dans tous les sens au volume d'un corps; avec cette différence qu'*allégir* se dit des grosses pièces comme des petites, et qu'*amenuiser* ne se dit guère que des petites. *Aiguiser* ne se dit que des bords ou du bout: on *aiguise* un rasoir, une épingle, un pieu, un bâton.

On *allégit* en diminuant sur toutes les faces; on *amenuise* en diminuant davantage par une seule face; on *aiguise* par les extrémités.

être ALLÉ, AVOIR ÉTÉ.

Ces deux expressions font entendre un transport local; mais la seconde le double. Qui *est allé*, a quitté un lieu pour se rendre dans un autre; qui *a été* est revenu de ce dernier lieu.

ALLER à la rencontre, ALLER au devant.

On *va à la rencontre* ou *au devant* de quelqu'un, dans l'intention d'être plutôt auprès de lui. Mais on *va à la rencontre* de quelqu'un uniquement pour le joindre plutôt, ou pour lui épargner du chemin : le premier motif est de pure amitié; le second est de politesse. On *va au devant* de quelqu'un, pour l'honorer par cette marque d'empressement; c'est un acte de déférence et de cérémonie.

ALLIANCE, LIGUE, CONFÉDÉRATION.

L'*alliance* est une union d'amitié et de convenance, établie par des traités solennels entre deux ou plusieurs souverains, des nations, des états, des puissances. La *ligue* est une union de desseins et de forces, ou plutôt une jonction formée entre plusieurs souverains, entre des partis, des particuliers puissans, pour exécuter, par un concours d'opérations, une entreprise commune, et en partager le fruit. La *confédération* est une union d'intérêt et d'appui, contractée entre des corps, des partis, des villes, de petits princes, de petits états, pour faire ensemble cause commune, et défendre leurs droits contre l'usurpation ou l'oppression.

Confédération ne se dit proprement que dans le sens politique. *Alliance* signifie aussi mariage, affinité spirituelle, accord, ou mélange; *ligue* veut encore dire brigue, complot, cabale, faction.

Il y a dans l'*alliance*, accord; dans la *confédération*, concert; dans la *ligue*, une impulsion commune.

Les gens de bien *s'allient*; les malheureux *se confédèrent*; les méchans *se liguent*.

ALLURES, DÉMARCHES.

Les *allures* ont pour but quelque chose d'habituel; et les *démarches* quelque chose d'accidentel.

B 6

On a des *allures* ; on fait des *démarches*. Celles-ci visent à quelques avantages, ou à quelque satisfaction qu'on veut se procurer ; celles-là servent à conserver ou à cacher ses plaisirs.

ALONGER, PROLONGER, PROROGER.

Alonger, c'est ajouter à l'un des bouts, ou étendre la matière. *Prolonger*, c'est reculer le terme de la chose, soit par continuité, ou par délai. *Proroger*, c'est maintenir l'autorité, l'exercice ou la valeur au-delà de la durée prescrite.

On *alonge* une robe, un discours. On *prolonge* une avenue, une affaire, un travail. On *proroge* une loi, une assemblée, une permission, un congé.

AMANT, AMOUREUX.

Il suffit d'aimer pour être *amoureux*. Il faut témoigner qu'on aime pour être *amant*. C'est toujours la passion qui rend *amoureux* ; la raison ou l'intérêt peut rendre *amant*. *Amoureux* désigne encore une qualité relative au tempérament, un penchant dont le mot *amant* ne réveille pas l'idée.

Amant est substantif, et *amoureux* adjectif : il n'y a que les femmes du bas peuple qui disent *mon amoureux*, pour *mon amant*.

AMANT, GALANT.

Galant a cessé d'être synonyme d'*amant*. Dans nos mœurs actuelles, *amant* dit quelque

chose de plus permis et de plus honnête que
n'est un *galant*. Le premier parle au cœur,
et demande d'être aimé ; le second s'adresse
aux sens, et veut être favorisé. Une fille bien
élevée n'a point de *galans* ; et elle ne souffre
auprès d'elle d'autres *amans* que ceux que
ses parens agréent.

AMASSER, ENTASSER, ACCUMULER, AMONCELER.

L'*amas* est l'assemblage d'une certaine
quantité de choses de même nature ; on
amasse du fruit, de l'argent, des provisions.
Le *tas* est un amas élevé et serré de choses
mises les unes sur les autres : on *entasse* des
livres, des marchandises, avec ordre ou en
désordre. L'*accumulation* ajoute à l'entasse-
ment l'idée de plénitude, d'abondance toujours croissante ; on *accumule* des richesses,
des héritages, des arrérages, crime sur crime.
Le *monceau* ajoute à ces idées celle de volume, de grandeur, de désordre, de confusion ; on *amoncèle* toutes sortes de choses
mêlées, des ruines, des cadavres.

Au figuré, la prévoyance *amasse* ; l'avarice *entasse* ; l'avidité insatiable *accumule* ;
et après avoir *accumulé*, elle *amoncèle*.

AMBASSADEUR, ENVOYÉ, DÉPUTÉ.

Les *ambassadeurs* et les *envoyés* parlent
et agissent au nom de leurs souverains ; mais
les premiers ont une qualité représentative,
et les seconds ne paraissent que comme sim-

ples ministres autorisés, et non représentans. Les *députés* peuvent être adressés à des souverains ; mais ils n'ont de pouvoir et ne parlent qu'au nom de quelque société subalterne ou corps particulier.

Les fonctions d'*ambassadeur* et d'*envoyé* tiennent au ministre ; celles de *député* sont dans l'ordre d'agent.

AMBIGUITÉ, DOUBLE SENS, ÉQUIVOQUE.

L'*ambiguité* a un sens général, susceptible de diverses interprétations ; ce qui fait qu'on a peine à démêler la pensée de l'auteur. Le *double sens* a deux significations naturelles et convenables : l'une littérale, qui est comprise de tout le monde ; l'autre, qui fait une fine allusion, et n'est entendue que de certaines personnes. L'*équivoque* a deux sens : l'un naturel, qui paraît être celui qu'on veut faire entendre ; l'autre détourné, qui n'est entendu que de la personne qui parle, et qu'on ne soupçonne pas même pouvoir être celui qu'elle a intention de faire entendre.

On se sert de l'*équivoque* pour tromper, de l'*ambiguité* pour ne pas trop instruire, et du *double sens* pour instruire avec précaution.

AME FAIBLE, CŒUR FAIBLE, ESPRIT FAIBLE.

Le *faible* du *cœur* n'est pas celui de l'esprit ; le *faible* de l'*ame* n'est pas celui du *cœur*. Une *ame faible* est sans ressort et sans action. Un *cœur faible* s'amollit aisément, ne résiste point à la séduction, et peut subsister avec un esprit fort ; car on peut penser fortement et agir faiblement. L'*esprit faible* reçoit les impressions sans les combattre, embrasse les opinions sans examen, s'effraye sans cause, et tombe aisément dans la superstition.

AMENDEMENT, CORRECTION, RÉFORME.

Le mot de *correction* désigne l'action de détruire, de redresser une défectuosité quelconque, de ramener à l'ordre ce qui s'en était écarté. On *corrige* des défauts, des abus, un enfant. *Amendement* signifie changement en bien opéré dans un ordre de choses vicieux. Un libertin *amende* sa conduite. *Réforme* veut dire état d'une chose rétablie dans l'ordre où elle doit être ; on *réforme* sa conduite, son caractère, ses mœurs, l'état.

AMITIÉ, AMOUR, TENDRESSE, AFFECTION, INCLINATION.

Ce sont des mouvemens du cœur favorables à l'objet vers lequel ils se portent, et distingués entre eux, ou par le principe qui les produit, ou par le but qu'ils se proposent, ou par le degré de force qu'ils ont.

Les deux premiers l'emportent sur les autres par la véhémence du sentiment ; avec cette différence qu'il y a plus de vivacité dans l'*amour*, plus de fermeté et de constance dans l'*amitié*. Celle-ci se forme avec le temps, par l'estime, par la convenance des mœurs, et par la sympathie de l'humeur. L'*amour* se forme, pour l'ordinaire, sans examen et sans réflexion; il surprend le cœur.

La *tendresse* est moins une action qu'une situation du cœur. Son but paraît très-désintéressé, toute l'attention s'y portant vers l'objet, sans retour sur soi-même.

L'*affection* est moins forte et moins vive que l'*amitié*, et plus tranquille que l'*amour*; elle est la suite ordinaire de la parenté et de l'habitude.

L'*inclination* n'est pas dans le cœur une situation décidée ni bien formée; c'est plutôt une disposition à aimer qui vient de quelque chose qui plaît dans l'objet vers lequel elle se porte; et ce quelque chose est toujours, à nos yeux, un agrément du corps ou du caractère.

AMOUR, AMOURETTE.

La différence qu'il y a du sérieux au badin, fait celle de l'*amour* et de l'*amourette*. Celle-ci amuse simplement; celui-là occupe.

AMOUR, GALANTERIE.

L'*amour* est plus vif; il a pour objet la personne; il fait qu'on cherche à lui plaire dans la vue de la posséder, et qu'on l'aime autant pour elle-même que pour soi. La *galanterie* a pour objet le plaisir des sens;

elle fait qu'on noue des intrigues, dans le dessein d'en jouir, et qu'on aime plus pour sa propre satisfaction que pour celle de sa maîtresse.

L'*amour* nous attache uniquement à une personne. La *galanterie* nous entraîne généralement vers toutes les personnes qui ont de la beauté ou de l'agrément.

L'excès fait dégénérer l'*amour* en jalousie, et la *galanterie* en libertinage.

La *galanterie* naît du désir de plaire, sans un attachement fixe qui ait sa source dans le cœur. L'*amour* est le charme d'aimer et d'être aimé.

La *galanterie* est jointe à l'idée de conquête, par faux honneur ou par vanité. L'*amour* consiste dans le sentiment tendre, délicat et respectueux.

L'*amour* est souvent le frein du vice, et s'allie d'ordinaire avec les vertus. La *galanterie* est un vice; car c'est le libertinage de l'esprit, de l'imagination et des sens.

AMPOULÉ, EMPHATIQUE, BOURSOUFLÉ.

Trois qualités défectueuses d'un style qui cherche à s'élever plus haut que ne comporte le sujet auquel il s'applique; le style *emphatique*, en donnant une importance exagérée à des choses médiocres; le style *boursouflé*, en traitant avec une magnificence outrée des choses simples; le style *ampoulé*, en sé

tenant à une élévation ridicule pour traiter
des choses communes.

Le style *emphatique* tient plus à la nature
des pensées, il abonde en exclamations, sen-
tentieuses; le style *boursouflé*, à la tournure
des phrases, il abonde en images pompeuses;
le style *ampoulé*, au choix des expressions,
il ne se compose que de grands mots.

On peut avoir dans le geste et la voix
quelque chose d'*emphatique*; le ton de la
déclamation peut être *boursouflé*; l'*ampoulé*
ne s'applique qu'au discours.

AMUSER, DIVERTIR.

Amuser, c'est occuper légèrement l'esprit,
de manière qu'on ne sente pas le poids du
temps ou du travail; *divertir*, c'est occuper
agréablement et plus fortement l'esprit, de
manière qu'on ne sente, en quelque sorte,
le temps, que par une succession de plaisirs
soutenus. On va à la promenade pour s'*amuser*, à la comédie pour se *divertir*.

Amuser emporte une idée de frivolité dans
l'objet, et d'impression légère, dans l'effet
qu'il produit; voilà pourquoi on ne dira pas
d'une tragédie qu'elle *amuse*, parce que le
genre de plaisir qu'elle fait est sérieux et
pénétrant.

On s'*amuse* de tout, mais on ne se *divertit*
pas de tout.

Le *divertissement*, s'il n'est pas raisonné,
dégénère en simple *amusement*.

On s'*amuse* assez bien seul ; mais seul on ne se *divertit* guère.

Les jeux tranquilles, sédentaires, froids, ne sont guère qu'*amuser* ; il faut quelque chose d'animé, de bruyant, de tumultueux, pour *divertir*.

AN, ANNÉE.

Un service plus particulièrement destiné au calcul est l'accessoire qui caractérise et distingue le mot *an*. Voilà pourquoi il se place ordinairement dans les dates avec les nombres, et pourquoi il se trouve rarement avec les épithètes qualificatives. Le mot *année* est plus propre à être qualifié ; et ne figure pas de si bonne grâce avec les nombres. *Année* heureuse, *année* fertile.

ANCÊTRES, AÏEUX, PÈRES.

Ces expressions ne sont synonymes que lorsque, sans avoir égard à sa propre famille, on les applique en général et indistinctement aux personnes de la nation qui ont précédé le temps où nous vivons. Elles diffèrent, en ce qu'il se trouve entre elles une gradation d'ancienneté : le siècle de nos *pères* a touché au nôtre ; nos *aïeux* les ont devancés, et nos *ancêtres* sont les plus reculés de tous.

Nous sommes les enfans de nos *pères*, les neveux de nos *aïeux*, la postérité de nos *ancêtres*.

ANCÊTRES, PRÉDÉCESSEURS.

Chacun de ces mots désigne ceux à qui l'on succède dans un certain ordre. Le premier est relatif à l'ordre naturel; et le second, à l'ordre politique ou social. Nous succédons à nos *ancêtres* par voie de génération; nous succédons à nos *prédécesseurs* par la voie de fait et de substitution : leurs emplois ont passé de leurs mains dans les nôtres.

ANCIENNEMENT, JADIS, AUTREFOIS.

Ces mots désignent le temps passé, de façon qu'il ne tient plus au présent; mais *anciennement* le désigne comme reculé; *jadis*, comme simplement détaché, et n'est guère d'usage que dans le style de la narration. *Autrefois* le désigne non-seulement comme détaché du présent, mais encore comme différent pour les accompagnemens.

ANE, IGNORANT.

On est *âne* par disposition d'esprit, et *ignorant* par défaut d'instruction. Le premier ne sait pas, parce qu'il ne peut apprendre; et le second, parce qu'il n'a point appris.

ANÉANTIR, DÉTRUIRE.

Ce qu'on *détruit* cesse de subsister; mais il en peut rester des vestiges : ce qu'on *anéantit* disparaît tout-à-fait. *L'anéantissement* est une *destruction* totale.

ANESSE , BOURIQUE.

C'est le même animal, sous deux aspects.
Anesse le présente comme bête femelle propre
à la génération et à donner du lait ; *bourique* le
présente comme bête de charge.

Le premier terme n'a point d'acception figurée ; *bourique* est quelquefois métaphorique-
ment appliqué aux personnes ignares et non
instruites, soit hommes, soit femmes.

ANIMAL, BÊTE, BRUTE.

L'*animal* est littéralement l'être qui respire ;
la *bête*, l'être qui mange ; la *brute*, l'être qui
broute.

Si on considère l'*animal* comme pensant,
voulant, agissant, réfléchissant, on restreint
sa signification à l'espèce humaine ; si on le
considère comme borné dans toutes les fonctions qui demandent de l'intelligence et de la
volonté, et qui semblent lui être communes
avec l'espèce humaine, on le restreint à la
bête ; si on considère la *bête* dans son dernier
degré de stupidité, et comme affranchie des
lois de la raison et de l'honnêteté, selon lesquelles nous devons régler notre conduite,
nous l'appellerons *brute*. En sorte que le mot
animal désigne un règne particulier de la nature, par opposition à *végétal* et à *minéral* ;
que le mot *bête* caractérise une classe d'animaux, par opposition à l'homme ; et que le
mot *brute* indique les sortes de *bêtes* les plus

dépourvues de sentiment, et livrées à l'instinct le plus grossier, par opposition à celles qui montrent de l'intelligence, de la connaissance et de la sensibilité.

Ces trois dénominations s'appliquent injurieusement à l'homme. Celle d'*animal* attaque la grossièreté, la rudesse, la brutalité des manières et de la conduite; celle de *bête* est un reproche de déraison, d'incapacité, d'ineptie, de mal-adresse, de sottise, d'imbécillité; celle de *brute* peint la déraison complète, l'extrême *bêtise*, la stupidité parfaite, et mieux encore l'aveugle *brutalité*, l'impétuosité féroce, la licence effrénée des penchans et des mœurs. On enchérit sur la qualification de *bête*, en disant *bête brute*.

ANNULLER, INFIRMER, CASSER, RÉVOQUER.

Les deux premiers s'appliquent uniquement aux actes qui sont règle entre les hommes, et les deux derniers s'appliquent non seulement aux actes, mais encore aux personnes.

Annuller se dit pour toutes sortes d'actes; cette opération se fait par une disposition contraire de l'autorité supérieure ou de ceux mêmes dont l'acte est émané.

Infirmer ne se dit que des actes législatifs, ou jugemens prononcés par des juges subalternes.

Casser renferme une idée accessoire d'ignominie lorsqu'on le dit des personnes en place, et lorsqu'il regarde les actes, il emporte une idée d'autorité souveraine. On *casse* un officier, un arrêt.

Révoquer, c'est, quant aux personnes, leur ôter simplement, sans aucun accessoire d'ignominie, la place ou la dignité qu'on leur avoit confiée; et quant aux actes, c'est déclarer qu'ils perdent leur vigueur et restent comme non avenus. Le droit de *révoquer* n'appartient qu'à celui qui a le droit d'établir.

ANTÉRIEUR, ANTÉCÉDENT, PRÉCÉDENT.

Antérieur porte l'idée propre du temps plus avancé dans le passé, d'une priorité de temps appelée par cette raison *antériorité*. Par extension, il désigne une priorité de situation ou d'aspect. Nous disons la *face antérieure* d'un bâtiment, comme une *époque antérieure*.

Antécédent, quoique propre à marquer une priorité de temps, sert plutôt à indiquer une priorité d'ordre, de rang, de place, de position ou de marche, avec cette circonstance particulière qu'il dénote un rapport d'influence, de dépendance, de connexité, de liaison établie entre l'un et l'autre objet.

Précédent détermine une priorité de temps ou d'ordre; mais une priorité immédiate, de manière qu'un objet touche à l'autre sans aucun intermédiaire.

Antérieur et *précédent* sont du langage ordinaire; *antécédent* n'est que du langage didactique, où on l'emploie très-souvent comme substantif.

ANTIPHRASE, CONTRE-VÉRITÉ.

Façons d'énoncer le contraire de ce qu'on veut faire entendre.

Si vous dites d'un homme qui fait une lâcheté, que c'est un brave homme, l'ironie est dans les mots ou la qualification, c'est une *antiphrase*. Si vous remerciez dans les termes ordinaires un ennemi du mauvais service qu'il vous a rendu, l'ironie est dans le fond même des choses; c'est une *contre-vérité*. Votre intention fait la *contre-vérité*, et votre diction l'*antiphrase*.

ANTRE, CAVERNE, GROTTE.

Retraites champêtres faites de la seule main de la nature, ou à son imitation, lorsque l'art s'en mêle, et dans lesquelles on peut se mettre à l'abri des injures du temps.

L'*antre* est enfoncé, profond, obscur, affreux, et propre seulement aux bêtes fauves: il dérobe à la vue, il environne d'épaisses ténèbres.

La *caverne*, également obscure et affreuse, est concave, voûtée en arc: c'est un creux énorme, d'une large contenance, avec une clôture, et qui couvre, enferme, protége ou défend de tous côtés: elle a un rapport plus formel à la férocité de l'animal qui peut y habiter.

La *grotte* est une cavité, un réduit, qui n'est ni aussi noir et enfoncé que l'*antre*, ni aussi

aussi creusé et vaste que la *caverne ;* elle n'exclut ni la lumière, ni les ornemens gracieux, quoique rustiques; elle cache, isole, tient à l'écart, prête un abri commode, un lieu de repos.

APOCRIPHE, SUPPOSÉ.

Ce qui est *apocriphe*, n'est ni prouvé ni authentique. Ce qui est *supposé*, est faux et controuvé.

APOTHÉOSE, DÉIFICATION.

L'*apothéose* est la cérémonie par laquelle les empereurs romains étaient, après leur mort, rangés au nombre des dieux.

La *déification* est l'acte d'une imagination superstitieuse et craintive qui suppose la divinité où il n'y a que la créature ; et qui, en conséquence, rend à celle-ci un culte de religion.

APAISER, CALMER.

Apaiser signifie, à la lettre, ramener à la paix ; et *calmer*, ramener le *calme*, rendre calme. Le vent s'*apaise*, la mer se *calme*.

A l'égard des personnes, on les *apaise*, quand elles sont en courroux ou dans la fureur de l'emportement; on les *calme*, lorsqu'elles sont dans l'émotion que produit la trop grande crainte du mal, la terreur et le désespoir. Ainsi, *apaiser* a lieu pour ce qui vient de la force et de la violence; et celui de *calmer* pour ce qui est de trouble ou d'inquiétude. Les paroles douces vous *calment*; une juste satisfaction vous *apaise*. Vos soins ont *calmé* ma douleur; le temps l'*apaisera*.

APPAREIL, APPRÊTS, PRÉPARATIFS.

Ces trois mots désignent également les soins qui président à l'exécution d'un projet quelconque.

Les *préparatifs* indiquent les premiers soins, l'action préliminaire qui doit précéder toutes les autres. Les *apprêts* viennent ensuite, et consistent à mettre les choses dans l'état où elles doivent être pour servir au but que l'on se propose, à les rendre *prêtes* pour le service que l'on en attend. L'*appareil* est le soin de leur assigner l'ordre dans lequel elles doivent paraître au moment de les employer. On commence des *préparatifs*; on fait des *apprêts*; on dresse un *appareil*. Un cuisinier commence les *préparatifs* d'un grand diner; il passe la matinée à en faire les *apprêts*; il n'en dresse l'*appareil* qu'au moment du service.

Les *préparatifs* n'emportent qu'une idée de prévoyance; les *apprêts* y joignent une idée d'attention et de soin; l'*appareil*, une idée d'ordre et de régularité.

Au figuré, le mot d'*appareil* s'applique à toute action faite avec pompe, avec solennité, avec étalage : le mot d'*apprêt*, à toute action faite avec trop d'attention et de soin. Un homme a de l'*apprêt* lorsque ses actions et ses paroles portent l'empreinte d'un soin qui en exclut tout abandon, tout naturel.

Appât, leurre, piége, embûche.

On montre les deux premiers, et l'on cache les deux derniers dans la même vue.

L'*appât* et le *leurre* agissent pour nous tromper ; l'un sur le cœur, par les attraits ; l'autre sur l'esprit, par les fausses apparences. Le *piége* et l'*embûche*, sans agir sur nous, attendent que nous y donnions : on est pris dans l'un, surpris par l'autre ; ils supposent de notre part de l'ignorance ou de l'inattention.

Appeler, évoquer, invoquer.

Nous *appelons* les hommes et les animaux ; nous *évoquons* les mânes des morts et les esprits infernaux ; nous *invoquons* la divinité, les puissances célestes, tout ce que nous regardons comme au-dessus de nous.

On *appelle* simplement par le nom, ou en faisant signe de venir. On *évoque* par des prestiges, soit paroles, soit actions mystérieuses. On *invoque* par les vœux et par la prière.

Applaudissemens, louanges.

Ils s'appliquent également aux choses et aux personnes ; mais il y a dans les *applaudissemens* un accessoire qui les rend plus propres aux choses, soit actions, soit dis-

C 2

cours : tandis que les *louanges* ont un rapport plus particulier aux personnes.

On *applaudit* en public, et au moment que l'action se passe, ou que le discours est prononcé ; et les *applaudissemens* partent de la sensibilité au plaisir que nous font les choses : une simple acclamation, un battement de mains, suffisent pour les exprimer. On *loue* dans toutes sortes de circonstances, les personnes absentes, ainsi que les présentes ; et les *louanges* sont supposées avoir leur source dans le discernement de l'esprit ; elles ne peuvent être énoncées que par la parole.

APPLICATION, MÉDITATION, CONTENTION.

Ce sont différens degrés de l'attention que donne l'ame aux objets dont elle s'occupe.

L'*application* est une attention suivie et sérieuse ; elle est nécessaire pour connaître le tout. La *méditation* est une attention détaillée et réfléchie ; elle est indispensable pour connaître à fond. La *contention* est une attention forte et pénible ; elle est inévitable pour démêler les objets compliqués, et pour écarter ou vaincre les difficultés.

L'*application* suppose la volonté de savoir ; la *méditation* suppose le désir d'approfondir ; la *contention* suppose de la difficulté ou même de l'importance dans la matière.

Appliquer, Apposer.

Appliquer se dit pour la chose qu'on impose sur une autre par conglutination ou par forte impression. *Apposer* n'est que du style de pratique ; ou s'il a quelqu'autre usage, il regarde alors ce qu'on adapte à une chose comme partie intégrante du tout. On *appose* le scellé. On *applique* un emplâtre sur le mal, des feuilles d'or ou d'argent sur l'ouvrage, un soufflet sur la joue.

Apprécier, estimer, priser.

Apprécier, c'est juger du prix courant des choses dans le commerce de la vente et de l'achat ; *estimer*, c'est juger de la valeur réelle et intrinsèque de la chose ; *priser*, c'est mettre un prix à ce qui n'en a pas encore, du moins de connu.

Ces trois mots sont également d'usage dans le sens moral ou figuré, et ils y conservent à peu près les mêmes caractères de distinction que dans le littéral. On *apprécie* les personnes et les choses par la conséquence ou l'inutilité dont elles sont dans le commerce de la société civile. On les *estime* par leur propre mérite, soit du cœur, soit de l'esprit. On les *prise* par le cas qu'on témoigne en faire.

Apprendre, s'instruire.

On *apprend* d'un maître, en écoutant ses leçons ; on *s'instruit* par soi-même en faisant des recherches.

Quelquefois on *apprend* ce qu'on ne voudrait pas savoir ; mais on veut toujours savoir les choses dont on *s'instruit*.

Apprêté, composé, affecté.

Ces épithètes désignent quelque chose de recherché dans l'air et les manières des personnes.

L'homme *apprêté* veut se donner de la consistance et du lustre ; il cherche à paraître mieux et plus qu'il n'est en effet. L'homme *composé* veut se donner du poids et de l'importance ; il cherche à paraître tel qu'il croit devoir être ou se montrer. L'homme *affecté* veut se donner des airs et du relief ; il ne cherche qu'à paraître tel, qu'il le soit ou ne le soit pas.

Vous reconnaîtrez l'homme *apprêté* à sa raideur, à sa contrainte, à sa recherche ; l'homme *composé*, à sa gravité, à sa froideur, à sa lenteur, à sa réserve, au travail apparent de la réflexion, à son air de circonspection ; l'homme *affecté*, à la charge, à l'excès, à l'effort, à la prétention.

On est principalement *apprêté* dans le discours ; *composé* dans l'air et la conte-

nance ; *affecté* dans le langage et les manières.

Le pédantisme est *apprêté* ; l'hypocrisie
est *composée* ; la coquetterie est *affectée*.

APPRÊTER, PRÉPARER, DISPOSER.

Apprêter, travailler à rendre une chose
propre et *prête* pour sa destination ; *préparer*, travailler d'avance à mettre en état
les choses nécessaires pour une fin ; *disposer*,
travailler à poser et à arranger d'une manière
convenable et fixe, les choses dont on a
besoin pour ses desseins. Le premier annonce
une exécution ou une jouissance prochaine ;
le second, une exécution ou une jouissance
future ; le troisième, une exécution ou une
jouissance projetée.

Il y a dans le mot *apprêter* une idée
d'industrie et de recherche ; dans le mot
préparer, une idée de prévoyance et de
diligence ; dans le mot *disposer*, une idée
d'intelligence et d'ordre.

APPROBATION, AGRÉMENT, CONSENTEMENT, RATIFICATION, ADHÉSION.

Termes qui énoncent tous le concours de
la volonté d'une seconde personne, à l'égard
de ce qui dépend de la volonté d'une première.

Approbation est celui qui a le sens le plus
général ; il se rapporte également aux opi-

nions de l'esprit et aux actes de la volonté.
Agrément ne se rapporte qu'aux actes de la
volonté. *Consentement* et *ratification* sont
deux termes spécifiques, relatifs aux actes
de la volonté ; mais le premier ne s'applique
qu'aux actes du présent ou de l'avenir, et le
second ne se dit qu'à l'égard des actes du
passé. *Adhésion* n'a rapport qu'aux opinions
et à la doctrine.

s'Approprier, s'Arroger, s'Attribuer.

C'est se faire, de son autorité privée, un
droit quelconque, ou du moins y prétendre.

S'approprier, se rendre *propre*, prendre
pour soi ce qui ne nous appartient pas. *S'ar-
roger*, requérir avec hauteur, prétendre avec
insolence, *s'attribuer* avec dédain ce qui n'est
pas dû, plus qu'il n'est dû. *S'attribuer*, prétendre à une chose, se l'adjuger, se l'appliquer de sa propre autorité.

On *s'attribue* une invention, un ouvrage,
un succès. On *s'arroge* des titres, des préro-
gatives, des prééminences. On *s'approprie*
un champ, un effet, un meuble.

Appui, Soutien, Support.

L'appui fortifie ; on le met tout auprès
pour résister à l'impulsion des corps étrangers.
Le *soutien* porte ; on le place au-dessous
pour empêcher de succomber sous le fardeau.
Le *support* aide ; il est à l'un des bouts pour
servir de jambage. Une muraille est *appuyée*
par des arcs-boutans. Une voûte est *soutenue*

par des colonnes. Le toit d'une maison est *supporté* par les gros murs.

Dans le sens figuré, l'*appui* a plus de rapport à la force et à l'autorité ; le *soutien* en a plus au crédit et à l'habileté ; le *support* en a davantage à l'affection et à l'amitié.

APPUYER , ACCOTER.

Appuyer a plus de rapport à la chose qui soutient ; *accoter* en a davantage à celle qui est soutenüe.

Appuyer est plus en usage ; *accoter* a vieilli : il se conserve néanmoins lorsqu'il s'agit de tiges, d'un arbre, d'une colonne.

APTITUDE , DISPOSITION , PENCHANT.

L'*aptitude* tient à l'esprit ; la *disposition* peut tenir au tempérament ; le *penchant* semble venir du cœur.

La *disposition* fait entreprendre ; l'*aptitude* fait réussir ; le *penchant* attache à ce que l'on fait.

Les *dispositions* ont moins de force que l'*aptitude* ; elles demandent à être plus cultivées : l'*aptitude* se fait jour à elle seule.

ARIDE , SEC.

Un lieu est *aride* lorsque le défaut d'humidité a détruit en lui la faculté de produire ; il est *sec* quand il est privé d'humidité. La *sécheresse* peut n'être que momentanée ; l'*aridité* est un état permanent.

Aride ne s'applique, au propre, qu'à la terre ou au sable, parce que ce sont les seules matières que l'humidité rende productives. *Sec* s'applique à toute substance susceptible d'humidité.

Au figuré, *aride* et *sec* expriment le contraire d'abondant; mais *sec* s'applique à tout objet privé de l'espèce d'abondance dont il est susceptible; *aride*, seulement aux objets privés, par ce défaut d'abondance, des qualités ou facultés productives conformes à leur nature. Un sujet est *aride*, lorsqu'il ne fournit aucune idée; un discours est *sec*, quand il manque des idées qui pourraient l'enrichir. Un esprit *aride*, est celui qui, faute d'idées, ne produit rien; un esprit *sec*, celui qui manque de l'imagination et des agrémens qui pourraient embellir ses idées.

ARMES, ARMOIRIES.

Signes symboliques qui distinguent les personnes, les familles, les communautés, les peuples. Ces symboles se gravaient, se peignaient sur les *armes*, sur le bouclier, l'écu, etc. De là l'usage de dire *armes* pour *armoiries*. Ce dernier mot est le nom propre de la chose; le premier n'est employé que dans une acception détournée, et doit être rejeté quand il formerait une équivoque. Le blason est la science *des armoiries*, et non pas *des armes*.

ARME, ARMURE.

Arme, est tout ce qui sert au soldat, soit pour attaquer, soit pour se défendre. *Armure* n'est d'usage que pour ce qui sert à le défendre des atteintes ou des effets du coup, et seulement dans le détail, en nommant quelque partie du corps : on dit, par exemple, une *armure* de tête, de cuisse.

AROMATE, PARFUM.

Aromate, odeur, senteur; *parfum*, fumée, vapeur. L'*aromate* est le corps d'où s'élève une odeur : le *parfum* est la senteur qui s'élève d'un corps. *Parfum* se dit aussi du corps odorant; *aromate* ne se dit jamais de l'odeur même ou de la vapeur. L'*aromate* exhale des vapeurs agréables; le *parfum* s'exhale ou est exhalé.

Tout *aromate* peut être *parfum*; tout *parfum* n'est pas *aromate*. L'*aromate* appartient uniquement au règne végétal; les *parfums* sont tirés des différens règnes. Les racines des végétaux, le gingembre, l'iris de Florence; les bois, l'aloès, le sassafras; les écorces, la cannelle, le citron; les herbes ou les feuilles, le baume, la mélisse; les fleurs, la violette, la rose, sont des *aromates* et des *parfums*. Le musc, la civette, sont des *parfums*, et non des *aromates*.

ARRACHER, RAVIR.

Arracher, c'est tirer à soi et enlever avec violence, avec peine, un objet qui se défend contre vos efforts. *Ravir*, c'est prendre, enlever par un tour de force ou d'adresse, un objet qui ne se défend pas ou qui est mal défendu. On *arrache* un arbre, une dent, un clou enfoncé dans un mur ; on *ravit* des biens, une proie, des choses mal gardées.

L'action d'*arracher* est plus lente et plus violente ; la seconde est plus prompte et plus subtile.

Ces deux mots conservent parfaitement, au figuré, leur idée propre.

ARRANGER, RANGER.

Arranger exprime le rapport que l'on établit entre plusieurs choses que l'on range ensemble. *Ranger* n'exprime qu'une idée individuelle. C'est en *rangeant* ses livres, que l'on *arrange* sa bibliothèque ; mais il faut avoir *arrangé* l'une avant de *ranger* les autres. *Arranger*, c'est assigner aux choses le rang qui leur convient ; les *ranger*, c'est les placer, ou les replacer dans l'ordre déterminé par leur *arrangement*.

Pour *arranger*, il faut une opération de l'esprit ; il y a un choix à faire : *ranger* ne suppose qu'un acte physique ; il n'y a qu'une décision à exécuter.

De même, dans le sens moral, on dit : *se ranger* sous des lois, on ne peut les changer. Mais on dit : *arranger* un projet dans sa tête, c'est-à-dire, en ordonner les différentes parties. On se *range* à l'avis de quelqu'un, il est donné, on n'a qu'à le suivre. On s'*arrange* pour faire une chose, c'est-à-dire, on dispose son temps ou ses affaires de la manière qui convient à cette chose.

Un homme *rangé* est celui qui a de l'ordre dans sa conduite, dans ses affaires. Un homme *arrangé* est celui qui met de l'ordre dans tout, qui ne fait et ne dit rien sans choix.

ARRÊTER, RETENIR.

Arrêter, interrompre le mouvement ; *retenir*, se rendre maître du mouvement pour l'interrompre, le ralentir ou le changer. *Arrêter* est l'effet de l'action ; *retenir* est l'action même. Le cours de l'eau est *arrêté* par une digue qui le *retient*.

On *arrête* tout-à-fait ou pas du tout ; on *retient* plus ou moins, et ce qui *retient* n'arrête pas toujours.

Arrêter, c'est déterminer l'état d'une chose. On *arrête* les comptes d'un ouvrier, pour qu'ils ne changent plus. On *arrête* des payemens, on met en état de stagnation une somme destinée à courir. *Retenir*, c'est exercer avec plus ou moins d'efficacité la faculté de déterminer l'état d'une chose. On *retient* une somme, son haleine.

On n'*arrête* qu'un objet déjà en mouvement ; on le *retient* avant que le mouvement commence.

ARTISAN, OUVRIER.

L'un et l'autre sont gens de peine et occupés de la main. L'*artisan* exerce un art mécanique ; l'*ouvrier* fait un genre quelconque d'ouvrage. Le premier est un homme de métier ; le second un homme de travail.

On se sert du mot *ouvrier*, lorsqu'on veut représenter les gens à l'œuvre, soit *artisans*, comme maçons, charpentiers ; soit *artistes*, comme peintres, sculpteurs.

Les *ouvriers* travaillent pour le maître ; l'*artisan* en chef travaille pour le public.

Artisan s'emploie, au figuré, pour *auteur*, *créateur*, celui qui règle, dirige, conduit. Il est l'*artisan* de sa fortune, de son malheur.

ASCENDANT, EMPIRE, INFLUENCE.

Ces trois mots sont l'expression d'une puissance morale exercée sur les hommes.

L'*ascendant* est le pouvoir de la supériorité ; l'*empire*, le pouvoir de la force ; l'*influence*, le pouvoir de l'insinuation. Un père a de l'*empire* sur ses enfans ; un mari a de l'*ascendant* sur sa femme ; une femme a de l'*influence* sur son mari.

L'*ascendant* est ordinairement l'effet d'un.

caractère ou d'un génie plus élevé que celui qu'il domine ; l'*empire* est celui d'une volonté plus ferme que celle qu'il soumet ; l'*influence*, celui d'un esprit plus adroit que l'esprit qu'il dirige.

ASILE, REFUGE.

Lieux où l'on se met en sureté, à l'abri, à couvert.

Dès qu'on craint un danger, on cherche un *asile* ; assailli d'un péril, on cherche un *refuge*. Il faut un *asile* pour le besoin ; dans la nécessité, un *refuge*. On se retire, on se sauve dans un *asile* ; on se jette, on se sauve dans un *refuge*.

ASPECT, VUE.

Vue, application de la faculté de voir à un objet quelconque ; *aspect*, manière dont cet objet se présente à la *vue*.

Dans le mot de *vue*, l'idée principale est celle du sujet, de l'être qui voit ; dans le mot d'*aspect*, l'idée principale est celle de l'objet qui est vu. De ma fenêtre j'ai la *vue* de la campagne ; mais cette campagne a un *aspect* si triste, que je n'y arrête jamais ma *vue*.

L'idée de *vue* est plus générale ; *aspect* semble désigner des points de vue particuliers. Les *vues* de la Suisse sont pleines de beaux *aspects*.

Aspirer, prétendre.

On *aspire* à une chose que l'on désire ;
on *prétend* à une chose à laquelle on croit
avoir des droits. *Aspirer* désigne l'attente
d'une faveur qui dépend des hommes ou du
sort. *Prétendre* suppose une justice qui doit
être rendue.

Assembler, joindre, unir.

Ces actions tendent à opérer trois différens
degrés de rapprochement entre des objets de
même ou de diverse nature.

Assembler, rapprocher les uns des autres
différens objets ; *joindre*, les mettre en con-
tact les uns avec les autres ; *unir*, les attacher
les uns aux autres de manière à ce qu'ils n'en
fassent plus qu'un.

En parlant des personnes, *s'assembler*
n'est qu'une action extérieure, quelquefois
involontaire ; se *joindre* n'est qu'un acte de
la volonté ; s'*unir* suppose aussi le concours
des sentimens.

Assembler, rassembler.

On *assemble* ce qui n'avait jamais été
assemblé ; on *rassemble* ce qui avait été
séparé.

Assez, suffisamment.

Ces deux mots regardent également la
quantité ; avec cette différence qu'*assez* a
plus de rapport à la quantité qu'on veut

avoir, et que *suffisamment* en a plus à la quantité qu'on veut employer. L'avare n'en a jamais *assez* ; le prodigue n'en a jamais *suffisamment*. On dit, c'est *assez*, lorsqu'on n'en veut pas davantage ; et en voilà *suffisamment*, lorsqu'on en a précisément ce qu'il en faut pour l'usage qu'on en veut faire.

ASSUJÉTISSEMENT, SUJÉTION.

Ces mots désignent la dépendance, l'obligation, la gêne ou la contrainte.

Assujétissement se distingue par un rapport particulier à la cause, à la force, à la puissance qui nous *assujétit* dans un tel état, qui nous *assujétit* à elle, à des obligations, à des nécessités constantes. *Sujétion* a un rapport spécial à l'action, à la gêne, à l'obligation actuelle qui nous est imposée. Le premier désigne plutôt un état habituel dans lequel on est fixé ; le second, la situation actuelle dans laquelle on se trouve. A l'égard du maître qui commande avec empire, la dépendance continuelle est un dur *assujétissement*. A l'égard d'une personne qu'on chérit, le service assidu n'est qu'une douce *sujétion*. On est dans la *sujétion* dès qu'on n'est pas à soi, à sa propre disposition ; on est dans l'*assujétissement*, lorsqu'on est à quelqu'un, à une chose.

ASSURER, AFFERMIR.

On *affermit* par de solides fondemens, par de bons appuis, pour rendre la chose

propre à se maintenir et à résister aux attaques. On *assure* par la consistance de la position , par des liens qui assujétissent , afin
que la chose se trouve fixe , sans vaciller.

Assurer , Affirmer , Confirmer.

On se sert du ton de la voix ou d'une certaine manière de dire les choses pour les *assurer* , c'est - à - dire , pour en marquer la
certitude. On emploie le serment pour *affirmer*, dans la vue de détruire tous les soupçons
désavantageux à la sincérité. On a recours à
une nouvelle preuve ou au témoignage d'autrui
pour *confirmer* , c'est-à-dire , pour détruire
tous les doutes , et opérer une conviction ou
une persuasion complète.

Astronomie , Astrologue.

L'*astronome* observe , étudie , connaît le
cours et le mouvement des astres ; l'*astrologue*
raisonne sur leur influence. Le premier n'erre
guère dans ses calculs ; le second se trompe
presque toujours dans ses prédictions. L'un
explique ce qu'il sait ; l'autre débite ce qu'il
imagine.

Attache , Attachement , Dévouement.

L'*attache* est un lien ; elle nous lie à ce
que nous aimons, et elle vient de quelque cause
que ce soit. L'*attachement* est un sentiment
qui nous unit à ce que nous estimons; il vient
du cœur, et se fonde par le rapport des senti-

mens et des caractères. Le *dévouement* est une parfaite disposition à obéir en tout; il nous soumet à la volonté de ceux que nous désirons servir.

Le hasard, l'intérêt, l'habitude, les convenances, forment les *attaches*; la nature forme des *attachemens*. On a de l'*attache* pour la maison qu'on habite, de l'*attache* au jeu, à son sens, à son avis, à son opinion; on a de l'*attachement* pour les personnes avec qui l'on vit; on a du *dévouement* pour son prince, son maître, son bienfaiteur, son ami, sa maîtresse.

ATTACHÉ, AVARE, INTÉRESSÉ.

Un homme *attaché* aime l'épargne et fuit la dépense. Un homme *avare* aime la possession, et ne fait aucun usage de ce qu'il a. Un homme *intéressé* aime le gain, et ne fait rien gratuitement.

ATTAQUER QUELQU'UN, S'ATTAQUER à QUELQU'UN.

S'*attaquer* à quelqu'un, s'en prendre à lui, le choquer, le provoquer, l'offenser dans un esprit de ressentiment, de haine, de vengeance. Il y a ici un choix, une préférence, une passion particulière, une volonté acharnée, qui fait qu'on s'attache à offenser quelqu'un plutôt qu'un autre. *Attaquer* n'exprime qu'une simple *attaque*, l'oppression, un acte d'hostilité.

ATTENTION, EXACTITUDE, VIGILANCE.

L'*attention* fait que rien n'échappe; l'*exactitude* empêche qu'on n'omette la moindre chose; la *vigilance* fait qu'on ne néglige rien.

La présence d'esprit nous rend *attentifs*; la mémoire nous rend *exacts*; il faut de l'action pour être *vigilant*.

L'homme sage est *attentif* à sa conduite, *exact* à ses devoirs; et *vigilant* sur ses intérêts.

ATTRAITS, APPAS, CHARMES.

Trois mots qui marquent le pouvoir qu'a sur le cœur la beauté, l'agrément, et tout ce qui plaît. Ils n'ont point de singulier dans ce sens.

Il y a quelque chose de plus naturel dans les *attraits*; quelque chose qui tient plus de l'art dans les *appas*; quelque chose de plus fort et de plus extraordinaire dans les *charmes*.

Les *attraits* se font suivre; les *appas* nous engagent; les *charmes* nous entraînent.

Le propre des *attraits* est de nous faire pencher, incliner, aller vers un objet. Le propre des *appas* est d'exciter, comme l'appât, le goût et l'envie de posséder l'objet et d'en jouir. Les *appas* ont donc un plus grand effet que les *attraits*; ils sont puissans. Le propre des *charmes* est de nous frapper et de nous enlever par une force secrète, mystérieuse, toute-puissante, irrésistible.

Les *attraits* préviennent favorablement et

nous attirent; les *appas* flattent le cœur ou les sens, et nous séduisent; les *charmes* s'emparent en quelque sorte de nous, et nous enchantent.

Les *appas* tiennent aux formes; les *attraits* doivent à l'esprit la plupart de leurs agrémens: il n'existe point de *charmes* qui ne prennent leur source dans l'amabilité du caractère.

De beaux bras, une taille parfaite, font la plus grande partie des *appas* d'une femme. Des regards vifs, un langage animé, l'expression de la gaité, peuvent ajouter beaucoup à ses *attraits*. Le sourire de la bienveillance, le regard de la sensibilité, l'air de la candeur, de la simplicité, de l'abandon, voilà ses *charmes*.

Appas est pris en mauvaise part, lorsqu'on y joint une épithète qui le flétrit. On dit *appas trompeurs*, *perfides*; les *appas du vice*. *Attraits* et *charmes* ne s'appliquent qu'aux choses qui sont ou qu'on suppose très-aimables en elles-mêmes. Les *attraits* de la gloire, les *charmes* de la vertu.

Le mot d'*appas* est devenu un peu libre. Le mot de *charmes* exprime une idée plus pure que celui d'*appas*, et plus morale que celui d'*attraits*.

ATTRIBUER, IMPUTER.

C'est mettre quelque chose sur le compte de quelqu'un. La lui *attribuer*, c'est la mettre sur son compte par une prétention, un jugement, une assertion simple, comme sa chose propre, son ouvrage; la lui *imputer*, c'est la mettre sur son compte, en la rejetant sur lui, en lui en rapportant le mérite ou le démérite. On *attribue* un ouvrage, une faute, à celui qu'on en croit l'auteur, qu'on en sait être l'auteur; on *impute* un évènement à celui qu'on en regarde comme la cause plus ou moins éloignée.

Il ne faut ni *attribuer* légèrement, ni *imputer* gratuitement.

On *attribue* une bonne comme une mauvaise action, des vertus comme des vices; on *impute* une mauvaise action plutôt qu'une bonne, des vices plutôt que des vertus.

Augure, présage.

L'*augure* est simplement l'idée que nous nous formons de l'avenir d'après certaines données. Le *présage* est également le signe, la chose qui annonce l'avenir; et la conjecture, le pronostic que l'on tire des objets.

Le *présage* est certain ou incertain; l'*augure*, bon ou mauvais.

L'*augure* est dans notre imagination; il est fondé sur des rapports ou des motifs supposés, incertains, vagues, frivoles. Le *présage* est dans l'objet et dans notre esprit; il est fondé plutôt sur des rapports ou des motifs réels, connus, vraisemblables, plausibles.

Le *présage* annonce un évènement, de quelque nature qu'il soit; l'*augure* un évènement heureux ou malheureux. On *augure* bien

ou mal d'une entreprise ; on *présage* avec certitude ou avec vraisemblance.

Aussi, c'est pourquoi, ainsi.

Le propre de ces trois locutions est de motiver ce qui est contenu dans une proposition
précédente.

C'est pourquoi signifie, *cela est la raison
pour* laquelle : il exprime plus particulièrement la raison, le motif, le principe ou la
cause déterminante d'une chose. Le vice rend
malheureux ; *c'est pourquoi* il faut le fuir.

Ainsi exprime plus particulièrement la conséquence ou la condition. Le méchant est malheureux ; *ainsi*, vous devez le plaindre. Mon
ami est en sureté ; *ainsi*, je suis tranquille.

Aussi signifie autant, au même point, à tel
degré, à la même proportion ou mesure ; il
désigne de même l'égalité, la parité entière,
la correspondance parfaite. Il est très-étourdi ;
aussi fait-il beaucoup de sottises. La fortune
est aveugle ; *aussi* prodigue-t-elle ses faveurs
à beaucoup de gens qui en sont indignes.

Austère, sévère, rude.

On est *austère* par la manière de vivre, *sévère* par la manière de penser, *rude* par la
manière d'agir.

La mollesse est opposée à l'*austérité* ; le
relâchement à la *sévérité* ; et la fade complaisance à la *rudesse*.

Ce n'est que pour soi qu'on est *austère*, et

l'on n'est *rude* que pour les autres ; mais on peut être *sévère* pour soi et pour les autres.

AUSTÈRE, RIGOUREUX, SÉVÈRE.

L'*austérité* naît des principes, des règles qu'on se fait. La *sévérité* exclut toute idée de condescendance. On admire l'homme *austère* ; on craint l'homme *sévère*. *Rigoureux*, cruel, inflexible, est le complément de *sévérité* ; c'est celui qui fait profession de rigorisme. L'homme *sévère* ne se départ point de ses principes ; l'homme *rigoureux* les exagère.

AUSTÈRE, ACERBE, APRE.

Acerbe, terme de médecine, ne se dit qu'au propre, et à l'égard du goût. *Austère* est beaucoup plus usité au figuré qu'au propre, et dans le sens de dur, sévère, rigide, rude. *Apre* est de tous les styles, et varié dans ses acceptions ; il se dit à l'égard du toucher, de l'ouie, etc., comme à l'égard du goût.

Ce qui est *acerbe* a besoin d'être adouci ; ce qui est *austère* a besoin d'être mitigé ; ce qui est *âpre* a besoin d'être corrigé par quelque chose d'adoucissant et d'onctueux.

AUTORITÉ, POUVOIR, EMPIRE.

Il n'est ici question que du sens de ces mots qui marque en général ce qu'on peut sur l'esprit des autres.

La supériorité du rang et de la raison donne de l'*autorité*. L'attachement pour les

personnes

personnes contribue beaucoup au *pouvoir* qu'elles ont sur nous. L'art de trouver et de saisir le faible des hommes, forme *l'empire* qu'on a sur eux.

L'*autorité* vient toujours de quelque mérite, soit d'esprit, de naissance ou d'état; elle nous détermine en faveur de ce qui nous est proposé. Le *pouvoir* vient pour l'ordinaire de quelque liaison, soit de cœur ou d'intérêt; il fait que nous nous rendons à ce qu'on désire de nous. L'*empire* vient d'un ascendant de domination, arrogé avec art, ou cédé par imbécillité; il soumet nos idées à celles qu'on veut nous insinuer.

AUTORITÉ, POUVOIR, PUISSANCE.

Il se trouve dans le mot d'*autorité* une énergie propre à faire sentir un droit d'administration civile ou politique. Il y a dans le mot de *pouvoir* un rapport particulier à l'exécution subalterne des ordres supérieurs. Le mot de *puissance* renferme dans sa valeur un droit et une force de domination.

Ce sont les lois qui donnent l'*autorité*. Le *pouvoir* est communiqué par ceux qui, étant dépositaires des lois, sont chargés de leur exécution; par conséquent il est subordonné à l'*autorité*. La *puissance* vient du consentement des peuples, ou de la force des armes.

L'*autorité* n'appartient qu'au supérieur. On dit l'*autorité* du mari sur sa femme, du père sur son fils. On dit aussi l'*autorité* de

D

la raison, des preuves, des témoignages, des monumens, des auteurs, pour dire, l'ascendant, la prépondérance, l'empire qu'ils ont sur les esprits, le droit d'être crus.

L'idée propre de *puissance* est celle de force et de faculté. Le *pouvoir* désigne la possession, la faculté de jouir d'une *puissance*, de la chose.

L'*autorité* gît dans la domination; la *puissance*, dans les forces de tout genre; le *pouvoir*, dans l'énergie de l'une et de l'autre.

AUTOUR, À L'ENTOUR.

Autour, préposition, est toujours suivi de la préposition *de : autour de la montagne.* *A l'entour*, locution adverbiale, s'emploie absolument : *les échos d'alentour, tenez-vous à l'entour.*

AVANT, DEVANT.

Ils marquent tous les deux le premier ordre dans la situation; mais *avant* est pour l'ordre du temps, *il arrivera* avant *moi ;* et *devant* pour l'ordre des places, *mettez-vous* devant *lui.*

AVARE, AVARICIEUX.

Il semble qu'*avare* convient mieux lorsqu'il s'agit de l'habitude et de la passion même de l'avarice; et qu'*avaricieux* se dit plus proprement lorsqu'il n'est question que d'un acte ou d'un trait particulier de cette passion. Un homme qui ne donne jamais passe pour un *avare*. Celui qui manque à donner dans l'occasion, ou qui donne trop peu, s'attire l'épithète d'*avaricieux*.

Avaricieux s'emploie toujours en mauvaise part et dans le sens littéral. *Avare* se prend quelquefois en bonne part dans le sens figuré. *Avare* du temps. Un bon général est *avare* du sang de ses soldats.

AVERTISSEMENT, AVIS, CONSEIL.

Le but de l'*avertissement* est précisément d'instruire ou de réveiller l'attention ; il se fait pour nous apprendre certaines choses qu'on ne veut pas que nous ignorions ou que nous négligions. L'*avis* et le *conseil* ont aussi pour but l'instruction ; mais ils se donnent dans la vue de faire agir ou parler : avec cette différence que l'*avis* ne renferme aucune idée accessoire de supériorité, soit d'état, soit de génie ; au lieu que le *conseil* emporte du moins une de ces idées de supériorité, et quelquefois toutes les deux ensemble.

L'*avertissement* est vrai ou faux, exact ou mensonger ; l'*avis*, judicieux ou inconsidéré ; le *conseil*, sage et sincère.

AVERTIR, INFORMER, DONNER AVIS.

Avertir, diriger l'attention sur un objet, semble indiquer quelque chose d'essentiel pour la personne à qui l'on donne l'*avertissement*. *Informer* renferme l'idée du complément ajouté aux connaissances de la personne que l'on informe, sur l'objet dont on veut lui parler. *Donner avis* exprime ce qui supplée à la vue ; aussi suppose-t-il souvent l'éloignement de la personne à qui l'on *donne avis*.

Un objet inanimé peut nous *avertir* ; les personnes seules peuvent nous *informer* et nous *donner avis*.

AVEU, CONFESSION.

L'*aveu* suppose l'interrogation. La *confession* tient un peu de l'accusation. On *avoue* ce qu'on avoit envie de cacher ; on *confesse* ce qu'on a eu tort de faire. On *avoue* la faute qu'on a faite ; on *confesse* le péché dans lequel on est tombé.

à l'AVEUGLE, AVEUGLÉMENT.

Celui qui agit *à l'aveugle*, ne voit pas ; celui qui agit *aveuglément* ne peut pas voir. Le premier ne regarde pas, manque d'attention, d'intelligence ; le second est *aveuglé*, égaré, par quelque cause. L'un agit sans examen ; l'autre ne veut pas ou ne peut pas examiner.

Il ne faut pas croire *aveuglément* tout ce qu'on nous dit. Il ne faut rien faire *à l'aveugle*.

La différence qu'il y a entre *aveuglément* et *à l'aveugle*, existe aussi entre les adverbes et les phrases adverbiales synonymes de la même forme. Ainsi, vous dites que l'un agit *étourdiment*, et l'autre *à l'étourdie*. Le premier agit en étourdi, comme un étourdi qu'il est; le second agit à la manière des étourdis, comme s'il était un étourdi. Voyez *légèrement* et *à la légère*.

AVISÉ, PRUDENT, CIRCONSPECT.

Avisé, qui songe à tout; *prudent*, qui ne néglige rien; *circonspect*, qui ne hasarde rien.

L'homme *avisé* voit tous les expédiens auxquels on peut avoir recours; l'homme *prudent* s'attache à tous les moyens de les faire réussir; l'homme *circonspect* s'applique sur-tout à éviter tous les inconvéniens qui pourraient les faire manquer. Le premier fait usage sur-tout de l'imagination ; le second, de la réflexion; le troisième, de l'attention.

Etre *avisé* ne s'applique qu'aux petites vues, et ne peut s'employer que dans les petites affaires. La *circonspection*, dans les plus grandes affaires, ne s'attache qu'aux petites précautions. La *prudence* est bonne en petit comme en grand.

AVOIR, POSSÉDER.

Il n'est pas toujours nécessaire de pouvoir disposer d'une chose, ni qu'elle soit actuellement entre nos mains, pour l'*avoir*; il suffit qu'elle nous appartienne. Mais pour la *posséder*, il faut qu'elle soit entre nos mains, et que nous ayons la liberté actuelle d'en disposer ou d'en jouir. Nous *avons* des revenus; nous *possédons* des trésors. On n'est pas toujours le maître de ce qu'on *a* ; on l'est de ce qu'on *possède*.

AXIOME, MAXIME, SENTENCE, APOPHTHEGME, APHORISME.

L'*axiome* est une proposition, une vérité capitale, principale, et évidente par elle-même ; c'est le flambeau de la science. *La partie est plus grande que le tout.*

La *maxime* est une proposition, une instruction importante, majeure, qui éclaire et guide les hommes dans la carrière de la vie ; c'est une grande règle de conduite. *Connais-toi toi-même.*

La *sentence* est une proposition, un enseignement court et frappant, qui, déduit de l'observation, ou puisé dans le sens intime ou la conscience, nous apprend ce qu'il faut faire ou ce qui se passe dans la vie ; c'est une espèce d'oracle. *Le temps est un grand consolateur.*

L'*apophthegme* est un dit mémorable, un trait remarquable, qui, parti d'une ame ou d'une tête énergique, fait sur nous une vive impression ; c'est un éclat d'esprit, de raison, de sentiment.

L'*aphorisme* est une notion, un enseignement doctrinal, qui expose ou résume en peu de mots, en préceptes, en abrégé, ce qu'il s'agit d'apprendre ; c'est la substance d'une doctrine. Ce mot n'est guère usité qu'en médecine. *Le médecin ne guérit pas sans la nature.*

B

BABIL, CAQUET.

CES deux termes expriment la démangeaison de parler, une intempérance de langue, la manie de parler sans rien dire. Le *babil* étourdit par sa volubilité et sa continuité; le *caquet* assomme par ses répétitions et son éclat. Il y a de l'indiscrétion dans le *babil*, et de la prétention dans le *caquet*. Le *babil* suppose une certaine facilité; le *caquet* s'exprime avec un air d'assurance.

BABILLARD, BAVARD.

Le *babillard* et le *bavard* parlent trop: l'un dit des riens, comme un enfant; il est inconsidéré et indiscret: l'autre, indiscret et impertinent, en dit trop; il parle sans pudeur et sans égards. Le *babillard* est incommode; le *bavard* est fâcheux.

BADAUD, BENÊT, NIAIS, NIGAUD.

Ces quatre mots indiquent un défaut de jugement, d'esprit, de contenance, de tact, de finesse. Le *badaud* est un petit esprit qui s'arrête de surprise, ou par curiosité, devant tout ce qu'il voit. Le *benêt* est un pauvre homme qui, par facilité, docilité et bonhomie, ne fait rien par lui-même, et se prête à tout ce qu'on veut. Le *niais* est un homme neuf qui, faute d'expérience et de

D 4

connaissances, ne sait ni ce qu'il faut penser, ni ce qu'il faut dire, ni comment se tenir. Le *nigaud* est un grand enfant qui, par puérilité, par ineptie, ne sait ni se mettre à sa place, ni mettre les choses à la leur.

BAISSER, ABAISSER.

Baisser se dit des choses qu'on veut placer plus bas, de celles dont on veut diminuer la hauteur, et de certains mouvemens de corps; c'est le contraire d'élever et d'exhausser. On *baisse* une poutre, les voiles, un bâtiment; on *baisse* les yeux et la tête. *Abaisser* se dit des choses faites pour en couvrir d'autres; mais qui, étant relevées, laissent celles-ci à découvert : on *abaisse* le dessus d'une cassette, on *abaisse* les paupières. C'est l'opposé de lever et relever.

On *baisse* en diminuant; on se *baisse* en se courbant. On s'*abaisse* en s'humiliant, ou en se proportionnant aux personnes qui nous sont inférieures.

Baisser, employé à l'actif, n'a jamais de sens figuré; *abaisser* en a un. On dit *abaisser* l'orgueil de quelqu'un.

BALANCER, HÉSITER.

Lorsqu'il y a des objets à peser, vous *balancez*; vous flottez, vous penchez tantôt d'un côté, tantôt de l'autre. Lorsqu'il y a des obstacles à vaincre, vous *hésitez*, vous êtes suspendu. Dans le premier cas, vous ne savez que faire, rien ne vous détermine ; dans le second, vous n'osez pas faire, quelque chose vous arrête. Le doute, l'incertitude font *balancer* ; la crainte, la faiblesse font *hésiter.*

BALBUTIER, BÉGAYER, BREDOUILLER.

Ces trois mots expriment trois onomatopées, mais distinctes. Celui qui *balbutie* ne parle que du bout des lèvres, affaiblit diverses articulations, et ne fait entendre distinctement que *bb, ba, bu,* ainsi que la liquide *l,* et le sifflement des syllabes *tier, cier.* La vieillesse et la timidité font *balbutier.* Celui qui *bégaye* ne parle pas de suite, s'arrête aux articulations gutturales, coupe et remâche les mots, travaille à retrouver la parole qu'il avait perdue, et répète souvent les labiales *b, bé.* La suffocation fait *bégayer.* Celui qui *bredouille* roule précipitamment ses paroles les unes sur les autres, les confond dans un bruit sourd, et ne fait entendre que *bre, ouil,* ou autres semblables sons. L'ivresse et la précipitation font *bredouiller.*

BANQUEROUTE, FAILLITE.

Cessation de commerce et de payement. *Faire banqueroute,* c'est *fermer boutique,* disparaître du commerce, y renoncer de gré ou de force. *Faire faillite,* c'est manquer de payer aux échéances. Il y a dans la *banqueroute* quelque chose de volontaire, de frauduleux et de criminel ; et dans la *faillite,* quelque chose de forcé, de malheureux, d'innocent. Aussi la qualification de *banqueroutier* est injurieuse ; et celle de *failli* ne l'est point.

BARBARIE, CRUAUTÉ, FÉROCITÉ.

La *barbarie* donne la mort ; elle tient à l'état des mœurs, et vient de l'ignorance. La *cruauté* se plaît à faire souffrir ; c'est une disposition du caractère, un effet de la méchanceté. La *férocité* aime à voir souffrir ; elle naît de l'insensibilité, et a quelque chose de sauvage.

Barbare ne se dit que des personnes : *féroce* se dit de tous les êtres animés ; *cruel* se dit des personnes et des choses.

BAS, ABJECT, VIL.

Ce qui est *bas* manque d'élévation ; ce qui est *abject* est dans une grande bassesse ; ce qui est *vil*, dans un grand décri.

Bas et *abject* ne diffèrent que par les degrés : ce qui est *abject* est très-bas, dans une profonde *humiliation* ; car *abject* ne se dit qu'au moral, et *bas* et *vil* ne sont synonymes de ce mot qu'autant qu'on les emploie également au figuré.

Bas dit moins que *vil*. Les denrées peuvent être à *bas* prix, sans être à *vil* prix.

Au figuré, on est *bas* par la place ; *vil* selon l'opinion, ou par l'appréciation des qualités.

On ne considère pas ce qui est *bas* ; on rejette ce qui est *abject* ; on rebute ce qui est *vil*.

Un homme est *bas*, qui déroge à la dignité de son état. Un homme est *abject*, qui se ravale jusqu'à faire oublier ce qu'il est. Un homme est *vil*, qui renonce à sa propre estime et à celle des autres.

BATAILLE, COMBAT.

La *bataille* est une action plus générale, et ordinairement précédée de quelque préparation. Le *combat* semble être une action plus particulière, et souvent imprévue.

BATTRE, FRAPPER.

Pour *battre*, il faut redoubler les coups ; pour *frapper*, il suffit d'en donner un. On n'est jamais *battu* sans qu'on ne soit *frappé* ; on peut être *frappé* sans être *battu*. Cela vient de ce qu'on ne *bat* qu'avec dessein, tandis qu'on *frappe* quelquefois sans le vouloir.

BEAU, JOLI.

Le *beau* est grand, noble, régulier ; on ne peut s'empêcher de l'admirer. Le *joli* est fin, délicat, mignon ; on le goûte, il plaît. Le *beau* est plus sérieux ; il occupe : le *joli* est plus gai ; il divertit. C'est pourquoi l'on ne dit pas une *jolie* tragédie ; mais on peut dire une *jolie* comédie. C'est à l'ame que le *beau* s'adresse ; c'est aux sens que parle le *joli.* L'un étonne, éblouit, persuade, entraîne ; l'autre séduit, amuse, et se borne à plaire.

En parlant de l'homme, *beau* et *joli* cessent d'être synonymes. Le teint, la taille, la proportion et la régularité des traits, forment les *belles* personnes : les *jolies* le sont par les agrémens, la vivacité des yeux, l'air et la tournure gracieuse du visage, quoique moins régulière.

BEAUCOUP, PLUSIEURS.

Ces deux mots regardent la quantité des choses ; mais *beaucoup* est d'usage soit qu'il s'agisse de calcul, de mesure, ou d'estimation ; et *plusieurs* n'est jamais employé que pour les choses qui se calculent. Le contraire de *beaucoup* est *peu* ; le contraire de *plusieurs* est *un*.

BÉNI, BÉNIE ; BÉNIT, BÉNITE.

Deux participes différens du verbe *bénir*. Le premier marque la protection particulière de Dieu sur une personne, sur une famille, sur une nation. Les princes justes sont *bénis* de Dieu. *Béni* se dit encore pour désigner les louanges affectueuses que l'on donne à Dieu, à un homme, aux instrumens même d'un bienfait. La mémoire de Henri IV est *bénie* de tous les Français. *Bénit* marque la bénédiction de l'église, donnée par le prêtre avec les cérémonies convenables. Pain *bénit*, eau *bénite*.

Bénin, doux, humain.

Bénin marque l'inclination ou la disposition à faire du bien ; ce qu'il y a de plus éloigné de la *bénignité*, est la malignité, ou le secret plaisir de nuire. *Doux* indique un caractère d'humeur qui rend très-sociable et ne rebute personne ; les contraires de la *douceur* sont l'aigreur et l'emportement. *Humain* dénote une sensibilité sympathisante aux mœurs ou à l'état d'autrui. L'*humanité* réside dans le cœur ; elle le rend tendre ; rien n'y est plus opposé que la cruauté et la dureté.

Besace, bissac.

Longue pièce de toile, cousue en forme de sac, ouverte par le milieu, faite pour être portée sur l'épaule, de manière que les deux bouts pendent l'un d'un côté, l'autre de l'autre.

Le gueux, le mendiant, a une *besace* ; il y met ce qu'on lui donne. Le paysan, l'ouvrier pauvre a un *bissac* ; il le porte en voyage ; il y met ses provisions, ses hardes : c'est son équipage.

Bête, stupide, idiot.

Trois épithètes qui attaquent l'esprit, et font entendre qu'on en manque presque dans tout. Mais on est *bête* par défaut d'intelligence, *stupide* par défaut de sentiment, *idiot* par défaut de connaissances. C'est en vain qu'on fait des leçons à une *bête* ; la nature lui a refusé les moyens d'en profiter. Tous les soins des maîtres sont perdus auprès d'un *stupide*, si l'on ne trouve le secret de le tirer de son assoupissement. Pour venir à bout d'instruire un *idiot*, il faut avoir l'art de lui rendre les idées sensibles, et savoir se proportionner à sa façon de penser.

BÊTISE, SOTTISE.

La *bêtise* ne voit point ; la *sottise* voit de travers. Les idées bornées, voilà ce qui constitue la *bêtise* ; les idées fausses, voilà l'apanage de la *sottise*. La *bêtise* peut être modeste ; la *sottise* indique la suffisance d'un homme qui veut s'élever au-dessus de sa portée. La *bêtise* est nulle et ennuyeuse ; la *sottise* est bavarde et incommode.

BÉVUE, MÉPRISE, ERREUR.

Ils présentent l'idée d'une faute commise par légèreté, inadvertance, ou ignorance.

La *bévue* est un défaut de combinaison ; elle est en opposition à la prudence. La *méprise* est un mauvais choix, et l'*erreur* une fausse conséquence. Les gens d'un caractère ouvert, les hommes confians et de bonne foi, font tous les jours des *bévues :* elles sont le partage de l'inexpérience, ou de la passion qui aveugle. *Méprise* suppose l'*erreur* dans le choix, et celle-ci tient de

la fausseté du principe, comme la *bévue*
tient de la fausseté de l'application.

BIEN, BEAUCOUP, ABONDAMMENT,
COPIEUSEMENT, à FOISON.

Ils marquent tous une grande quantité vague
et indéfinie.

Beaucoup dénote purement et simplement
une grande quantité vague et indéfinie de
toute sorte de choses. *Beaucoup* d'argent, de
mérite, d'amis.

Bien annonce, avec des particularités, une
grande quantité surprenante ou très - remarquable. *Bien* du mérite, *bien* de la patience,
bien des gens.

Abondamment désigne une grande quantité
de productions, ou de certains objets pris en
grand, supérieure à la quantité donnée ou
reçue pour l'usage nécessaire ou suffisant. Il
y a des fruits *abondamment* cette année.

Copieusement indique une grande quantité
de certaines choses, et sur - tout d'objets de
consommation, dans un cercle étroit excé-
dant la mesure suffisante et ordinaire. Se servir
copieusement d'un mets.

A foison marque la très-grande quantité
de productions ou de choses accumulées qui
forment la volumineuse abondance, et semblent, en quelque sorte, pulluler ou ne point
s'épuiser. Il lui en a donné à *foison*. On a
recueilli cette année du blé à *foison*.

Bienveillance, bienfaisance.

La *bienveillance* est le désir de faire du bien; la *bienfaisance* en est l'accomplissement, ou plutôt c'est l'action même. Ce sont deux vertus qui naissent de l'amour de l'humanité, mais qui ne sont point inséparables. Combien voit-on de personnes qui pensent beaucoup faire lorsqu'elles s'en tiennent à la *bienveillance* !

Bienfait, grace, service, bon office, plaisir.

Le *bienfait* est un don ou un sacrifice que celui *qui a*, fait à celui *qui manque*. La *grâce* est une générosité, une condescendance, une faveur de celui qui *peut* ce qu'il lui *plaît*, au gré de celui dont il lui plaît de faire *acception*. Le *service* est un tribut ou une corvée volontaire que le zèle impose, et dont il nous acquitte envers quelqu'un, dans le cas où il a besoin d'*aide*, d'appui, d'assistance, de secours. Le *bon office* est l'acte ou la démarche *obligeante* d'un homme *officieux*, pour l'intérêt de l'homme qu'il en juge digne. Le *plaisir* est un soin que l'on prend pour le contentement de celui qui ne saurait ou ne voudrait pas le prendre.

La bienfaisance ou la bonté généreuse versé des *bienfaits*. La faveur distribue des *grâces*. Le zèle rend des *services*. La bienveillance inspire des *bons offices*. La complaisance ou l'honnêteté civile fait des *plaisirs*.

BLAMER, CENSURER, RÉPRIMANDER.

Blâmer n'est que le résultat d'une opinion qui fait que nous n'approuvons pas celui qui ne se conduit pas comme nous pensons qu'il devait le faire. *Censurer* suppose une sorte de droit civil de la part de celui qui *censure*. *Réprimander* indique un droit de famille, un droit naturel, tel que celui d'un père sur ses enfans.

Le *blâme* ne suppose, de la part de celui qui l'exerce, aucun droit sur celui qui l'encourt. La *censure* suppose le droit de punir, ne fût-ce que par l'expression du *blâme*. La *réprimande* suppose le droit d'empêcher, de réprimer, de retenir. Le *blâme* peut n'exister qu'au fond du cœur ; la *censure* entraîne une espèce de publicité. On *réprimande* à voix haute, avec des gestes de menace ; une *réprimande* est une *censure* domestique.

BLESSURE, PLAIE.

La *blessure* est une marque faite sur la peau par un coup, c'est-à-dire, par une cause extérieure. La *plaie* est une ouverture faite à la peau par quelque cause que ce soit, intérieure ou extérieure. Figurément, la *blessure* est le tort, le dommage, le détriment, le mal fait par une action violente ou maligne, à l'honneur, à la réputation, au repos d'une per-

sonne. Les passions font aussi des *blessures*
au cœur. On appelle *plaies* de vives douleurs,
de grandes afflictions, des pertes funestes, des
calamités, des fléaux, des maux beaucoup
plus grands que de simples *blessures*.

BLUETTE, ÉTINCELLE.

La *bluette*, pâle et faible, luit et s'éva-
nouit presque aussitôt, sans laisser aucune
trace sensible d'elle-même; elle ne vit qu'un
instant. Ardente, éclatante même, on voit
l'*étincelle* jaillir, pétiller, ranimer les flam-
mes, et produire l'incendie; elle vit peu,
mais elle embrase. Comme il y a de l'analogie
entre le feu et la lumière, on dit, au figuré,
des *bluettes*, des *étincelles* d'esprit, en observant les mêmes nuances que dans le sens
physique. Vous ne direz pas des *bluettes* de
génie, en parlant de ce feu qui excite l'enthousiasme du poète, ou de ce feu sacré qui
élève la vertu jusqu'à l'héroïsme; vous direz
plutôt des *étincelles*, parce que les traits
qui décèlent ces principes en portent toujours
les grands caractères, c'est-à-dire, la fécondité et l'activité.

BOIS, CORNES.

Ces mots se confondent quelquefois, en
zoologie, lorsqu'il s'agit de désigner les ornemens ou les défenses élancées sur la tête de
certains animaux. La *corne* est un simple jet,
droit ou courbe en divers sens, creux à sa base,

et placé sur une proéminence de l'os frontal. Le *bois* est une tige rameuse, revêtue d'une écorce dans le temps de son accroissement, solide dans toute son épaisseur, divisée en rameaux, et en tout semblable à une production végétale. La *corne* est permanente ; le *bois* tombe et repousse. Le cerf, l'élan, le daim, le renne, ont des *bois* ; le bœuf, le buffle, la chèvre, ont des *cornes*.

BOITER, CLOCHER.

Boiter, c'est marcher avec une sorte de vacillation, en se jetant d'un côté, de manière que le corps est ou paraît être déhanché, dégingandé, déboîté dans quelqu'une de ses parties inférieures. *Clocher*, c'est marcher avec un pied raccourci, ou en se jetant sur un côté trop court, de manière que le corps est ou paraît être tronqué, mutilé, inégal d'un ou d'autre côté dans sa base. Au figuré, *clocher* indique un défaut de justesse, d'égalité, de parité, de mesure : un vers, une comparaison *cloche*. Si l'on veut exprimer ce défaut par un adjectif, il n'y a que *boiteux* qui soit d'usage : vers *boiteux*. On dit qu'un esprit est *boiteux*, lorsqu'il ne soutient pas sa marche, son raisonnement, ses vues ; lorsqu'il va bientôt de travers, bronche, s'égare.

BON SENS, BON GOUT.

Considérés comme faculté, le *bon sens* et le *bon goût* ne sont qu'une même chose. Le *bon sens* est une certaine droiture d'ame qui voit le vrai, le juste, et s'y attache; le *bon goût* est cette même droiture, par laquelle l'ame voit le bon et l'approuve. La différence de ces deux choses ne se tient que du côté des objets. On restreint ordinairement le *bon sens* aux choses plus sensibles, plus matérielles; et le *bon goût* à des objets plus fins, plus relevés, plus délicats.

BONHEUR, CHANCE.

Termes relatifs aux évènemens ou aux circonstances qui ont rendu et qui rendent un homme content de son existence. Mais *bonheur* est plus général que *chance;* il embrasse presque tous ces évènemens. *Chance* n'a guère de rapport qu'à ceux qui dépendent du hasard pur, ou dont la cause a pu ou peut agir tout autrement que nous ne le désirons, sans que nous ayons aucun sujet de nous en plaindre. On peut nuire ou contribuer à son *bonheur;* la *chance* est hors de notre portée : on ne se rend point *chanceux,* on l'est ou on ne l'est pas.

BONHEUR, FÉLICITÉ, PLAISIR, PROSPÉRITÉ, BÉATITUDE.

Tous ces mots signifient également un état avantageux et une situation gracieuse.

Le *bonheur* vient du dehors; il est l'effet du hasard, et arrive inopinément. La *félicité* est l'état permanent, du-moins pour quelque temps, d'une âme contente. Le *plaisir* est un sentiment agréable et passager. La *prospérité* est une suite d'heureux évènemens ; elle est le succès de la conduite, et vient par degrés. Le mot *béatitude*, qui est du style mystique, désigne l'état de l'imagination prévenue et pleinement satisfaite des lumières qu'on croit avoir et du genre de vie qu'on a embrassé.

On est quelquefois dans un état de *bonheur*, sans être dans un état de *félicité* : la possession des biens, des honneurs, des amis et de la santé, font le *bonheur* de la vie ; mais ce qui en fait la *félicité*, c'est l'usage, la jouissance, le sentiment et le goût de toutes ces choses.

Il y a de la différence entre *un* bonheur et *le* bonheur. *Un bonheur* signifie un évènement heureux. *Le bonheur*, pris absolument, signifie une suite de ces évènemens.

BONNES ACTIONS, BONNES ŒUVRES.

L'un s'étend bien plus loin que l'autre. Nous entendons par *bonnes actions* tout ce qui se fait par un principe de vertu ; nous n'entendons guère par *bonnes œuvres* que certaines actions particulières qui regardent la charité du prochain, comme de soulager les malheureux, de visiter les malades, les prisonniers, de consoler les affligés, etc. Toute *bonne œuvre* est une *bonne action* ; mais toute *bonne action*, à parler exactement, n'est pas une *bonne œuvre*.

BONTÉ, BÉNIGNITÉ, DÉBONNAIRETÉ.

Bonté est un mot générique. La *bonté* est l'inclination à faire du bien. Bornée au désir, à la volonté du bien, elle est *bienveillance* ; elle est *bienfaisance* dans l'exercice et la pratique. Douce, facile, indulgente, elle est *bénignité*. Avec une grande facilité, la plus tendre clémence, la patience, la longanimité, la mansuétude qui part du cœur et donne à la douceur un nouveau charme, c'est la *débonnaireté*. Nous avons presque entièrement perdu le mot *débonnaireté*, aussi familier du temps de Montaigne que celui de *bienfaisance* l'est aujourd'hui. Le titre de *débonnaire* est certes un très-grand éloge ; mais comme la très-grande bonté, la très-grande facilité, touchent à l'excès, à la faiblesse, on poussa jusque là son idée, et l'on fit un défaut de la *débonnaireté*, qui est essentiellement une bonté magnanime, inépuisable, héroïque.

La *bonté* fait qu'on pardonne, on se rend. La *bénignité* fait qu'on pardonne avec facilité, on ne résiste pas. La *débonnaireté* fait qu'on pardonne avec joie ; on offre le pardon comme on demande une grâce. La *bonté* attire, la *bénignité* charme, la *débonnaireté* confond.

BONTÉ, HUMANITÉ, SENSIBILITÉ.

Trois qualités semblables en ce qu'elles tendent toutes trois au même but, le bonheur des autres ; mais elles diffèrent essentiellement entr'elles par leur manière d'agir, et par le principe qui les fait agir.

La *bonté* est un caractère ; elle se montre dans tous les instans de la vie, dans tous les mouvemens, presque dans tous les traits du visage. L'*humanité* est une vertu ; elle ne se montre que dans quelques occasions. La *sensibilité* est une qualité de l'ame ; un mouvement de haine, un moment de colère, peuvent la défigurer.

L'*humanité* soulage le malheureux ; la *bonté* le console et le plaint ; la *sensibilité* souffre et pleure avec lui. De ces trois qualités, l'*humanité* est la plus parfaite ; la *sensibilité* est la plus aimable ; la *bonté* est d'un usage plus général. Le plus beau de tous les caractères serait la *bonté*, éclairée et agrandie par l'*humanité*, réveillée et soutenue par la *sensibilité*.

La *bonté* s'étend sur tout ce qu'elle connaît ; l'*humanité* sur tout ce qui est, la *sensibilité* sur tout ce qui l'émeut.

L'homme *humain* fera avec courage des sacrifices au bonheur d'autrui ; l'homme *bon* ne les sentira pas ; l'homme *sensible* en jouira.

Bord, côte, rivage, rive.

Rive et *rivage* exprime l'idée particulière de l'eau ; ils sont tirés de son nom. *Bord* et *côte* s'appliquent seulement à l'eau, mais appartiennent proprement à la terre. Le *bord* est, à l'égard de l'eau, cette extrémité de la terre qui la touche, la borne, la borde : *les bords Indiens*, *les bords Africains*. La *côte* est cette partie de la terre qui s'élève au-dessus de l'eau, la commande, et y descend : *les côtes de France*, *d'Angleterre*. La *rive* et le *rivage* sont les limites de l'eau, les points entre lesquels l'eau se renferme. Le *rivage* est une *rive* étendue : *les rives de la Seine*, *les rivages de la mer*. La mer seule a des *côtes*. La mer, les fleuves, les grandes rivières, ont seules des *rivages*, si ce n'est en poésie. Les fleuves, les rivières, toutes les eaux courantes ont des *rives*. Toutes les eaux ont des *bords*. Les *bords* et les *côtes* s'élèvent; la *rive* et le *rivage* sont plats, ou d'une pente douce.

BOUDERIE, FACHERIE, HUMEUR.

Ces trois expressions ne s'emploient que lorsqu'il s'agit d'un mécontentement léger. La *fâcherie* est un mécontentement mêlé de tristesse ; elle n'existe guère que contre les gens que nous aimons. L'*humeur* est un mécontentement mêlé d'aigreur ; elle peut être excitée par une personne quelconque. La *bouderie* est une froideur de manières qu'on emploie pour témoigner son mécontentement; elle ne s'adresse guère qu'à des gens avec qui nous avons quelque familiarité.

La *fâcherie* peut tenir à la trop grande sensibilité du cœur, ou à la trop grande vivacité de l'imagination. L'*humeur* est une preuve

de

de l'amertume du caractère. La *bouderie* est le signe de la faiblesse. Une femme se *fâche;* un vieillard prend de l'*humeur;* un enfant *boude.*

Boulevard, rempart.

Le *boulevard* est ce qui garde, couvre, revêt les défenses déjà élevées pour la sureté. C'est la fortification avancée qui protége les autres, la terrasse destinée à la garde et à la conservation du *rempart.* Le *rempart* présente donc une fortification simple, et le *boulevard* une fortification composée, compliquée, ajoutée à une autre. Le *rempart* couvrira, protégera un lieu, un canton. Le *boulevard,* plus fort et plus avancé, couvrira, protégera une frontière, un pays.

Bout, extrémité, fin.

Ils signifient tous trois la dernière des parties qui constituent la chose : avec cette différence que le mot de *bout* suppose une longueur et une continuité, et représente cette dernière partie jusqu'où la chose s'étend; que celui d'*extrémité,* supposant une situation et un arrangement, l'indique comme celle qui est la plus reculée dans la chose; et que le mot *fin,* supposant un ordre et une suite, la désigne comme celle où la chose cesse. Le *bout* répond à un autre *bout;* l'*extrémité* au centre, et la *fin* au commencement. Ainsi on dit le *bout* de l'allée, l'*extrémité* du royaume, la *fin* de la vie.

Tome I. E

BREF, COURT, SUCCINCT.

Bref ne se dit qu'à l'égard de la durée : le temps seul est *bref*. *Court* se dit à l'égard de la durée et de l'étendue. *Succinct* ne se dit que par rapport à l'expression, au discours. On prolonge ce qui est *bref*; on alonge ce qui est *court*; on étend ce qui est *succinct*. Le *long* est l'opposé des deux premiers, et le *diffus* l'est du dernier.

BROUILLER, EMBROUILLER.

Brouiller, c'est proprement mettre le trouble, le désordre, la confusion dans les choses; *embrouiller*, c'est mettre les choses dans un état de trouble, de désordre, de confusion. C'est le *dérangement* même que vous voulez ou que vous exécutez, quand vous *brouillez* : on *brouille* des drogues, des œufs, etc. C'est, au contraire, l'arrangement même qu'il s'agit de faire, que vous prétendez faire, quand vous *embrouillez*, et l'on n'*embrouille* que par ignorance ou par malice.

On *brouille* toutes sortes de choses; tout ce qu'on mêle ou ce qu'on met pêle-mêle, sans ordre; on n'*embrouille* qu'un certain ordre de choses, celles qui demandent figurément de la clarté. On *brouille* des vins, des personnes, on ne les *embrouille* pas. On *brouille* et on *embrouille* des affaires, des idées, des questions, un discours, ce qu'il s'agit de comprendre et de savoir : on les *brouille* en y mettant le désordre; on les *embrouille*, en y jetant de l'obscurité. Ce qui est *brouillé*, n'est pas en ordre et d'accord; ce qui est *embrouillé*, n'est pas net et clair.

BROYER, PULVÉRISER.

Ces deux mots se disent des solides qu'on réduit en petites molécules. *Pulvériser* marque l'effet de *broyer*; c'est réduire aux plus petites molécules.

BUT, VUES, DESSEIN.

Le *but* est plus fixe; c'est où l'on veut aller, arriver. Les *vues* sont plus vagues; c'est ce qu'on veut procurer, et à quoi l'on tâche de réussir. Le *dessein* est plus ferme; c'est ce qu'on veut exécuter, ce à quoi l'on travaille pour en venir à bout. On se propose un *but*. On a des *vues*. On forme un *dessein*.

C

CABALE, COMPLOT, CONSPIRATION,
CONJURATION.

LA *cabale* est l'intrigue d'un parti ou d'une
faction formée pour travailler, par des pratiques secrètes, à tourner à son gré les événemens ou le cours des choses. Le *complot*
est le concert clandestin de quelques personnes unies ou liées pour abattre, détruire,
par quelque coup aussi efficace qu'inopiné,
ce qui leur fait peine, envie, ombrage,
obstacle. La *conspiration* est l'intelligence
sourde de gens unis de sentimens pour se
défaire ou se délivrer, par quelque grand
coup, de certains personnages ou de certains
corps importans, puissans ou accrédités dans
l'État, et changer la face des choses. La
conjuration est l'association ou plutôt la
confédération liée et cimentée entre des citoyens ou des sujets puissans ou armés de
force, pour opérer, par des entreprises écla-
tantes et violentes, une révolution mémorable dans la chose publique.

La *cabale* a pour objet d'emporter la faveur, le crédit, l'ascendant, l'empire; de
disposer des grâces, des emplois, des charges, des récompenses, des réputations, des
succès; enfin d'abaisser les uns, d'élever les
autres. Elle est l'ouvrage des esprits inquiets,

brouillons, turbulens, jaloux, ambitieux et
vains.

Le *complot* a pour objet de nuire, et toujours ses vues sont criminelles ; il est inspiré
par la malignité, la méchanceté, la scélératesse.

La *conspiration* a pour objet d'opérer un
changement plutôt en mal qu'en bien, plutôt
dans les affaires publiques que dans les choses
privées ; plutôt à l'égard des personnes qu'à
l'égard des choses. Les gens mal-intentionnés,
mécontens, malfaisans, mauvais citoyens,
forment des *conspirations*. Il faut pourtant
remarquer que ce mot ne se prend pas toujours, comme celui de *complot*, en mauvaise
part. La *conspiration* peut être un concert,
un concours ou même une influence des différentes causes qui *conspirent* au bonheur ou
au malheur des personnes, à la gloire ou à la
ruine de l'État.

La *conjuration* a pour objet d'opérer un
grand changement, une révolution d'État ou
dans l'État, soit à l'égard de la personne du
souverain légitime, soit à l'égard des droits
inviolables de l'autorité, soit dans les formes
propres et caractéristiques du gouvernement,
soit dans les lois fondamentales et constitu-
tives. Les désordres publics, l'amour effréné
de la domination ou de l'indépendance, le
fanatisme de la liberté et divers autres genres
de fanatisme, la crainte des lois et de leurs

E 5

abus, tout ce qui mène à la révolte, inspire les *conjurations*.

La *cabale* va par des voies obliques et couvertes ; le *complot*, par des voies sourdes et ténébreuses ; la *conspiration*, par des voies profondes et horribles ; la *conjuration*, par des voies ignorées et détestables.

Il faut, dans la *cabale*, de l'art ; dans le *complot*, de l'intrépidité ; dans la *conspiration*, de la prudence ; dans la *conjuration*, de la tête et de l'audace.

CABANE, HUTTE, CHAUMIÈRE.

Cabane se dit du pauvre ; *hutte*, du sauvage ; *chaumière*, du laboureur. Il n'y a des *huttes* que chez les peuples non civilisés. On trouve des *cabanes* au milieu des villes. Les *chaumières* sont à la campagne. *Hutte* n'offre d'autre idée que celle d'un abri contre l'intempérie de l'air. Au mot *cabane* se joint ordinairement un sentiment triste, celui de la misère. La *chaumière* nous offre souvent des idées agréables, celles du bonheur des champs.

CABARET, TAVERNE, AUBERGE, HÔTELLERIE.

Ce sont tous lieux ouverts au public, où chacun, pour son argent, trouve des choses nécessaires à la vie. Un *cabaret* est un lieu où l'on vend du vin en détail, soit pour l'emporter, soit pour le boire dans le lieu même. Une *taverne* est un cabaret où l'on n'a recours que pour y boire à l'excès, et s'y livrer à la crapule. Une *auberge* est un lieu où l'on donne à manger en repas réglé, soit à titre de pension, soit à raison de tant par repas. Une *hôtellerie* est un lieu où les voyageurs et les passans sont logés, nourris et couchés pour de l'argent.

CACHER, DISSIMULER, DÉGUISER.

On *cache* par un profond secret ce qu'on ne veut pas manifester. On *dissimule* par une conduite réservée ce qu'on ne veut pas faire apercevoir. On *déguise* par des apparences contraires ce qu'on veut dérober à la pénétration d'autrui. Il y a du soin et de l'attention à *cacher*; de l'art et de l'habileté à *dissimuler*; du travail et de la ruse à *déguiser*.

L'homme *caché* veille sur lui-même pour ne se point trahir par indiscrétion. Le *dissimulé* veille sur les autres, pour ne les pas mettre à portée de le connaître. Le *déguisé* se montre autre qu'il n'est, pour donner le change.

CADUCITÉ, DÉCRÉPITUDE.

La *caducité* désigne la décadence, une ruine prochaine; la *décrépitude* annonce la destruction, les derniers effets d'une dissolution graduelle. *Décrépitude* se dit proprement de l'homme, et ne peut se dire que des êtres animés. *Caducité* se dit même de certaines choses inanimées : la *caducité* d'un bâtiment, d'une fortune, d'une succession.

Il y a une vieillesse *caduque* et une vieillesse *décrépite*. La *caducité* est une vieillesse avancée et infirme, qui mène à la *décrépitude* : la *décrépitude* est une vieillesse extrême, et pour ainsi dire agonisante, qui mène à la mort.

CALAMITÉ, MALHEUR, INFORTUNE.

La *calamité* est un fléau dont plusieurs personnes sont exposées à sentir les coups; le *malheur*, un coup du sort qui tombe sur une ou plusieurs personnes; l'*infortune*, l'état d'une personne qui a le destin contraire. Une *calamité* n'est un mal positif que relativement à la masse; elle peut menacer les individus sans les atteindre. Le *malheur* est le mal reçu; l'*infortune* est le mal senti. La peste est une *calamité* qui dépeuple une ville, mais à laquelle plusieurs personnes peuvent échapper; celui qui y voit succomber son fils éprouve un *malheur*; la situation où le met cette perte, voilà l'*infortune*.

CALCULER, SUPPUTER, COMPTER.

Le *calcul* est proprement le moyen de procéder à un résultat; la *supputation*, l'application du moyen aux choses dont on cherche le résultat; le *compte*, l'état des articles à supputer, ou le résultat même du *calcul*.

Calculer; c'est faire des opérations arith- métiques ou des applications particulières de la science des nombres, pour parvenir à une connaissance, à une preuve, à une démonstration. *Supputer*, c'est assembler, combiner, additionner des nombres donnés, pour en connaître le résultat ou le total. *Compter*, terme vague et générique, c'est faire des dé- nombremens, des énumérations, ou des *sup- putations*, des *calculs*, ou des états, des mémoires, pour connaître une quantité. Vous *comptez* dès que vous nombrez. Un enfant *compte* d'abord sur ses doigts, *un*, *deux*, *trois*; il ne *suppute* pas encore, tant qu'il ne peut pas dire *un et deux font trois, un et trois font quatre*. A plus forte raison, il est loin de pouvoir *calculer* par des divisions, des multiplications et des soustractions.

Le *calcul* est savant. Le *compte* est sur- tout économique, c'est-à-dire, relatif aux affaires d'intérêt, d'administration, de com- merce, de finance. La *supputation* entre dans les *calculs* et les *comptes*; c'est une opération déterminée et bornée du *calcul*.

Supputer ne se dit guère qu'au propre. On dit quelquefois *calculer*, pour combiner, rai- sonner, réduire à la forme du *calcul*. *Compter* signifie encore faire état, croire, se proposer, estimer, réputer, faire fond.

E 5

Calendrier, almanach.

Les jours, placés dans les mois dans l'ordre numéral, avec les indications des fêtes et des pratiques du rit ecclésiastique, font tout l'objet du *calendrier*. L'*almanach*, plus étendu, pousse son district non-seulement jusqu'à des observations astronomiques, et des pronostics sur les diverses tempéries de l'air, mais encore jusqu'à de vaines prédictions d'évènemens tirés de l'astrologie judiciaire.

Capacité, habileté.

Capacité a plus de rapport à la connaissance des préceptes, et *habileté* en a davantage à leur application. L'une s'acquiert par l'étude, et l'autre par la pratique. Qui a de la *capacité* est propre à entreprendre; qui a de l'*habileté* est propre à réussir.

Captif, esclave, prisonnier.

Le *captif* et le *prisonnier* ont perdu leur liberté naturelle, et peuvent la recouvrer par adresse ou par la simple cessation de la force supérieure qui les en prive. L'*esclave* est celui dont la servitude, c'est-à-dire, une dépendance continuelle, est le mode d'existence. On peut être *esclave* de son gré; on n'est retenu *captif* ou *prisonnier* que malgré soi. On renvoie les *captifs*; on échange les *prisonniers* de guerre; on affranchit les *esclaves*.

CARESSER, FLATTER, CAJOLER, FLAGORNER.

Caresser, c'est traiter comme un objet chéri, avec des démonstrations d'amitié, de tendresse, d'attachement, avec des signes sensibles du plaisir qu'on ressent à voir, à recevoir l'objet. *Flatter*, c'est proprement souffler aux oreilles des choses qui enflent la vanité, des louanges qui émeuvent l'amour-propre. *Cajoler*, c'est dire des douceurs, affecter des propos obligeans et agréables, pour faire tomber quelqu'un dans le piège, sans paraître le mener à ce but. *Flagorner*, c'est *flatter* comme ces gens qui font les *bons valets*, pour s'insinuer dans l'esprit d'un maître, en tâchant d'y détruire tout concurrent par de faux rapports.

Les *caresses* sont des démonstrations d'un sentiment affectueux ; les *flatteries*, des louanges mensongères, du-moins par exagération ; les *cajoleries*, des propos galans ou flatteurs, et légers ; les *flagorneries*, des flatteries, ou plutôt des adulations basses et lâches, sur-tout par l'infidélité des rapports. (Voyez *flatteur, adulateur*.)

CARNACIER, ou CARNASSIER, CARNIVORE.

Qualifications génériques des animaux qui se nourrissent de chair. *Carnivore* signifie qui mange de la chair ; et *carnacier*, qui en fait sa nourriture. Le premier énonce le fait, la coutume ; le second indique l'appétit naturel, l'habitude constante. Le tigre, le lion, le loup sont des animaux *carnaciers*. L'homme, le chat, le chien, sont des animaux *carnivores*.

au CAS, en CAS.

Ces deux locutions annoncent également une supposition d'évènemens. *Au cas*, pour *à ce cas*, signifie *tel cas, ce cas-ci;* l'évènement est spécifié : on fait abstraction de tout autre *cas* que le *cas* présent : *au cas qu'il vienne, au cas qu'il meure. En cas* signifie *en un cas, en certain cas :* l'évènement est moins particularisé et plus incertain ; on suppose divers genres de *cas* possibles. *En cas de malheur, en cas d'accident. En cas* désignera plutôt un évènement plus contingent ou plus éloigné ; *au cas*, un évènement plus prochain et dans l'ordre présent des choses.

CASSER, ROMPRE, BRISER.

C'est mettre de force un corps solide en divers morceaux ou pièces. L'action de *casser* détruit la continuité d'un corps, de manière que deux ou plusieurs parties ne sont plus *adhérentes* les unes aux autres. L'action de *rompre* détruit la *connexion* de certaines parties, de manière qu'elles ne sont plus *liées* les unes aux autres. L'action de *briser* détruit la masse et la forme du corps, de manière que les différentes parties tombent toutes en pièces, en morceaux, en poussière. Le choc *casse;*

les efforts pour ployer, *rompent ;* les coups violens ou redoublés *brisent.*

On *brise* toutes sortes de corps solides, dès qu'on les met en pièces par une action violente. On *casse*, en frappant, en choquant, en heurtant. On *rompt*, en faisant céder, fléchir, enfoncer, ployer sous le poids, la charge, l'effort.

CAUSTIQUE, SATIRIQUE, MORDANT.

L'esprit *caustique* est celui qui répand sur toutes ses expressions une certaine malignité piquante, qui pénètre. L'esprit *mordant* est celui dont le trait déchire, et, comme on dit vulgairement, emporte la pièce. L'esprit *satirique* est celui qui ne s'exerce que sur les objets qui méritent le blâme ou le ridicule.

Une disposition *satirique* suppose un peu d'amertume dans l'humeur ; le ton *caustique*, un peu de malignité dans l'esprit ; l'esprit *mordant* ne va guère sans la méchanceté du caractère.

CAUTION, GARANT, RÉPONDANT.

La *caution* s'oblige, envers celui à qui elle cautionne, à satisfaire à un engagement, ou à indemniser des malversations de celui qu'elle cautionne, si celui-ci manque de foi ou de fidélité. Le *garant* s'oblige, envers celui à qui il garantit la chose vendue, cédée, transportée, à l'en faire jouir contre ceux qui le troubleraient dans sa possession, ou à l'indemniser. Le *répondant* s'oblige, envers celui à qui il *répond*, à réparer les torts ou à l'indemniser des pertes qu'il pourrait essuyer de la part de celui dont on *répond*.

La *caution* engage sa fortune et sa personne ; le *garant*, ses soins et ses facultés ; le *répondant*, sa foi et ses biens.

La *caution* donne un second débiteur ; le *garant*, un défenseur ; le *répondant*, un recours.

On demande une *caution* à celui qui ne paraît pas solvable ou assez sûr ; un *garant*, ou la *garantie*, à celui qui n'offre pas assez de sûretés ; un *répondant*, à celui qui par lui-même n'inspire pas assez de confiance.

On est *caution* d'une personne ; on est *garant* d'un fait ; on *répond* d'un évènement.

Certain, sûr.

Certain se dit des choses que l'on peut assurer. *Sûr* se dit des choses ou des personnes sur lesquelles on peut compter, auxquelles on peut se fier. Une nouvelle est *certaine* ; elle vient d'une voie *sûre*. On dit, un ami *sûr*, un espion *sûr*.

Certain ne se dit que des choses, à moins qu'il ne soit question de la personne même qui a la certitude. Je suis *certain* de ce fait ; ce fait est très-*certain*.

CERTES, CERTAINEMENT, AVEC CERTITUDE.

Avec certitude désigne principalement que vous avez les motifs les plus puissans pour assurer, ou les plus fortes raisons de croire et de dire une chose comme certaine en soi, ou dont vous êtes certain.

Certainement est une affirmation qui désigne votre conviction, la persuasion où vous êtes, et l'autorité que vous voulez donner à votre discours par votre témoignage, plutôt que les raisons que vous pouvez avoir d'assurer ou d'affirmer.

Certes est une affirmation tranchante et absolue, qui annonce l'assurance fondée sur la *certitude* et la conviction la plus profonde, emporte une sorte de défi, et défend, pour ainsi dire, d'élever un doute ou un soupçon contraire. Vous savez une chose *avec certitude*, sans aucun doute ; vous l'affirmerez *certainement*, sans crainte ; et *certes* vous la garantissez en homme qui répond de la chose, et qu'on n'aurait garde de contredire.

Avec certitude, *certainement*, *certes*, suivent la même gradation qu'*avec vérité*, *vraiment*, *en vérité*.

CHAGRIN, TRISTESSE, MÉLANCOLIE.

Le *chagrin* vient du mécontentement et des tracasseries de la vie ; l'humeur s'en ressent. La *tristesse* est ordinairement causée par les grandes afflictions ; le goût des plaisirs

en est émoussé. La *mélancolie* est l'effet du
tempérament ; les idées sombres y dominent.

CHAÎNES , FERS.

Chaînes et *fers*, considérés comme liens
dont on se sert communément pour attacher
un prisonnier ou un esclave, offrent la différence qui existe entre la partie et le tout. La
chaîne est un composé flexible d'anneaux ordinairement en fer, et passés les uns dans les
autres ; les *fers* sont l'assemblage des *chaînes*
et autres ferremens employés pour retenir un
malheureux. Un homme aux *fers* peut porter
plusieurs *chaînes*.

Au figuré, le mot de *chaînes* peut exprimer un doux assujétissement ; le mot de *fers*
n'emporte jamais que l'idée d'esclavage et
d'oppression. On resserre avec plaisir la
chaîne de l'amitié. Un peuple tyrannisé, opprimé, est dans les *fers*.

On s'impose des *chaînes* ; il faut la volonté
d'un autre pour imposer des *fers*. Une simple
résolution de notre part nous délivre quelquefois de la *chaîne* que nous nous sommes imposée ; il faut toujours un effort pour briser
ses *fers*.

CHANCELER , VACILLER.

Ces mots expriment le défaut d'être mal
assuré. *Chanceler*, c'est pencher comme si
on allait tomber ; *vaciller*, c'est aller deçà
et delà, comme va un petit rameau, une
baguette.

Ce qui *chancèle* n'est pas ferme ; ce qui *vacille* n'est pas fixe. Le corps *chancelant* aurait besoin d'être assuré sur sa base ; le corps *vacillant* aurait besoin d'être assujéti dans sa position.

L'esprit qui ne sait pas se tenir dans le parti qu'il a pris, *chancèle* ; celui qui flotte d'un parti à l'autre, sans se fixer, *vacille*. Le premier manque d'assiette ; le second, de constance.

CHANCIR, MOISIR.

C'est un changement à la surface de certains corps qu'une fermentation intérieure dispose à la corruption.

Chancir se dit des premiers signes de ce changement ; *moisir* se dit du changement entier.

Une confiture est *chancie*, lorsqu'elle est couverte d'une pellicule blanchâtre ; elle est *moisie*, quand il s'élève de cette pellicule une efflorescence en mousse blanchâtre ou verdâtre.

CHANGE, TROC, ÉCHANGE, PERMUTATION.

Change marque en général l'action de changer, de permuter, et ne dénomme directement aucune espèce : on ne dit pas, le *change* d'une chose ; mais on dit, perdre ou gagner au *change*. Les trois autres mots servent à dénommer les espèces ou façons de changer les choses les unes pour les autres. *Troc* se dit pour les choses de service ; et pour tout ce qui est meuble ; on fait des *trocs* de chevaux, de bijous, d'ustensiles. *Echange* se dit pour les terres, les personnes, tout ce qui est bien-fonds : des *échanges* d'état, de charges, de prisonniers. *Permutation* est sur-tout d'usage pour les titres, les emplois, les charges, les bénéfices. On *permute* une cure, un ministère, etc.

CHANGEMENT, VARIATION.

Termes qui s'appliquent à tout ce qui altère l'indentité, soit absolue, soit relative, ou des êtres ou des états.

Changement marque le passage d'un état à un autre ; *variation*, le passage rapide par plusieurs états successifs. Ce qui *varie* est tantôt d'une façon et tantôt d'une autre. Ce qui *change* cesse seulement d'être le même.

CHANTEUR, CHANTRE.

Ce sont deux hommes chargés par état de *chanter*.

Le premier *chante* au théâtre ; l'autre à l'église.

CHARGE, FARDEAU, FAIX.

Ces trois mots désignent également ce qui est porté.

La *charge* est ce qu'on doit ou ce qu'on peut porter ; le *fardeau* est ce qu'on porte. Le *faix* joint à l'idée de ce qu'on porte celle

d'une certaine impression sur ce qui porte ;
on dit plier sous le *faix*.

CHARME, ENCHANTEMENT, SORT.

Charme emporte l'idée d'une force qui arrête les effets ordinaires et naturels des causes.
Enchantement se dit proprement pour ce qui
regarde l'illusion des sens. Le mot de *sort*
enferme particulièrement l'idée de quelque
chose qui nuit, ou qui trouble la raison. Tous
les trois marquent, dans le sens littéral,
l'effet d'une opération magique, que la religion condamne, que la politique suppose
souvent, et dont la philosophie se moque.

CHARMOIE, CHARMILLE.

C'est une plantation ou une certaine quantité de *charmes* assemblés dans un même
terrain. Ces deux mots ne peuvent être re-
gardés comme synonymes ; car la *charmoie*
est un lieu planté de *charmes*, et la *char-
mille* est un plant de jeunes *charmes*, tels
que ceux dont on forme des palissades.

CHASTETÉ, CONTINENCE.

Deux termes également relatifs à l'usage
des plaisirs de la chair, mais avec des différences bien marquées.

La *chasteté* est une vertu morale qui prescrit des règles à l'usage de ces plaisirs ; la
continence est une autre vertu qui en interdit
absolument l'usage. La *chasteté* s'étend aux

pensées, aux discours, aux gestes, aux occupations, aux sociétés, aux lectures. La *continence* n'envisage que la privation actuelle des plaisirs de la chair.

Tel est *chaste* qui n'est pas *continent* ; et réciproquement, tel est *continent* qui n'est pas *chaste*.

CHATIER , PUNIR.

On *châtie* celui qui a fait une faute, afin de l'empêcher d'y retomber; on veut le rendre meilleur. On *punit* celui qui a fait un crime, pour le lui faire expier ; on veut qu'il serve d'exemple.

Le *châtiment* dit une correction ; mais la *punition* ne dit précisément qu'une mortification faite à celui qu'on *punit*.

Châtier emporte toujours avec lui une idée de subordination qui marque l'autorité ou la supériorité de celui qui *châtie* sur celui qui est *châtié*. Un père *châtie* ses enfans. Mais le mot de *punir* n'enferme point cette idée dans sa signification : on n'est pas toujours *puni* par ses supérieurs ; on l'est quelquefois par ses égaux, par ses inférieurs, par le seul évènement des choses, par le hasard, ou par les suites mêmes de la faute qu'on a commise.

le CHAUD , la CHALEUR.

Le *vrai*, le *faux*, le *beau*, le *bon*, ne sont pas précisément la vérité, la fausseté, la beauté, la bonté ; ils représentent ces qualités comme subsistantes dans des êtres idéaux ou abstraits, ou bien dans quelque sujet vague et indéterminé. Le *vrai* est un objet caractérisé ou distingué par la vérité, ou bien une chose conforme à la vérité, ce qu'il y a de conforme à la vérité dans une chose.

Cette différence distingue généralement les adjectifs érigés en substantifs, des noms qui expriment la qualité caractéristique ou distinctive.

Nous disons le *chaud* pour désigner la température de l'air, d'un lieu, d'un corps. La *chaleur*, à un certain degré, produit cette température : la *chaleur* fait le *chaud*.

La *chaleur* est une qualité des corps ; le *chaud* est l'impression que produit sur nos sens un corps *chaud*.

Chétif, mauvais.

Mauvais n'est synonyme de *chétif* que dans le sens où il marque une sorte d'inaptitude à être avantageusement placé ou mis en usage.

L'inutilité et le peu de valeur rendent une chose *chétive* ; les défauts et la perte de son mérite la rendent *mauvaise*. Un *chétif* sujet est celui qui, n'étant propre à rien, ne peut rendre aucun service dans l'État. Un *mauvais* sujet est celui qui, se laissant aller à un penchant vicieux, ne veut pas travailler au bien.

Qui est *chétif* est méprisable. Qui est *mauvais* est condamnable.

En fait de choses d'usage, comme étoffes, linges, habits, *chétif* enchérit sur *mauvais*.

CHOIR, FAILLIR, TOMBER.

Choir désigne proprement un choc, un coup, une impulsion qui fait perdre l'équilibre, renverse, porte de haut en bas. *Faillir*, c'est tomber, aller en bas, hors de sens, par un faux pas, une faute, un défaut. *Tomber*, onomatopée ou imitation du bruit qu'on fait en tombant, marque spécialement une chute lourde, brusque, bruyante, d'un lieu très-élevé, sans exprimer l'idée du *renversement*, comme *choir*, ni celle de *faute* ou de manquement, comme *faillir*.

On *tombe* du ciel, des nues, de son haut. On dit figurément *faillir*, quand il ne s'agit que d'une légère faute, d'une légère méprise et plutôt *tomber*, lorsqu'il s'agira d'une faute lourde ou d'une erreur grossière.

CHOISIR, ÉLIRE.

Choisir, c'est se déterminer, par la comparaison qu'on fait des choses, en faveur de ce qu'on juge être le mieux. *Élire*, c'est nommer à une dignité, à un emploi, ou à quelque chose de semblable. Le *choix* est un acte de discernement qui fixe la volonté à ce qui paraît le meilleur; l'*élection* est un concours de suffrage qui donne à un sujet une place dans l'État.

Choisir, faire choix.

Choisir se dit ordinairement des choses dont on veut faire usage. *Faire choix* se dit proprement des personnes qu'on veut élever à quelque dignité, charge ou emploi. *Choisir* marque particulièrement la comparaison de plusieurs sujets ; *faire choix* marque simplement la distinction qu'on fait d'un sujet.

Choisir, préférer.

Choisir, c'est prendre une chose au lieu d'une autre ; *préférer*, c'est mettre une chose au-dessus d'une autre.

Le *choix* a pour objet l'usage ou l'emploi de la chose. On *choisit* un livre pour le lire, un logement pour l'occuper. On *préfère* un livre à un autre qu'on juge moins bon, un logement à un autre qu'on trouve moins commode. Le *choix* indique des vues pratiques ; la *préférence* n'annonce proprement qu'un jugement spéculatif. On *choisit* une chose lorsqu'on veut la prendre ; on la *préfère* à une autre, lorsqu'on ne fait que juger de ses qualités. Voilà pourquoi le *choix* est bon ou mauvais ; la *préférence*, juste ou injuste.

Nous disons *faire* un *choix*, et *donner* la *préférence*. Le *choix* se réfléchit vers nous ; la *préférence* s'arrête sur l'objet. Par le *choix*, nous faisons une emplète, une acquisition, une chose qui nous est favorable. Par la *pré-*

férence, nous attribuons, nous accordons un avantage à l'objet.

CHOQUER, HEURTER.

Ils expriment le coup plus ou moins fort que se donnent deux corps en se rencontrant, de manière qu'ils se poussent et repoussent, ou que l'un pousse ou repousse l'autre. Mais *heurter* c'est *choquer* rudement, lourdement, impétueusement, violemment. Le *choc* peut être léger; il n'en est pas de même du *heurt* (mot moins usité). Un vaisseau s'entr'ouvre en *heurtant* contre un rocher; il aurait souffert moins de dommage s'il n'eût fait que *choquer* contre. On ne *choque* pas à une porte; on y *heurte*.

Au figuré, on *choque* une personne en la désobligeant à un certain point, en lui déplaisant, même sans le savoir; on la *heurte*, en l'offensant grossièrement, en la blessant grièvement. On *choque*, on *heurte* la raison, le sens commun, les préjugés, les bienséances.

Il est possible de ne *heurter* personne; mais pour ne *choquer* jamais personne, comment faire ?

CIEL, PARADIS.

Le lieu où les justes se réunissent à Dieu dans l'autre vie.

L'élévation, la sublimité, c'est tout ce que l'on considère dans le mot *ciel*. Le *paradis*

est

est le séjour de la béatitude, la patrie des bienheureux, la récompense des bonnes œuvres.

CIRCONSPECTION, CONSIDÉRATION, ÉGARDS, MÉNAGEMENS.

Une attention réfléchie et mesurée sur la façon d'agir et de se conduire dans le commerce du monde, par rapport aux autres, pour y contribuer à leur satisfaction plutôt qu'à la sienne, est l'idée générale et commune que présentent ces quatre mots.

La *circonspection* a principalement lieu dans le discours, conséquemment aux circonstances présentes, accidentelles, pour ne parler qu'à propos, et ne rien laisser échapper qui puisse nuire ou déplaire ; elle est l'effet d'une prudence qui ne risque rien. La *considération* naît des relations personnelles, et se trouve particulièrement dans la manière de traiter avec les gens, pour témoigner la distinction ou le cas qu'on en fait ; elle est une suite de l'estime ou du devoir. Les *égards* ont plus de rapport à l'état ou à la distinction des personnes, pour ne manquer à rien de ce que la bienséance ou la politesse exige ; ils sont les fruits d'une belle éducation. Les *ménagemens* regardent proprement l'humeur et les inclinations, pour éviter de choquer et de faire de la peine, et pour tirer avantage de la société, soit par le profit, soit par le plaisir ; la sagesse les met en œuvre.

Tome I. F

Il faut de la *circonspection* quand on ne connaît pas ceux devant qui l'on parle ; de la *considération* pour la qualité et les gens en place ; des *égards* pour la vieillesse, le sexe, le malheur ; et des *ménagemens* avec les personnes qui sont d'un commerce difficile ou d'un système opposé.

CIRCONSTANCE, CONJONCTURE.

La *circonstance* est ce qui environne ou accompagne la chose ; la *conjoncture*, ce qui a du rapport avec elle ou de l'influence sur elle. La *conjoncture* influe de loin sur l'événement ; la *circonstance* touche, pour ainsi dire, à l'action. Les *conjonctures* son disposées avant l'action et indépendamment de l'action ; les *circonstances* sont avec l'action même.

L'un et l'autre de ces mots annoncent la disposition, l'état particulier des choses qui doivent influer sur l'événement, le succès.

Les *conjonctures* préparent et présagent le succès d'une guerre ; une *circonstance* imprévue fait perdre ou gagner une bataille.

CITÉ, VILLE.

La *ville* est l'enclave des murailles, ou la population renfermée dans cette enclave. La *cité* est le peuple d'une contrée, ou la contrée même gouvernée par les mêmes lois, les mêmes coutumes, les mêmes magistrats. La *ville* est à la *cité* ce que la maison est à la famille, dans le sens propre et naturel. La *cité* peut être répandue comme la famille : la *ville* est renfermée comme la maison. La *cité* a des citoyens ; la *ville* a des bourgeois.

Il faut nécessairement faire cette distinction entre *ville* et *cité*, pour bien entendre beaucoup de traits de l'histoire ancienne. Mais aujourd'hui *ville* et *cité* sont absolument synonymes ; ils ne diffèrent l'un de l'autre qu'en ce que *cité* est plus particulièrement du style relevé, et que *ville* est de tous les styles.

CITER, ALLÉGUER.

On *cite* les auteurs ; on *allègue* les faits et les raisons. C'est pour nous autoriser et nous appuyer que nous *citons* ; c'est pour nous maintenir et nous défendre que nous *alléguons*.

CIVILITÉ, POLITESSE.

Manières honnêtes d'agir et de converser avec les autres hommes dans la société.

Être poli dit plus qu'*être civil*. L'homme *poli* est nécessairement *civil* ; mais l'homme simplement *civil* n'est pas encore *poli*.

La *civilité* est un témoignage extérieur et sensible de bienveillance. La *politesse* ajoute à la *civilité* les marques d'une humanité plus affectueuse, plus occupée des autres, plus recherchée.

La *civilité* est un cérémonial qui a ses règles ; mais de convention ; l'attention suffit pour les reconnaître : elles sont différentes, selon les temps, les lieux, la condition des personnes avec qui l'on traite.

La *politesse* consiste à ne rien faire, à ne rien dire qui puisse déplaire aux autres ; à faire et à dire tout ce qui peut leur plaire ; et cela, avec des manières et une façon de s'exprimer qui ayent quelque chose de noble, d'aisé, de fin et de délicat : ce qui suppose une culture plus suivie, beaucoup de bonté et de douceur dans le caractère, beaucoup de finesse, de sentiment, et de délicatesse d'esprit, etc.

La *civilité* n'est point incompatible avec une mauvaise éducation ; la *politesse* au contraire suppose une éducation excellente, du-moins à bien des égards.

La *civilité* trop cérémonieuse est fatigante et inutile : l'affectation la rend suspecte de fausseté, et les gens éclairés l'ont entièrement bannie. La *politesse* est exempte de cet excès : plus on est *poli*, plus on est aimable ; mais il peut arriver, et il n'arrive que trop, que cette *politesse* si aimable n'est que l'art de se passer des autres vertus sociales qu'elle affecte d'imiter.

CIVISME, PATRIOTISME.

Ces deux mots présentent l'idée de l'amour de la patrie et de ses concitoyens.

Civisme, vertu du citoyen, dévouement à ses concitoyens, empressement à les servir, par tous les moyens qui sont en notre pouvoir. *Patriotisme*, profession d'amour de la patrie, sentiment habituel d'un homme attaché à son pays.

Le *patriote* est celui qui aime sa patrie, sa nation : le *patriotisme* est cette vertu mise en action ; elle se montre dans les conseils et dans les camps. Le *patriotisme* est au *civisme* ce que l'homme public est à l'égard de l'homme privé.

CLARTÉ, PERSPICUITÉ.

Deux qualités qui contribuent également à rendre un discours intelligible.

La *clarté* tient aux choses mêmes que l'on traite ; elle naît de la distinction des idées.

La *perspicuité* dépend de la manière dont on s'exprime ; elle naît des bonnes qualités du style, c'est-à-dire, de la pureté de la diction, de la propriété des termes, de la netteté des constructions.

La *clarté* est ennemie du phébus et du galimatias ; la *perspicuité* écarte les tours amphibologiques, les expressions louches, les phrases équivoques.

CLOÎTRE, COUVENT, MONASTÈRE.

Le mot *cloître* désigne certain lieu clos d'un couvent, ou un enclos de maisons de chanoines ; il se prend d'une manière générale pour maison religieuse, et figurément pour l'état monastique. *Couvent*, autrefois *convent*, signifie lieu d'assemblée religieuse, communauté. *Monastère*, lieu solitaire, signifie habitation de moines. On s'enferme dans un *cloître*; on se met dans un *couvent*; on se retire dans un *monastère*.

CLÔRE, FERMER.

L'idée propre de *clôre* est de joindre et de serrer ensemble les choses ou leurs parties, de manière à ne laisser entr'elles aucun vide, aucun interstice, pour bien cacher, couvrir, envelopper. Celle de *fermer* est de former une barrière, une défense, une garde à un passage, à une ouverture, de manière que la chose soit fortifiée et assurée.

En général la *clôture* est plus vaste, plus rigoureuse, plus stable que la *fermeture*. Une fenêtre est *fermée*, et pourtant elle peut n'être pas bien *close*. Ce qui est *clos*, est *fermé* à demeure; ce qui se *ferme*, s'ouvre.

Au figuré, on se sert de *clôre* plus souvent que de *fermer*, pour dire, conclure, achever terminer, finir : *clôre* une assemblée, un compte, un registre, un inventaire.

CLISTÈRE, LAVEMENT, REMÈDE.

Clistère ne se dit plus que dans le burlesque; *lavement* se trouve sur-tout dans les auteurs de médecine : dans le langage ordinaire, on dit *remède*, qui est équivoque, et par là même honnête.

Cœur, courage, valeur, bravoure, intrépidité.

Le *cœur* bannit la crainte et la surmonte; il tient ferme. Le *courage* est impatient d'attaquer; il entreprend hardiment. La *valeur* agit avec vigueur; elle ne cède pas à la résistance, et continue l'entreprise, malgré les oppositions et les efforts contraires. La *bravoure* ne connaît pas la peur; elle court au danger de bonne grâce, et préfère l'honneur au soin de la vie. L'*intrépidité* affronte et voit de sang froid le péril le plus évident; elle n'est point effrayée d'une mort présente.

Le *cœur* soutient dans l'action; le *courage* fait avancer; la *valeur* fait exécuter; la *bravoure* fait qu'on s'expose; l'*intrépidité* fait qu'on se sacrifie.

Colère, courroux, emportement.

Une agitation impatiente contre quelqu'un qui nous obstine, qui nous offense, ou qui nous manque, fait le caractère commun que ces trois mots expriment.

La *colère* dit une passion plus intérieure et de plus de durée, qui dissimule quelquefois, et dont il faut se défier. Le *courroux* enferme une idée de supériorité; il respire hautement la vengeance ou la punition : ce mot est aussi d'un style plus élevé. *Emportement* n'exprime proprement qu'un mouvement extérieur qui éclate et fait beaucoup de bruit, mais qui passe promptement.

La *colère* marque beaucoup d'humeur et de sensibilité ; le *courroux*, beaucoup d'humeur et de fierté ; l'*emportement*, beaucoup a aigreur et d'impatience.

COLÈRE, COLÉRIQUE.

Colère désigne proprement l'habitude, la fréquence des accès de colère ; *colérique*, la disposition, la propension, la pente naturelle à cette passion. Un homme est *colère*, et il a l'humeur *colérique*.

Colère marque donc le fait, et *colérique* l'inclination. Un homme peut être *colérique* sans être *colère*, s'il parvient à se vaincre, s'il met un frein à son humeur.

Colérique ne se dit que dans le langage didactique, ou scientifique.

COMMANDEMENT, ORDRE, PRÉCEPTE, INJONCTION, JUSSION.

Les deux premiers mots sont de l'usage ordinaire ; le troisième est du style doctrinal, et les deux derniers sont des termes de jurisprudence ou d'administration.

Commandement exprime avec plus de force l'exercice de l'autorité ; on *commande* pour être obéi. *Ordre* a plus de rapport à l'instruction du subalterne ; on donne des *ordres* afin qu'ils soient exécutés. *Précepte* indique plus précisement l'empire sur les consciences ; il dit quelque chose de moral qu'on est obligé de suivre. *Injonction* désigne plus proprement le pouvoir dans le gouvernement ; on s'en sert lorsqu'il est question de statuer, à l'égard de quelque objet particulier, une règle indispensable de conduite. Enfin *jussion* marque plus positivement l'arbitraire ; il enferme une idée de despotisme qui gêne la liberté, et force le magistrat à se conformer à la volonté du prince.

COMMERCE, NÉGOCE, TRAFIC.

Commerce signifie à la lettre échange de marchandises, ou d'objets équivalens, et qui se payent l'un par l'autre. Le *négoce* est l'occupation, l'exercice, la profession du *commerce*. Le *trafic* est ce *négoce* qui fait passer de lieux en lieux, de mains en mains, ou qui fait circuler tel ou tel objet particulier de *commerce*, par des agens intermédiaires placés entre le premier vendeur et le dernier acheteur.

Le *commerce* est cette communication complète qui embrasse tous les échanges et toutes les sortes d'échanges qui se font dans toute l'étendue de la circulation. Le *négoce* n'est qu'un service particulier que rendent au *commerce* des agens, des personnes intelligentes, éclairées et laborieuses, en épargnant aux producteurs et aux consommateurs la peine de se rapprocher les uns des autres pour leurs

ventes et leurs achats, en formant les spécu-
lations et exécutant les opérations nécessaires
pour conduire les objets d'un terme à l'autre,
avec le plus d'économie et d'avantage possible.
Le *trafic*, infiniment plus borné dans ses
opérations, consiste à acheter là une marchandise pour la revendre ici avec profit. Le
producteur est donc l'auteur du *commerce*,
le vrai *commerçant*. Le *négociant* est un
agent très-utile du *commerce*, interposé entre le producteur et le consommateur. Le *tra-
fiquant* est un agent de *négoce*, attaché à telle
espèce de *commerce*.

Le mot *commerce* sert toujours à désigner
une communication réciproque ou de pensées,
ou de lettres, de sentimens, d'intelligence, de
services, de secours, où chacun donne, reçoit,
rend, etc.

Négocier, *négociation*, désignent l'action
de traiter, de manier, de conduire avec art,
avec travail, des affaires publiques ou privées. On *négocie* un traité, une alliance, un
mariage, un accommodement.

Trafic est très-souvent employé pour désigner des pratiques mauvaises et intéressées,
comme si l'on ne voyait dans le *trafic* que la
vénalité, ou une petite industrie, uniquement
inspirée par l'intérêt, et tendante au profit.
On fait des *trafics* d'amitié, de bienfaits, de
louanges, de complaisances, etc. : tout cela
signifie *vendre*.

COMMIS, EMPLOYÉ.

Le *commis* a une mission, une *commission*; l'*employé* a une fonction, un *emploi*. Le *commis* a ses instructions et les suit; l'employé a des ordres, il les exécute.

COMPLAIRE, PLAIRE.

Complaire, c'est s'accommoder au senti-ment, au goût, à l'humeur de quelqu'un, dans la vue de lui être agréable; *plaire*, c'est effectivement être agréable à force de défé-rence et d'attention.

COMPLAISANCE, DÉFÉRENCE, CONDESCENDANCE.

Ces qualités annoncent de la bonté, de la douceur, de la facilité dans le caractère, dans l'humeur, dans l'esprit; mais la *complaisance* marque particulièrement une bonté affec-tueuse; la *déférence*, une douceur respec-tueuse; la *condescendance*, une facilité in-dulgente.

Les nécessités, les bienséances, les conve-nances, les offices, les agrémens de la société, de la familiarité, de l'intimité, obligent à la *complaisance* : elle fait toutes sortes de sacrifices de nos volontés, de nos goûts, de nos commodités, de nos jouissances, de nos vues personnelles.

L'âge, le rang, la dignité, le mérite des personnes, nous imposent la *déférence*; elle subordonne ou soumet à ces titres nos avis, nos opinions, nos jugemens, nos prétentions, nos desseins.

Les faiblesses, les besoins, les goûts, les défauts d'autrui, demandent de la *condescendance ;* elle fait que nous nous relâchons de notre sévérité ou des droits rigoureux de notre autorité, de notre supériorité, de notre volonté.

Nous nous devons tous de la *complaisance* les uns aux autres ; nous devons de la *déférence* à nos supérieurs ; nous avons pour nos inférieurs de la *condescendance.*

COMPLIQUÉ, IMPLIQUÉ.

Les affaires ou les faits sont *compliqués* les uns avec les autres, par leur mélange et par leur dépendance. Les personnes sont *impliquées* dans les faits ou dans les affaires, lorsqu'elles y trempent ou qu'elles y ont quelque part.

Compliqué a un substantif, *complication.* On dit, *complication* de maux. *Impliqué* a un verbe que *compliqué* n'a pas. Il y a des amis qui vous *impliquent* toujours dans les fautes qu'ils font.

CONCLUSION, CONSÉQUENCE.

Ces deux termes désignent également des idées dépendantes de quelques autres idées.

Dans un raisonnement, la *conclusion* est

la proposition qui suit de celles qu'on y a employées comme principes, et que l'on nomme *prémisses*; la *conséquence* est la liaison de la *conclusion* avec les *prémisses*.

Une *conclusion* peut être vraie, quoique la *conséquence* soit fausse : il suffit, pour l'une, qu'elle énonce une vérité réelle ; et pour l'autre, qu'elle n'ait aucune liaison avec les prémisses. Au contraire une *conclusion* peut être fausse, quoique la *conséquence* soit vraie : c'est que, d'une part, elle peut énoncer un jugement faux ; et de l'autre part, avoir une liaison nécessaire avec les prémisses, dont l'une au moins, dans ce cas, est elle-même fausse.

La *conclusion* d'un ouvrage en est quelquefois la récapitulation; quelquefois c'est le sommaire d'une doctrine, dont l'ouvrage a exposé ou établi les principes. Les diverses propositions qui énoncent cette doctrine fondée sur les principes de l'ouvrage, sans y être expressément comprises, sont ce qu'on appelle les *conséquences*.

CONCUPISCENCE, CUPIDITÉ, AVIDITÉ, CONVOITISE.

La *concupiscence* est la disposition habituelle de l'âme à désirer les biens, les plaisirs sensibles ; la *cupidité* en est le désir violent ; l'*avidité*, un désir insatiable : la *convoitise* est un désir illicite, injuste.

CONDITION, ÉTAT.

La *condition* a plus de rapport au rang
qu'on tient dans les différens ordres qui forment l'économie de la république. L'*état* en
a davantage à l'occupation ou au genre de vie
dont on fait profession.

de CONDITION, de QUALITÉ.

De qualité enchérit sur *de condition*. Un
homme né dans l'ordre de la bourgeoisie ne
fut jamais un homme *de qualité :* un homme
né dans la robe, quoique roturier, se dit
homme *de condition.*

Les personnes *de condition* joignent à des
mœurs cultivées des manières polies ; et les
gens *de qualité* ont ordinairement des sentimens élevés.

CONDUIRE, GUIDER, MENER.

Conduire et *guider* supposent dans leur
propre valeur une supériorité de lumières que
mener n'exprime pas ; mais, en récompense,
celui-ci renferme une idée de crédit et d'ascendant tout-à-fait étrangère aux deux autres.
On *conduit* et l'on *guide* ceux qui ne savent
pas les chemins ; on *mène* ceux qui ne peuvent ou ne veulent aller seuls. On *conduit* un
procès, on *guide* un voyageur, on *mène* un
enfant.

L'idée propre et unique de *guider* est d'é-
clairer ou montrer la voie. L'idée de *conduire*

est de diriger, régir, gouverner une suite d'actions : celle de *mener* est de disposer de l'objet ou de sa marche. La boussole *guide* le navigateur : le pilote *conduit* le vaisseau, et les vents le *mènent*.

On nous *conduit* pour que nous fassions précisément ce qui convient de faire ; on nous *guide*, pour nous empêcher de nous égarer, de nous tromper. Il n'y a que l'imbécille qui se laisse *mener* dans toutes ses actions par les volontés des autres.

CONFÉRER, DÉFÉRER.

On dit l'un et l'autre en parlant des dignités et des honneurs que l'on donne. *Conférer* est un acte d'autorité ; c'est l'exercice du droit dont on jouit. *Déférer* est un acte d'honnêteté ; c'est une préférence que l'on accorde au mérite.

se CONFIER, se FIER.

Se confier ne désigne guère que faire une confidence ; *se fier*, c'est proprement avoir de la confiance. On ne *se fie* pas toujours à ceux à qui l'on *se confie*. Nous pouvons nous *confier* à quelqu'un, lui *confier* nos projets, sans l'estimer : on estime toujours ceux à qui l'on *se fie*.

CONFRÈRE, COLLÈGUE, ASSOCIÉ.

L'idée d'union est commune à ces trois termes ; mais elle y est présentée sous des aspects différens.

Les *confrères* sont membres d'un même corps ; les *collègues* travaillent conjointement à une même opération , soit volontairement , soit par quelque ordre supérieur ; les *associés* ont un objet commun d'intérêt.

CONFUS , DÉCONCERTÉ , INTERDIT.

Ces trois mots indiquent le trouble , l'embarras ; mais la *confusion* semble toujours fondée sur de bonnes raisons , tandis qu'un rien suffit pour *déconcerter* ou pour *interdire*.

Un homme *confus* baisse les yeux ; un homme *déconcerté* les tourne de côté et d'autre comme pour demander son chemin ; un homme *interdit* a le regard fixe.

La *confusion* peut être intérieure , cachée ; être *déconcerté* , être *interdit* sont des manières d'être extérieures.

Un homme *confus* reconnaît son tort ou donne de mauvaises excuses ; un homme *déconcerté* cherche des excuses et n'en trouve pas ; un homme *interdit* garde le silence.

Un sot n'est jamais *confus* ; un homme hardi n'est jamais *déconcerté* ; un esprit prompt n'est pas aisé à *interdire*.

CONNEXION , CONNEXITÉ.

Ces deux termes s'appliquent également à toute espèce d'objets entre lesquels il y a des rapports particuliers , de quelque nature que soient ces objets et ces rapports.

La *connexité* est la qualité où la propriété naturelle, en vertu de laquelle la *connexion* a lieu ou peut avoir lieu.

Connexité dénote un simple rapport qui est dans les choses et dans la nature même des choses. *Connexion* énonce une liaison établie entre les choses, et fondée sur ce rapport. Par la *connexité*, les choses sont pour être ensemble; par la *connexion*, elles sont ensemble. Deux idées ont de la *connexité*; leur *connexion* forme un jugement.

CONSENTEMENT, PERMISSION, AGRÉMENT.

Le *consentement* se demande aux personnes intéressées dans l'affaire. La *permission* se donne par les supérieurs qui ont droit de régler la conduite, ou de disposer des occupations. Il faut avoir l'*agrément* de ceux qui ont quelque autorité, ou quelque inspection sur la chose dont il s'agit.

CONSENTIR, ACQUIESCER, ADHÉRER, TOMBER D'ACCORD.

Nous *consentons* à ce que les autres veulent, en l'agréant et en le permettant. Nous *acquiesçons* à ce qu'on nous propose, en l'acceptant et en nous y conformant. Nous *adhérons* à ce qui est fait et conclu par d'autres, en l'autorisant et en nous y joignant. Nous *tombons d'accord* de ce qu'on nous dit, en l'avouant et en l'approuvant.

Il semble que *consentir* suppose un peu de supériorité ; *acquiescer*, un peu de soumission ; *adhérer*, un peu de complaisance ; et *tomber d'accord*, un peu d'aversion pour la dispute.

CONSIDÉRABLE, GRAND.

Ces deux mots sont synonymes au propre et au figuré. *Considérable* ne se dit guère, au propre, que de ce qui est étendu horisontalement : une étendue *considérable* de pays. *Grand* peut se dire de ce qui est élevé : un homme d'une *grande* taille. *Grand* semble le contraire de *petit* ; *considérable* est plus directement opposé à *borné*.

Au figuré, un homme *considérable* est celui qui attire les regards du public par son rang, ses richesses, etc. Un *grand* homme fixe l'estime par ses talens ou ses vertus. On est *considérable* par des qualités extérieures, dues quelquefois au hasard ; on est *grand* par soi-même.

CONSIDÉRATION, RÉPUTATION.

La *réputation* est, en général, le fruit des talens ou du savoir-faire. La *considération* est attachée à la place, au crédit, aux richesses, au besoin qu'on a de ceux à qui on l'accorde.

Nous obtenons la *considération* de ceux qui nous approchent, et la *réputation*, de ceux qui ne nous connaissent pas.

La *considération* vient de l'effet que nos qualités personnelles font sur les autres; elle est le revenu du mérite de toute la vie. La *réputation* n'est quelquefois due qu'à des crimes heureux et illustres.

CONSIDÉRATIONS, OBSERVATIONS, RÉFLEXIONS, PENSÉES.

Considérations est d'une signification plus étendue; il exprime cette action de l'esprit qui envisage un objet sous les différentes faces dont il est composé. *Observations* sert à exprimer les remarques que l'on fait dans la société ou sur les ouvrages. Le terme de *réflexions* désigne plus particulièrement ce qui regarde les mœurs et la conduite de la vie. Celui de *pensées* est une expression plus vague, qui marque indistinctement le jugement de l'esprit.

CONSOMMER, CONSUMER.

Consumer achève, en détruisant et anéantissant le sujet; *consommer* achève, en le mettant dans sa dernière perfection et son accomplissement entier. On *consume* son patrimoine, son bien, sa fortune; on *consomme* un établissement, une entreprise.

CONSTANCE, FIDÉLITÉ.

La *constance* ne suppose point d'engagement; la *fidélité* en suppose un. On dit *constant* dans ses goûts; *fidèle* à sa parole.

Il semble que la *fidélité* tienne plus aux procédés, la *constance* aux sentimens. Un amant peut être *constant*, sans être *fidèle*, si, en aimant toujours sa maîtresse, il brigue les faveurs d'une autre femme ; il peut être *fidèle* sans être *constant*, s'il cesse d'aimer sa maîtresse, sans néanmoins en prendre une autre.

La *fidélité* suppose une espèce de dépendance : un sujet *fidèle*, un domestique *fidèle*, un chien *fidèle*. La *constance* suppose une sorte d'opiniâtreté et de courage. *Constant* dans le travail, dans les malheurs.

CONSTANT, FERME, INÉBRANLABLE, INFLEXIBLE.

Ces mots désignent, en général, la qualité d'une ame que les circonstances ne font point changer de disposition. Les trois derniers ajoutent au premier une idée de courage, avec ces nuances différentes, que *ferme* désigne un courage qui ne s'abat point ; *inébranlable*, un courage qui résiste aux obstacles ; et *inflexible*, un courage qui ne s'amollit point.

CONSTRUIRE, BÂTIR.

Construire est le plus général ; il signifie assembler des matériaux pour en faire une construction quelconque, soit édifice, soit machine, etc. *Bâtir* ne se dit que des maisons ou des édifices en maçonnerie. On *bâtit* de simples maisons, des édifices en maçonnerie ; on *construit* un temple, un palais.

Construire embrasse la masse de toutes les opérations nécessaires pour élever un édifice ; *bâtir* ne désigne que la maçonnerie du bâtiment.

CONTE, FABLE, ROMAN.

Un *conte* est une aventure feinte et narrée par un auteur connu. Une *fable* est une aventure fausse, divulguée dans le public, et dont on ignore l'origine. Un *roman* est un composé et une suite de plusieurs aventures supposées.

Les bons *contes* divertissent les honnêtes gens. Les *fables* amusent le peuple. Les *romans* gâtent le goût des jeunes personnes.

CONTENTEMENT, SATISFACTION.

Tranquillité de l'ame par rapport à l'objet de ses désirs.

Le *contentement* est plus dans le cœur ; la *satisfaction* est plus dans les passions. Le premier est un sentiment qui rend toujours l'ame tranquille. Le second est un succès qui jette quelquefois l'ame dans le trouble, quoiqu'elle n'ait plus d'inquiétude sur ce qu'elle désirait.

On est *content* lorsqu'on ne souhaite plus, quoiqu'on ne soit pas toujours *satisfait* lorsqu'on a obtenu ce qu'on souhaitait.

Contigu, proche.

Ces mots désignent en général le voisinage ; mais le premier s'applique principalement au voisinage d'objets considérables, et désigne de plus un voisinage immédiat. Ce qui est *proche*, et même *très-proche*, peut n'être pas *contigu*. Deux maisons sont *contiguës* l'une à l'autre ; deux arbres sont *proches* l'un de l'autre.

Continuation, continuité.

Continuation est pour la durée ; *continuité* est pour l'étendue. On dit la *continuation* d'un travail et d'une action ; la *continuité* d'un espace et d'une grandeur ; la *continuation* d'une même conduite, et la *continuité* d'un même édifice.

Continuation, suite.

Termes qui désignent la liaison et le rapport d'une chose avec ce qui la précède.

On donne la *continuation* de l'ouvrage d'un autre, et la *suite* du sien. On *continue* ce qui n'est pas achevé ; on donne une *suite* à ce qui l'est.

Continuel, continu.

Ces deux termes désignent l'un et l'autre une tenue suivie.

Ce qui est *continu* n'est pas divisé ; ce qui

est *continuel* n'est pas interrompu. Ainsi, la chose est *continue* par la tenue de sa constitution ; elle est *continuelle* par la tenue de sa durée.

Le cliquet d'un moulin en mouvement fait un bruit *continuel* ; mais ce bruit n'est pas *continu*, parce qu'il est composé de retours périodiques séparés par des intervalles de silence.

CONTINUER, PERSÉVÉRER, PERSISTER.

Ces verbes indiquent tous trois un état de tenue dans la manière d'agir.

Continuer, c'est simplement faire comme on a fait jusque là. *Persévérer*, c'est continuer sans vouloir changer. *Persister*, c'est persévérer avec constance ou opiniâtreté. Ainsi, *persister* dit plus que *persévérer* ; et *persévérer* plus que *continuer*.

On *continue* par habitude ; on *persévère* par réflexion ; on *persiste* par attachement.

CONTINUER, POURSUIVRE.

Ajouter à ce qui est commencé, dans l'intention d'arriver à la fin, et de faire un tout complet.

Continuer marque simplement la suite du travail ; *poursuivre* marque, avec la suite, une volonté déterminée et suivie d'arriver à la fin.

CONTRAINDRE, FORCER, VIOLENTER.

Le dernier de ces verbes enchérit sur le second, comme celui-ci sur le premier; et le tout, aux dépens de la liberté, qui est également ravie par l'action qu'ils signifient.

Contraindre annonce des oppositions gênantes qui font qu'on se détermine contre sa propre inclination, qu'on suivrait, si les moyens n'en étaient pas ôtés. *Forcer* exprime une attaque portée à la liberté par une autorité puissante, qui fait qu'on agit formellement contre sa volonté. *Violenter* donne l'idée d'un combat livré à la liberté par les efforts contraires d'une action vigoureuse, à laquelle on essaye en vain de résister. Il faut quelquefois user de *contrainte* à l'égard des enfans; de *force* à l'égard du peuple; et de *violence* à l'égard des insensés.

CONTRAVENTION, DÉSOBÉISSANCE.

C'est, en général, l'action de s'écarter d'une chose qui est commandée. La *contravention* est aux choses, et la *désobéissance* aux personnes. On *contrevient* à la loi, aux réglemens, aux ordres; on *désobéit* au souverain, à son père, à son maître.

CONTRE, MALGRÉ.

On agit *contre* la volonté ou *contre* la règle, et *malgré* les oppositions.

L'homme

L'homme de bien ne fait rien *contre* sa conscience. Le scélérat commet le crime, *malgré* la punition qui y est attachée.

CONTRE, MALGRÉ; NONOBSTANT.

Contre marque une opposition de contrariété formelle, soit à l'égard de l'opinion, soit à l'égard de la conduite. Parler *contre* la vérité. Agir *contre* la loi.

Malgré exprime une opposition de résistance soutenue, soit par voie de fait, soit par d'autres moyens, mais sans effet de la part de l'opposant. *Malgré* ses soins et ses précautions, l'homme subit toujours sa destinée. J'irai *malgré* vous.

Nonobstant ne fait entendre qu'une opposition légère, et à laquelle on n'a point d'égard. *Nonobstant* sa longue défense, l'accusé fut condamné.

CONTREFACTION, CONTREFAÇON.

Ces mots désignent l'imitation d'un ouvrage, d'un livre, d'une marchandise, dont la fabrication est réservée.

La *contrefaction* est l'action de contrefaire; elle appartient à l'ouvrier. La *contrefaçon* est l'effet, le produit de cette action, ou la *façon* propre de la chose contrefaite; elle est dans l'ouvrage. La *contrefaction* est un délit. On dit d'une *contrefaçon* qu'elle est bonne ou mauvaise.

Tome I.   G

CONTREVENIR, ENFREINDRE, TRANS-GRESSER, VIOLER.

Vous *contrevenez* à l'ordre, à l'ordonnance que vous n'observez pas. Vous *enfreignez* les lois, les engagemens auxquels vous étiez soumis ou assujéti. Vous *transgressez* les lois, les préceptes, les commandemens faits pour vous arrêter et vous contenir dans vos voies. Vous *violez* les lois, les droits, les choses que vous deviez le plus respecter et honorer.

On *contrevient* par indiscipline ; on *enfreint* par infidélité ; on *transgresse* par licence ; on *viole* par de grands excès.

La *contravention* est faute, délit : l'*infraction* est défection, improbité : la *transgression*, désobéissance, crime : la *violation*, énormité, forfait.

CONTRITION, REPENTIR, REMORDS.

La *contrition* est la douleur profonde d'avoir commis le péché ou le mal, et offensé Dieu. Le *repentir* est le regret amer et réfléchi d'une ame qui a commis une faute, ou une action répréhensible, et qui voudrait la réparer. Le *remords* est le reproche désolant et vengeur que la conscience vous fait d'avoir commis un crime, ou une grave transgression des lois imprimées dans le cœur humain.

La *contrition* regarde le péché ; elle est dans le cœur. Le *repentir* regarde toute es-

pèce de mal ; il est dans l'ame. Le *remords*
regarde le crime ; il est dans la conscience.

CONVAINCRE, PERSUADER.

La *conviction* tient plus à l'esprit, et la
persuasion au cœur. *Convaincre*, c'est prouver ce qu'on avance ; *persuader*, c'est toucher et émouvoir.

La *conviction* suppose des preuves ; la *persuasion* n'en suppose pas toujours : on se *persuade* aisément ce qu'on désire.

CONVENTION, CONSENTEMENT, ACCORD.

La *convention* vient de l'intelligence entre
les parties, et détruit l'idée d'éloignement. Le
consentement suppose un droit, de la liberté ;
il fait disparaître l'opposition. L'*accord* produit la satisfaction réciproque, et fait cesser
les contestations.

CONVERSATION, ENTRETIEN.

Discours mutuel entre deux ou plusieurs
personnes.

Conversation se dit, en général, de quelque discours mutuel que ce puisse être ; *entretien* se dit d'un discours mutuel qui roule sur
quelque objet déterminé.

Entretien se dit de supérieur à inférieur :
un sujet a un *entretien*, et non pas une *conversation*, avec son roi. On se sert aussi du

mot *entretien*, quand le discours roule sur une matière importante.

CONVERSATION, ENTRETIEN, COLLOQUE, DIALOGUE.

Discours lié entre plusieurs personnes qui y ont chacune leur partie.

Conversation désigne des discours entre gens égaux ou à peu près égaux, sur toutes les matières que présente le hasard. *Entretien* marque des discours sur des matières sérieuses, choisies exprès pour être discutées, et par conséquent entre des personnes dont quelqu'une a assez de lumières ou d'autorité pour décider. Le mot de *colloque* caractérise particulièrement les discours prémédités sur des matières de doctrine et de controverse, et conséquemment entre des personnes instruites. Le terme de *dialogue* est général, et peut également s'appliquer aux trois espèces que l'on vient de définir; il indique spécialement la manière dont s'exécutent les différentes parties du discours lié. Il doit être aisé, enjoué et sans apprêt dans les *conversations*; sérieux, grave et suivi dans les *entretiens*; clair, raisonné, travaillé, éloquent même et pathétique dans les *colloques*.

CONVICTION, PERSUASION.

Acquiescement de l'esprit à ce qui lui a été présenté comme vrai.

La *conviction* est un acquiescement fondé sur des preuves d'une évidence irrésistible et victorieuse. La *persuasion* est un acquiescement fondé sur des preuves non moins évidentes, quoique vraisemblables, mais plus propres à déterminer en intéressant le cœur, qu'en éclairant réellement l'esprit.

La *conviction* est l'effet de l'évidence, qui ne trompe jamais; ainsi ce dont on est *convaincu* ne peut être faux. La *persuasion* est l'effet des preuves morales, qui peuvent tromper: ainsi, l'on peut être *persuadé* de bonne foi d'une erreur très-réelle.

CONVIER, INVITER.

Convier désigne le concours, dont le mot *inviter* fait abstraction.

Convier exprimant l'action amicale, familière, intime, de vivre et de manger ensemble, doit particulièrement désigner, dans son extension, quelque chose d'intime, d'affectueux, de pressant, de puissant. Il ajoute donc cette circonstance au mot inviter. L'action de *convier* est une invitation affectueuse, amicale, pressante, engageante. C'est l'affection qui *convie*, et la politesse qui *invite*. On *convie* ses amis, on *invite* des gens de connaissance.

On *convie* à un banquet, à un festin, à des noces, où il y a un nombre de *convives*. On *invitera* plutôt une personne à déjeûner, à dîner, à souper.

G

Copie, modèle.

Copie est synonyme de *modèle* dans le sens où l'un et l'autre signifient l'original d'après lequel on fait l'ouvrage. Alors, *copie* se dit seulement en fait d'impression, et en parlant du manuscrit de l'auteur sur lequel l'imprimeur travaille; *modèle* se dit en toute autre occasion, dans la morale comme dans les arts.

Copie et *modèle* sont encore synonymes dans un autre sens, dans celui où ils signifient l'ouvrage fait d'après l'original. Dans ce cas, *copie* se dit pour la peinture, et *modèle* pour le relief.

Coquetterie, galanterie.

Vice des plus méprisables, qui a pour base l'attrait d'un sexe pour l'autre.

La *coquetterie* cherche à faire naître des désirs, la *galanterie* à satisfaire les siens.

Une femme *galante* veut qu'on l'aime et qu'on réponde à ses désirs : il suffit à une *coquette* d'être trouvée aimable et de passer pour belle.

Correction, exactitude.

Ces deux termes désignent quelque chose de soigné et de régulier dans la manière de parler ou d'écrire.

La *correction* consiste dans l'observation

scrupuleuse des règles de la grammaire et des usages de la langue. *L'exactitude* dépend de l'exposition fidèle de toutes les idées nécessaires au but que l'on se propose. L'une tombe sur les mots et les phrases ; l'autre sur les faits et les choses.

CORRIGER, REPRENDRE, RÉPRIMANDER.

On *corrige* pour montrer la manière de rectifier le défaut. On *reprend* pour indiquer ou relever la faute. On *réprimande* pour punir ou mortifier le coupable.

Corriger regarde toutes sortes de fautes. *Reprendre* ne se dit guère que pour les fautes d'esprit et de langage. *Réprimander* ne convient qu'à l'égard des mœurs et de la conduite.

COSMOGONIE, COSMOGRAPHIE, COSMOLOGIE.

La *cosmogonie* est la science de la formation de l'univers. La *cosmographie* enseigne la construction, la figure, la disposition, le rapport de toutes les parties qui composent l'univers ; elle embrasse l'astronomie et la géographie. La *cosmologie* est une physique générale et raisonnée qui examine les faits, en tire des résultats, et tâche de découvrir les lois générales par lesquelles l'univers est gouverné. La première est conjecturale ; la seconde, purement historique ; la troisième, expérimentale.

de tous CÔTÉS, de toutes PARTS.

De tous côtés paraît avoir plus de rapport à la chose même dont on parle; et *de toutes parts* semble en avoir davantage aux choses étrangères qui environnent celle dont on parle.

On voit un objet *de tous côtés* lorsque la vue se porte successivement autour de lui et le regarde dans toutes les faces. On le voit *de toutes parts* lorsque tous les yeux qui l'entourent l'aperçoivent, quoiqu'il ne soit vu de chacun d'eux que par une de ses faces.

On va *de tous côtés*; on arrive *de toutes parts*.

COULER, ROULER, GLISSER.

Mouvement de translation successif et continu. *Couler* marque le mouvement de tous les fluides et même de tous les corps solides réduits en poudre impalpable. *Rouler*, c'est se mouvoir en tournant sur soi-même. *Glisser*, c'est se mouvoir en conservant la même surface appliquée au corps sur lequel on se meut.

Couler se dit aussi du temps, d'une période, d'un vers, d'un discours entier.

Rouler se dit de toute action qui se répète souvent sur le même objet. On *roule* de grands desseins dans sa tête, lorsqu'on en réfléchit souvent les parties. Un livre *roule* sur une matière, lorsqu'il envisage les parties sous plusieurs aspects.

Glisser sert à marquer ce qui se fait légèrement et sans insister ; et ce qui se fait avec adresse, ou d'une manière imperceptible. On *glisse* sur des difficultés, sur des défauts. Des opinions erronnées se *glissent* parmi le peuple.

COULEUR, COLORIS.

La *couleur* est ce qui distingue les traits, et forme l'image visible des objets par ses variétés. Le *coloris* est l'effet particulier qui résulte de la qualité et de la force de la *couleur* par rapport à l'éclat, indépendamment de la forme et du dessin. Le bleu, le blanc, le rouge, etc. sont différentes espèces de *couleurs*. Le pâle, le clair, le foncé, sont des nuances ; mais rien de tout cela n'est le *coloris*, qui est le tout ensemble, pris en général, dans son union, et qui résulte de l'ensemble et de l'assortiment des *couleurs* naturelles de chaque objet.

Colorer, c'est rendre un objet sensible par une *couleur* déterminée : *colorier*, c'est donner à chaque objet le *coloris* qui lui convient. On *colore* une liqueur ; on *colorie* un tableau.

tout-à-COUP, tout-d'un-coup.

Tout-d'un-coup veut dire tout en une fois ; *tout-à-coup* signifie soudainement, en un instant, sur-le-champ. Ce qui se fait *tout-d'un-coup* ne se fait ni par degrés, ni à plusieurs fois ; ce qui se fait *tout-à-coup* n'est ni prévu, ni attendu.

COUPLE, PAIRE.

Deux choses de même espèce.

Couple masculin, se dit de deux personnes unies ensemble par mariage. Voilà un beau *couple*, un *couple* intéressant. Il se dit même de deux animaux de même espèce, l'un mâle, l'autre femelle, qui vont ensemble. Un *couple* de pigeons. Au féminin, *couple* se dit de deux choses quelconques de même espèce, qui ne vont point ensemble nécessairement, et qui ne sont unies qu'accidentellement. On achète une *couple* d'oranges, de pigeons, de perdrix. Cela marque seulement la quantité.

Paire se dit de deux choses qui vont ensemble par une nécessité d'usage, comme les bas, les souliers, les jarretières, les gants, les bottes; ou d'une seule chose nécessairement composée de deux parties qui font le même service, comme des ciseaux, des lunettes, des pincettes, des culottes, etc.

de Cour, de la cour.

De cour qualifie en mauvaise part, et désigne ce qu'il y a ordinairement de vicieux et de répréhensible dans les *cours*. Un homme *de cour* est un homme souple et adroit, mais faux et artificieux.

De la cour ne qualifie qu'en indiquant une relation essentielle à ce qui environne le prince. Un homme *de la cour* est simplement un homme attaché auprès du prince, ou par sa naissance, ou par son emploi.

COURAGE, BRAVOURE, VALEUR.

Grandeur et force d'ame que les évènemens ne troublent point, et qui fait face avec fermeté à tous les accidens.

Le *courage* est une vertu de tous les instans et de toutes les occasions. La *bravoure* est une espèce d'instinct : on est *brave* à telle heure et suivant les circonstances. L'un est un sentiment noble et sublime; l'autre est un mouvement presque machinal. La *valeur* cherche l'obstacle, et son élan le brise; elle est partout où il y a un péril à affronter et de la gloire à acquérir.

Une défaite peut ébranler la *bravoure*; le *courage* sait vaincre, et être vaincu sans être défait; un échec désole la *valeur* sans la décourager.

Il y a plus de raison dans le *courage*, plus d'impétuosité dans la *bravoure*, plus d'enthousiasme dans la *valeur*.

L'exemple influe sur la *bravoure*; plus d'un soldat n'est devenu *brave* qu'en prenant le nom de grenadier. L'exemple ne rend point *valeureux* quand on ne l'est pas; mais les témoins doublent la *valeur*. Le *courage* n'a besoin ni de témoins ni d'exemples.

L'amour de la patrie et la santé rendent *brave*; les réflexions, les connaissances, la philosophie, le malheur, et plus encore la voix d'une conscience pure, rendent *courageux*; la vanité noble et l'espoir de la gloire produisent la *valeur*.

Le *courage* tient sur-tout à la force de l'esprit; la *bravoure* est plus du tempérament; la *valeur* tient davantage à la fierté de l'ame et à l'exaltation de l'amour-propre.

COURSIER, CHEVAL, ROSSE.

Cheval est le nom simple de l'espèce d'animal domestique que désignent ces trois mots. *Coursier*, usité principalement en poésie, renferme l'idée d'un cheval courageux et brillant. *Rosse*, usité seulement dans le style familier ou dans le burlesque, présente l'idée d'un cheval vieux et usé, ou d'une nature chétive.

COUTUME, HABITUDE.

La *coutume* regarde l'objet; elle le rend familier. L'*habitude* a rapport à l'action même; elle la rend facile. L'une se forme par l'uniformité, et l'autre s'acquiert par la répétition.

Un ouvrage auquel on est *accoutumé* coûte moins de peine. Ce qui est tourné en *habitude* se fait presque naturellement, et quelquefois même involontairement.

On s'*accoutume* aux visages les plus baroques par l'*habitude* de les voir.

CRAINDRE, APPRÉHENDER, REDOUTER, AVOIR PEUR.

On *craint*, dans l'idée qu'un mal peut arriver. On *appréhende*, dans l'idée qu'un bien peut nous manquer. On *redoute* un adversaire qu'on croit supérieur. On a *peur* par un faible d'esprit, dans l'idée qu'il y a du danger.

Le défaut de courage fait *craindre*. L'incertitude du succès fait *appréhender*. La défiance des forces fait *redouter*. Les peintures de l'imagination font *avoir peur*.

CRAINTE, APPRÉHENSION, PEUR.

Divers états de l'ame qui se livre aux impressions du danger.

La *crainte* est en général une émotion fâcheuse, qui va jusqu'à troubler l'imagination : c'est l'apparence du mal qui la produit.

L'*appréhension* est l'idée présente d'un danger : on *appréhende* que la fièvre ne revienne au malade qui en est débarrassé pour le moment; mais on la *craint* lorsqu'elle est apparente.

La *peur* est une erreur des sens. Faire *peur* à quelqu'un, c'est le surprendre, lui causer un mouvement d'inquiétude. La *peur* est tellement l'erreur des sens, qu'on a de l'*appréhension* et des *craintes* fondées, sans avoir *peur*.

CRÉANCE, CROYANCE.

La *croyance* est une opinion pure et simple ; la *créance* est une *croyance* ferme, constante, entière. La *croyance* n'annonce pas ou la conviction ou la persuasion qu'annonce la *créance*. De plus, celle-ci a trait au crédit ; la *croyance* en fait abstraction.

Une lettre de *créance* est une lettre par laquelle on fait connaître qu'on peut ajouter *créance* à celui qui est chargé de la rendre.

Croyance est d'usage dans le cours ordinaire des choses, et *créance* en matière grave, comme la religion. La *créance* des Juifs, des Chrétiens, des Bramines.

CRÉDIT, FAVEUR.

Le *crédit* est la facilité de déterminer la volonté de quelqu'un suivant vos désirs, en vertu de l'ascendant que vous avez sur son esprit, ou de la confiance qu'il a prise en vous. La *faveur* est la facilité que nous trouvons dans une personne disposée à faire tout ce qui nous est agréable, en vertu du faible qu'elle a pour nous, ou d'une bienveillance qu'elle nous prodigue. Le *crédit* est une faculté, une force, une puissance que nous exerçons sur autrui ; il est dans nos mains. La *faveur* est un sentiment, un penchant, une faiblesse de celui qui se livre à vous ; elle est dans son cœur.

Le *crédit* s'acquiert par les lumières, les talens, les services, les vertus : la *faveur* se gagne par les complaisances, les flatteries, les adulations, le dévouement servile.

Le *crédit* est une épreuve pour la vertu ; il enfle et ébranle. La *faveur* est la plus fatale des épreuves ; elle enivre et corrompt.

CREUSER, APPROFONDIR.

Opération par laquelle on parvient à l'intérieur des corps, en écartant les parties extérieures qui y font obstacle.

Approfondir, c'est *creuser* plus avant, parce que c'est *creuser* encore, pour donner plus de profondeur à l'excavation.

Au figuré, ces deux mots marquent tous deux l'opération par laquelle on parvient à découvrir ce qu'il y a dans une matière de plus abstrait, de plus compliqué, de plus caché ; mais *creuser* a plus de rapport au travail et à la progression lente des découvertes ; *approfondir* tient plus du succès, et désigne mieux le terme du travail.

CRI, CLAMEUR.

Le *cri* est une voix haute et poussée avec effort par une personne. La *clameur* est un grand *cri*, souvent tumultueux. *Clameur* ajoute à *cri* une idée de ridicule par son objet ou par son excès.

Le sage respecte le *cri* public, et méprise les *clameurs* des sots.

CRITIQUE, CENSURE.

La *critique* est l'examen raisonné d'un ouvrage, de quelque nature qu'il puisse être; mais sur-tout des ouvrages littéraires. La *censure* est la répréhension de ce qui blesse la vérité la loi, les mœurs.

C'est le goût, le jugement qui *critique*; c'est ordinairement l'autorité qui *censure*.

faire CROIRE, faire ACCROIRE.

Faire croire signifie simplement persuader une chose, obtenir la croyance de quelqu'un. *Faire accroire* veut dire persuader des choses non croyables, abuser du crédit que l'on a sur l'esprit d'une personne, de sa crédulité, de sa simplicité, de sa confiance, de sa bonne foi. On *fait accroire* le faux, ou ce qu'on croit faux; on peut *faire croire* également le faux et le vrai.

Il n'y a que les personnes qui *font accroire*; *faire croire* peut s'attribuer aux personnes et aux choses.

S'en faire accroire, c'est s'abuser sottement ou follement sur son propre mérite.

CROÎTRE, AUGMENTER.

Croître signifie grandir, s'élever, s'alonger, se fortifier : l'élévation est son idée propre.

Augmenter marque l'addition ou plutôt le plus, dans quelque sens que ce soit, en hauteur, en largeur, en volume, en profondeur, en nombre.

Croître a par lui-même un sens déterminé et complet. Les plantes, les petits des animaux *croissent*, c'est-à-dire, deviennent plus grands. *Augmenter* n'a qu'un sens incomplet et indéterminé, qu'il faut fixer par une addition expresse ou sous-entendue. Il faut expliquer dans quel sens ou sous quel rapport la chose *augmente*. Les denrées *augmentent*, c'est-à-dire, de prix. Le mal *augmente*, c'est-à-dire, de force.

C'est la chose même qui *croît*; c'est sa qualité qui *augmente*.

L'incendie *croît*, lorsqu'il s'élève vers le ciel de plus gros tourbillons de flamme et de fumée; il *augmente*, lorsqu'il s'étend, qu'il gagne, qu'il attaque de nouveaux objets.

Augmenter ayant la propriété d'exprimer aussi l'augmentation en hauteur, peut être souvent substitué à *croître*; mais *croître*, restreint à certaines dimensions, ne peut pas être également substitué au verbe *augmenter*.

L'accroissement s'opère par une addition intérieure et mécanique; et l'augmentation, par une addition extérieure.

Croître annonce un développement successif, une crue progressive, un *accroissement* gradué. *Augmenter*, sans exclure cette gradation et cette progression, ne l'exige pas et ne la suppose pas. Les jours *croissent* et *décroissent*. Le froid, les vents *augmentent*, et diminuent.

Croix, peines, afflictions.

Croix est du style pieux. Les *peines* diffèrent des *afflictions*, en ce que celles-ci, moins ordinaires et plus fâcheuses, enchérissent sur celles-là, qui, de leur côté, paraissent plus inséparables de la nature humaine, et comme l'apanage de cette vie.

Croyance, foi.

Persuasion fondée sur quelque motif.

La *croyance* est une persuasion déterminée par quelque motif que ce puisse être, évident, ou non évident. La *foi* est une persuasion déterminée par la seule autorité de celui qui a parlé. Les choses auxquelles le peuple ajoute *foi* ne méritent pas toujours que le sage leur donne sa *croyance*.

Foi, employé tout seul, désigne la persuasion où l'on est des choses de la religion.

Croyez-vous qu'il le fera ? croyez-vous qu'il le fasse.

Quand vous dites : *croyez-vous qu'il le fera*, vous êtes entièrement ou à peu près persuadé qu'il ne le fera pas, et vous me demandez si *je crois*, moi, qu'il le fasse.

Quand vous dites : *croyez-vous qu'il le fasse*, vous doutez véritablement s'il le fera, et vous me demandez ce que j'en pense pour comparer mon opinion à la vôtre.

Cure, guérison.

La *cure* a plus de rapport au mal et à l'action de celui qui traite le malade. La *guérison* a plus de rapport à la santé et à l'état du malade qu'on traite.

On fait une *cure*; on procure une *guérison*.

Cure regarde sur-tout les maux graves et opiniâtres; *guérison* regarde aussi les maladies légères et de peu de durée.

D

DAM, DOMMAGE, PERTE.

DAM n'est plus guère en usage que parmi les théologiens, pour signifier les peines des damnés ; ou dans ces phrases familières, *c'est votre dam*, *à mon grand dam*. *Dommage* diffère de *perte* en ce qu'il désigne une privation qui n'est pas totale. Ainsi, on dit : la *perte* de la moitié de mon revenu me causerait un *dommage* considérable.

DANGER, PÉRIL, RISQUE.

Ces trois mots désignent la situation de quelqu'un qui est menacé de quelque malheur.

Le *danger* est littéralement une disposition des choses telle, qu'elle nous menace de quelque dommage ; le *péril*, une rude épreuve par laquelle on passe avec un grand *danger* ; et le *risque*, une situation glissante dans laquelle on court des hasards.

Péril s'applique principalement aux cas où la vie est intéressée ; et *risque*, aux cas où l'on a lieu de craindre un mal, comme d'espérer un bien.

Le *danger* menace ou de près ou de loin : le *péril* est présent, pressant, imminent et terrible ; le *risque* expose plus ou moins.

On craint le *danger*, et on le fuit ; on

redoute le *péril*, et l'on se sauve ; on court le *risque*, et l'on se promet un bon succès.

DANS L'IDÉE, DANS LA TÊTE.

On a *dans l'idée* ce qu'on pense ; on le croit. On a *dans la tête* ce qu'on veut ; on y travaille.

Nos imaginations sont *dans l'idée* ; et nos desseins *dans la tête*.

DÉBATTRE, DISCUTER.

Débattre suppose plus de chaleur ; *discuter* plus de réflexion. On *débat* un point que chacun veut emporter ; on *discute* une question que l'on veut éclaircir.

Débattre s'emploie sur-tout quand il est question d'intérêts personnels ; *discuter*, quand il s'agit de choses générales. Des plaideurs *débattent* leurs propres intérêts ; les juges *discutent* les droits des parties.

DÉBRIS, DÉCOMBRES, RUINES.

Ces trois mots signifient en général les restes dispersés d'une chose détruite ; avec cette différence que les deux derniers ne s'appliquent qu'aux édifices, et que le troisième suppose même que les édifices détruits soient considérables. On dit les *débris* d'un vaisseau, les *décombres* d'un bâtiment ; les *ruines* d'un palais ou d'une ville.

Décombres ne se dit jamais qu'au propre ;

débris et *ruines* se disent souvent au figuré. On dit, les *débris* d'une fortune brillante ; la *ruine* d'un particulier, de l'État, du commerce, etc. Dans ce sens, *ruine* s'emploie au singulier.

DÉCADENCE, RUINE.

Le premier prépare le second, qui en est ordinairement l'effet. La *décadence* de l'empire Romain, depuis Théodose, annonçait sa *ruine* totale.

On dit aussi des arts, qu'ils tombent en *décadence*; et d'une maison, qu'elle tombe en *ruine*.

DÉCADENCE, DÉCLIN, DÉCOURS.

La *décadence* est l'état de ce qui va *tombant*; le *déclin*, l'état de ce qui va *baissant*; le *décours*, l'état de ce qui va *décroissant*.

Par la *décadence*, la chose perd de sa hauteur, de sa grandeur, de sa consistance ; elle tombe en ruine. Par le *déclin*, la chose perd de sa force, de sa vigueur, de son éclat; elle expire, elle finit. Par le *décours*, la chose perd de son apparence, de son influence, de son énergie ; elle achève son cours, sa révolution. On dit, la *décadence* d'un édifice, des fortunes, des lettres, des empires, des choses sujètes à des vicissitudes. On dit, le *déclin* du jour, de l'âge, de la maladie, des choses qui n'ont qu'une certaine durée, et s'affaiblissent vers leur fin. On dit, le *décours*

de la lune, de la maladie, des choses assu-
jéties à des périodes d'accroissement et de
décroissement, et bornées à une révolution.

Décadence ne se dit guère qu'au figuré,
et *décours* au propre : *déclin* se dit au moral
comme au physique.

DÉCENCE, BIENSÉANCE, CONVENANCE.

La *décence* est, à la lettre, la manière
dont on doit se montrer pour être considéré,
approuvé, honoré. La *bienséance* est la
manière dont on doit être dans la société pour
y être bien, à sa place, comme il faut. La
convenance est la manière dont on doit disposer, arranger, assortir ce qu'on fait, pour
s'accorder avec les personnes, les choses, les
circonstances.

La *décence* regarde l'honnêteté morale ;
elle règle l'extérieur selon les bonnes mœurs.
La *bienséance* concerne l'honnêteté civile ;
elle règle nos actions selon les mœurs et les
usages de la société. La *convenance* pure
s'attache aux choses moralement indifférentes
en elles-mêmes ; elle règle des arrangemens
particuliers selon les bienséances et les conjonctures.

La *décence* est, en général, une et la
même pour tous ; il n'y a pas deux sortes de
pudeur et de modestie. La *bienséance* varie
selon le sexe, l'âge, la condition, l'état des
personnes. La *convenance* s'accommode aux

conjonctures ; car ce qui convient dans un temps , dans une occasion , à telles personnes , ne convient pas toujours , et à tous. Il n'y a qu'une *décence* ; mais il y a la *bienséance* en général , et des *bienséances* différentes. On dit plutôt *les convenances* que la *convenance*.

DÉCENCE ; DIGNITÉ , GRAVITÉ.

Ces trois termes désignent également les égards qui règlent la conduite, et déterminent le maintien ; mais la *décence* renferme les égards que l'on doit au public ; la *dignité*, ceux qu'on doit à sa place ; et la *gravité*, ceux qu'on se doit à soi-même.

DÉCIDER , JUGER.

C'est, en général , l'action de prendre son parti sur une opinion douteuse , ou réputée telle.

On *décide* une contestation , une question ; on *juge* une personne et un ouvrage. Les particuliers et les arbitres *décident* ; les corps et les magistrats *jugent*.

Décider diffère encore de *juger*, en ce que ce dernier désigne simplement l'action de l'esprit qui prend son parti sur une chose, après l'avoir examinée, et qui prend ce parti pour lui seul, souvent même sans le communiquer ; au lieu que *décider* suppose un avis prononcé, souvent même sans examen.

DÉCIME,

DÉCIME, DÉCIMES, DÎMES.

C'est une contribution payable par les possesseurs de biens, et qui était originairement de la dixième partie des fruits.

Décime, au singulier, était la dixième partie des revenus ecclésiastiques, levée extraordinairement.

Décimes, au pluriel, c'était ce que les bénéficiers payaient annuellement à l'État, sur les revenus de leurs bénéfices.

Dîme était la portion de fruits donnée annuellement à l'église par les laïcs, ou aux seigneurs par leurs vassaux.

DÉCISION, RÉSOLUTION.

La *décision* est un acte de l'esprit et suppose l'examen. La *résolution* est un acte de la volonté et suppose la délibération. La première attaque le doute, et fait qu'on se déclare. La seconde attaque l'incertitude, et fait qu'on se détermine.

En fait de science, on dit la *décision* d'une question, et la *résolution* d'une difficulté.

DÉCRETS, CANONS.

Ce sont des décisions des conciles, dans les matières qui sont de leur juridiction.

Les *canons* concernent le dogme et la foi; les *décrets* règlent la discipline ecclésiastique.

Tome I.   H

Découverte, invention.

C'est, en général, tout ce qui se trouve de nouveau dans les arts et dans les sciences.

Découverte suppose quelque chose qui est non-seulement nouveau, mais en même temps curieux, utile, ou difficile à trouver, et qui, par conséquent, a un certain degré d'importance. On appelle seulement *invention* ce que l'on trouve de nouveau, et qui n'a pas l'un de ces caractères d'importance.

L'idée de la *découverte* tient plus de la science ; celle de l'*invention* tient plus de l'art. Une *découverte* étend la sphère de nos connaissances ; une *invention* ajoute aux secours dont nous avons besoin.

Découvrir, trouver.

On *découvre* ce qui est caché ou secret, soit au moral, soit au physique : on *trouve* ce qui ne tombe pas de soi-même sous les sens ou dans l'esprit. Ce que vous *découvrez* n'était pas visible ou apparent ; ce que vous *trouvez* était visible ou apparent, mais hors de votre portée actuelle ou de vos regards. Une chose simplement égarée, vous la *trouvez*, vous ne la *découvrez* pas. On *découvre* des conspirations, des conjurations, des trames secrètes ; on ne les *trouve* point, parce qu'elles ne sont pas apparentes. On *trouve* une personne chez elle, un ami à la promenade , des denrées au marché ; on ne les *découvre* pas , car ils sont à *découvert*.

Découvrir se dit proprement des choses qui existent toutes formées ; *trouver* se dit particulièrement des choses dont il n'existe , à proprement parler , que des élémens ou des matériaux à combiner. Il faut de la subtilité , de la pénétration , de la profondeur , pour *découvrir* ; il faut de l'invention , de l'imagination , de l'industrie pour *trouver*. On a *découvert* la circulation du sang , la pesanteur de l'air , la gravitation universelle ; toutes ces choses existaient , mais cachées , et la découverte n'a fait que les mettre au grand jour. On a *trouvé* le moyen de ressusciter les asphyxiés , le secret de s'emparer de la foudre , l'art de peindre la parole : toutes ces choses n'existaient pas dans la nature.

DÉCLARER , DÉCOUVRIR , MANIFESTER , RÉVÉLER , DÉCELER.

C'est , en général , faire connaître ce qui était ignoré.

Déclarer , dire les choses exprès , de dessein , clairement , et avec une volonté décidée , pour en instruire ceux à qui on ne veut pas qu'elles demeurent inconnues. Des criminels *déclarent* leurs complices.

Découvrir , montrer , soit de dessein , soit par inadvertance , ce qui avait été caché jusqu'alors. On *découvre* une intrigue , une conspiration , un complot.

Manifester, produire au dehors, découvrir, déclarer des sentimens intérieurs. On *manifeste* sa pensée, son opinion, son plaisir, sa douleur.

Révéler, faire connaître à une ou à plusieurs personnes ce qui a été confié sous le secret.

Déceler, faire connaître celui qui a fait la chose, mais qui ne veut pas en être cru l'auteur. Les coupables se *décèlent* souvent eux-mêmes, et malgré eux.

Découvrir, déceler, dévoiler, révéler, déclarer, manifester, divulguer, publier.

Apprendre à autrui, de différentes manières, différentes choses qui ne sont pas connues.

Ce qui était caché aux autres, on le *découvre*, on le leur communique. Ce qui était dissimulé, on le *décèle* en le rapportant, en le faisant remarquer. Ce qui n'était pas apparent et nu, on le *dévoile*, en levant ou écartant les obstacles. Ce qui était secret, on le *révèle*, en le dénonçant. Ce qui était inconnu ou incertain, on le *déclare*, en l'exposant et en l'appuyant d'une manière positive. Ce qui était ignoré ou obscur, on le *manifeste*, en le développant, en l'exprimant ouvertement. Ce qui n'était pas su, du moins de la multitude, on le *divulgue*, en le répandant de côté et d'autre. Ce qui n'était pas public ou notoire, on le *publie*, en lui donnant de l'éclat, de l'authenticité.

DÉCRET, LOI.

La *loi* est l'expression de la volonté souveraine; c'est sur ses bases que repose le bonheur public. Le *décret* n'est qu'un acte particulier, qui peut, en certains cas, déroger à la loi générale.

DÉCRIER, DÉCRÉDITER.

Tous les deux blessent la considération dont jouissait l'objet *décrié*, *décrédité*.

Le premier va directement à l'honneur; on *décrie* un homme en disant qu'il est sans foi, sans probité, sans parole. Le second va directement au *crédit :* on *décrédite* un homme en disant qu'il est ruiné, qu'il est mal dans ses affaires.

se DÉDIRE, se RÉTRACTER.

Se dédire, revenir sur ce qu'on a dit, sur le jugement qu'on avait porté. *Se rétracter*, détruire ce qu'on a avancé. On *se dédit* de sa parole, de sa promesse, d'un parti qu'on avait pris. On *se rétracte*, quand on veut détruire des choses fausses qu'on avait avancées : on *rétracte* une opinion, un serment.

DÉFAITE, DÉROUTE.

C'est la perte d'une bataille, avec cette différence que *déroute* ajoute à *défaite* : c'est une *défaite* complète.

DÉFAVEUR, DISGRACE.

La *défaveur* est le prélude de la *disgrâce*. La *disgrâce* a quelque chose de plus durable et de plus éclatant : elle s'annonce ordinairement par l'exil, la confiscation des biens, etc. La *défaveur* a quelque chose de plus particulier ; elle se lit chaque matin sur le visage du maître, dans ses gestes, dans le son de sa voix.

DÉFENDRE, SOUTENIR, PROTÉGER.

C'est, en général, mettre quelqu'un ou quelque chose à couvert du mal qu'on lui fait, ou qui peut lui arriver.

On *défend* ce qui est attaqué ; on *soutient* ce qui peut l'être ; on *protége* ce qui a besoin d'être encouragé. On *défend* une cause, on *soutient* une entreprise, on *protége* les sciences et les arts.

Protéger suppose de la puissance, et ne demande point d'action : *défendre* et *soutenir* en demandent ; mais le premier suppose une action plus marquée.

Défendu, prohibé.

Ils se disent d'une chose qu'il n'est pas permis de faire. Ils diffèrent en ce que *prohibé* ne se dit guère que des choses qui sont *défendues* par une loi humaine et de police. Le meurtre est *défendu;* la contrebande est *prohibée.*

Défense, prohibition, inhibition.

La *défense* empêche de faire ce qui nuit ou offense; la *prohibition* empêche ce qu'on pourrait faire; l'*inhibition* empêche ce qui se fait irrégulièrement. On *défend* ce qui ne doit pas se faire, ce qui est mauvais. On *prohibe* ce qu'on pourrait laisser faire, ce qui était légitime. On *inhibe* ce qui ne peut pas se faire, ce qui n'est plus libre.

Défense est le terme générique; il embrasse toutes sortes d'objets, et appartient à tous les genres de style. *Prohibition* est du style réglementaire; il s'applique aux objets d'administration, de police, de discipline. *Inhibition* s'emploie dans le ressort de la justice; on le joint à *défense,* pour marquer qu'on empêche ce qui est déja *défendu.*

Dégoûtant, fastidieux.

On qualifie ainsi tout ce qui cause une sorte de répugnance.

Dégoûtant va plus au corps qu'à l'esprit; *fastidieux,* au contraire, va plus à l'esprit qu'au corps. Ce qui est *dégoûtant* cause de l'aversion ; ce qui est *fastidieux* cause de l'en-nui. L'extrême laideur, la malpropreté, des cicatrices, la lèpre, l'ordure, etc. *dégoûtent*. Un homme est *fastidieux*, qui veut faire le plaisant mal à propos, qui rit le premier, parle trop, dit des choses frivoles, s'applaudit de ses sottises, fatigue, en un mot, par ses manières ou par ses actions.

DEGRÉ, MARCHE.

Degré est plus propre à indiquer la hauteur des divisions dans l'escalier, et *marche* à marquer le giron de chacune de ces divisions. On monte les *degrés*, on se tient sur les *marches*.

Les *degrés* sont égaux ou inégaux, selon que les hauteurs en sont égales ou inégales. Les *marches* sont égales ou inégales, selon que les girons sont également ou inégalement étendus.

DÉGUISER, MASQUER, TRAVESTIR.

Travestir annonce rigoureusement et uniquement un changement dans les habits, ou un vêtement contraire au costume ; tandis que *déguiser* souffre toute sorte de changemens, ou toute forme contraire aux formes naturelles ou habituelles.

Déguiser, c'est substituer aux apparences ordinaires et vraies des apparences trompeuses, de manière que l'objet ne soit pas, du-moins facilement, reconnu. *Travestir*, c'est substituer au vêtement propre un vêtement étranger, de manière que l'objet ne soit pas reconnu pour ce qu'il est. *Se masquer*, c'est se couvrir d'un faux visage. L'espion *se déguise*; le comédien *se travestit*. On *se masque* pour aller au bal; on y va *masqué*; on y va également *déguisé*, c'est-à-dire, avec des habits différens de ceux qu'on porte habituellement.

Dans le *déguisement*, on veut paraître une autre personne; dans le *travestissement*, on veut paraître un autre personnage.

Au figuré, *déguiser* s'applique à tout ce qui cache, altère la vérité, la réalité : on *déguise* ses pensées, ses vues, ses démarches. *Travestir* ne s'applique convenablement qu'à ce qui peut être représenté sous l'image du vêtement, comme à l'expression, qui est le vêtement de la pensée, à l'emblème ou à l'allégorie, qui est une draperie jetée sur la chose. On dit un ouvrage *travesti*, comme Virgile, la Henriade, Télémaque.

DÉLIBÉRER, OPINER, VOTER.

Ces termes sont tous relatifs aux décisions des compagnies autorisées pour connaître de certaines affaires, comme les tribunaux et cours de justice, les académies, etc.

Délibérer, c'est exposer la question, et

H 5

discuter les raisons pour et contre ; *opiner*, c'est dire son avis et le motiver ; *voter*, c'est donner son suffrage, quand il ne reste plus qu'à recueillir les voix. On écoute la *délibé-ration*, on pèse les *opinions*, on compte les *voix*.

DÉLICAT, DÉLIÉ.

Une idée de finesse et d'habileté semble constituer le fond commun de ces deux termes, qui ont d'ailleurs leurs différences caractéristiques.

La sensibilité de l'âme produit le *délicat* ; la finesse de l'esprit, la souplesse, l'artifice, amènent le *délié*. Répandez sur un discours *délié* la nuance du sentiment, et vous le rendez *délicat* ; supposez à celui qui tient un discours *délicat* quelque vue intéressée et secrète, et vous en ferez un homme *délié*.

Le mot *délicat* ne peut se prendre qu'en bonne part ; celui de *délié* se prend en bonne ou en mauvaise part, selon les circonstances.

DÉLICIEUX, DÉLECTABLE.

Le *délice* est la cause du plaisir, ou le plaisir, autant qu'il affecte l'âme de la manière la plus agréable, ou plutôt d'une manière voluptueuse. La *délectation* est le plaisir, autant qu'il est senti, ou l'émotion voluptueuse causée dans l'âme par cette affection. L'objet *délicieux* portera dans l'âme le *délice*, ou un principe de *délectation*. L'objet *délectable* excitera dans l'ame la *délectation* ou le mouvement du plaisir.

Ces mots sont proprement faits pour être rapportés à l'organe du goût. Un mets *délicieux* est *délectable.*

Ce qui est *délicieux* a des attraits, des appas, un charme, avec un caractère particulier de *suavité*, de finesse, de délicatesse. Ce qui est *délectable* excite le goût, attache à la jouissance, prolonge le plaisir avec une sorte de sensualité et de tressaillement. On voit par là que l'un exprime un plaisir plus fin, ou moins grossier que ne le fait l'autre.

DÉLIRE, ÉGAREMENT.

Le *délire* est un dérangement momentané de l'esprit, occasioné par le mouvement de la fièvre. L'*égarement* est le résultat du *délire* ou de tout autre dérangement d'esprit. On est dans le *délire*, dans l'*égarement*; on a de l'*égarement* dans les yeux.

Au figuré, on appelle *délire* le trouble violent que causent les passions parvenues à leur plus haut degré d'exaltation : le *délire* de la colère, de l'ambition.

Le *délire* suppose toujours une action vive, ou du moins une agitation violente; l'*égarement* peut se manifester par la stupeur. On peut être *égaré* par la crainte qui glace, tandis que le *délire* n'est jamais causé que par des passions qui transportent.

H 6

Égaremens, au pluriel, signifie erreurs de conduite causées par des passions ou des faiblesses.

DEMANDE, QUESTION.

Proposition par laquelle ou interroge.

Question se dit sur - tout en matière de science : une *question* de physique, de droit, de grammaire. *Demande*, dans le sens d'interrogation, est du discours ordinaire. *Demande* ridicule, injuste. On dit d'un livre qu'il est par *demandes* et par *réponses*.

DE MÊME QUE, AINSI QUE, COMME.

De même que marque proprement une comparaison qui tombe sur la manière dont est la chose. Penser et se conduire *de même qu'un* autre.

Ainsi que marque particulièrement une comparaison qui tombe sur la réalité de la chose. Je sens, je juge, je raisonne, *ainsi qu'un* autre homme ; mais non pas *de même*.

Comme marque mieux une comparaison qui tombe sur la qualité de la chose. Les hommes ne sentent et pensent pas tous les uns *comme* les autres. Hardi *comme* un lion ; sage *comme* Caton ; doux *comme* du miel.

DEMEURER, LOGER.

Synonymes dans le sens où ils signifient la résidence.

Demeurer se dit par rapport au lieu où

l'on habite ; et *loger*, par rapport à l'édifice où l'on se retire. On *demeure* à Paris, à la ville, à la campagne; on *loge* dans un hôtel, chez soi.

DEMEURER, RESTER.

C'est ne pas s'en aller.

Demeurer ne présente que la simple idée générale de ne pas quitter le lieu où l'on est ; *rester* a de plus une idée accessoire de laisser aller les autres ; et il paraît qu'il convient mieux dans les occasions où il y a une nécessité indispensable de ne pas bouger de l'endroit. Une sentinelle *reste* à son poste. Un gourmand *demeure* long-temps à table.

au DEMEURANT, au SURPLUS, au RESTE, du RESTE.

Ces différentes expressions servent de transitions pour passer, d'une manière marquée, à quelque trait remarquable qui forme ou amène la conclusion ou la fin du discours.

Au demeurant a une idée de demeure, d'arrêt, de stabilité : elle désigne ce que l'objet est en soi, dans le fond, à demeure, en somme, d'après, avec, ou malgré ce qu'on en a dit. C'est, *au demeurant*, un très-honnête homme.

Au surplus suppose une série, une gradation, une cumulation de choses au-dessus desquelles on en ajoute quelque autre, en outre, par réflexion, par complément, par surcroît. Ainsi, après avoir rapporté les nouvelles qui se débitent, et les raisons qu'il peut y avoir d'y croire, vous ajoutez : *au surplus*, je ne les garantis pas.

Au reste désigne, d'une manière vague ou sans idée accessoire, ce qui *reste* à dire, un point, une observation qu'il importe d'ajouter ou de rappeler. *Au reste*, je vous promets d'être rendu à l'heure.

Du reste a fondamentalement la même signification *qu'au reste ;* mais il annonce une chose qui n'est pas du même genre que ce qui précède, qui n'y a pas une relation essentielle. *Du reste*, tout ce que vous me dites là prouve la bonté de votre caractère et la justesse de votre esprit.

DÉMOLIR, RASER, DÉMANTELER, DÉTRUIRE.

C'est abattre un édifice.

On *démolit* par économie, pour tirer parti des matériaux, ou pour réédifier. On *rase* par punition, afin de laisser subsister un monument de la vindicte publique. On *démantèle* par précaution, pour mettre une place hors de défense. On *détruit* dans toutes sortes de vues, et par toutes sortes de moyens, pour ne pas laisser subsister.

DÉMONSTRATIONS D'AMITIÉ, TÉMOIGNAGES D'AMITIÉ.

La *démonstration* extérieure prouve moins que le *témoignage*. On appelle *témoignages d'amitié* les actes qui paraissent la supposer plus nécessairement, en laissant le nom de *démonstrations* à ceux qui peuvent l'indiquer faussement.

Dénouement, catastrophe.

Ces mots sont ici considérés dans leur rapport commun avec la conclusion d'une action dramatique.

Le *dénouement* défait le nœud, comme le mot le porte; la *catastrophe* fait la révolution.

Le *dénouement* est la dernière partie de la pièce; la *catastrophe* est le dernier évènement de la fable. L'un démêle l'intrigue; l'autre termine l'action.

L'art est dans le *dénouement*; l'effet dans la *catastrophe*.

Dense, épais.

Le resserrement ou le rapprochement des parties forme la *densité*, l'*épaisseur*.

Dense est un terme de physique, et ne s'emploie que dans le sens physique.

Épais est de tous les styles, même au figuré.

Vous considérez proprement dans le corps *épais* la profondeur ou l'espace d'une surface à l'autre du corps compacte: une planche *épaisse* d'un pouce. Vous considérez dans un corps *dense* la gravité ou la pesanteur de la masse comparée avec le volume.

L'or est plus *dense* que l'argent ; le chêne que le sapin.

Il y a quelquefois des intervalles très-distincts et très-sensibles entre les parties d'un tout que nous appelons *épais*, comme, par exemple, entre celles d'une forêt. Dans le corps *dense* il y a peu de pores ; ou du moins les pores sont plus petits que dans d'autres corps.

DÉNUÉ, DÉPOURVU.

L'homme *dénué* est comme *nu* ; l'homme *dépourvu* est non pourvu, mal *pourvu*, manquant de provisions. Le premier est dans une privation entière et absolue ; le second, dans une disette plus ou moins grande.

Dénué s'applique fort à propos à ce qui est propre, naturel, ordinaire à l'objet. *Dépourvu* se rapporte particulièrement à tout ce dont on a besoin ou coutume d'être pourvu, de se prémunir. Un poème est *dénué* de coloris ; un discours est *dénué* de chaleur. Un peuple est *dépourvu* de lois ; une place est *dépourvue* de munitions.

DE PLUS, D'AILLEURS, OUTRE CELA.

De plus ajoute encore une raison à celles qu'on a déjà dites. *D'ailleurs* joint une autre raison de différente espèce à celles qu'on vient de rapporter. *Outre cela* augmente, par une nouvelle raison, la force de celles qui suffisaient par elles seules ; il sert principalement à renchérir.

se DÉPOUILLER D'UNE CHOSE, DÉPOUILLER UNE CHOSE.

C'est la quitter, la laisser, s'en dessaisir.

L'action de *se dépouiller d'une chose* porte directement sur le sujet qui *se dépouille*; vous le voyez *se dépouiller*, vous assistez en quelque sorte à son *dépouillement*. L'action de *dépouiller la chose* porte directement contre l'objet dont on veut être *dépouillé*; vous voyez tomber la *dépouille*.

Pour qu'un sot constitué en dignité *se dépouillât* de sa morgue, il faudrait qu'il *dépouillât* sa sottise.

DÉPRAVATION, CORRUPTION.

Changement de bien en mal.

Dépravation marque physiquement une forte altération des formes, des caractères sensibles, des proportions naturelles ou régulières de la chose. *Corruption* marque une grande altération des principes, des élémens, des parties, de la substance de la chose.

Le sens moral de ces mots suit de leur sens physique.

Par la *dépravation*, vous marquez formellement l'opposition directe de la chose avec la règle, l'ordre, le modèle donné : c'est l'effet d'un vice qui dérange, détourne, pervertit, détruit les rapports nécessaires des choses. Par la *corruption*, vous désignez la viciation, la détérioration de la chose; c'est l'effet d'un vice qui souille, gâte, infecte, dissout les principes vivifians de la chose.

Ce qui se *déprave* perd sa manière propre d'être et d'agir. Ce qui se *corrompt* perd sa vertu et sa substance. Il faut redresser ce qui est *dépravé*; il faut purifier ce qui est *corrompu*. Ainsi, vous direz plutôt *dépravation d'esprit* et *corruption de cœur*, parce que nous disons plutôt un esprit droit, bien fait; et un cœur pur, innocent.

Déapriser, déprimer, dégrader.

On *déprise* une chose par un jugement défavorable, une offre désavantageuse, une estimation au rabais, qui lui ôte beaucoup de son prix réel ou d'opinion.

On *déprime* une chose par un jugement contraire à celui que les autres en portent, par des censures ou des satires, avec un dessein formé, une intention marquée de lui faire perdre la considération, le crédit dont elle jouit.

On *dégrade* une chose par un jugement flétrissant, avec une force, une puissance, une autorité qui la dépossède du rang qu'elle occupait, la dépouille des titres, qualités ou distinctions qui la faisaient honorer.

Le bon homme qui ne se connaît pas, se *déprise*. L'homme simple qui se voit exalté, se *déprime*. L'homme bas et vil qui n'a pas les sentimens, les mœurs, l'esprit de sa dignité, se *dégrade*.

Dérober, voler.

Dérober signifie une action furtive par laquelle on enlève secrètement ce qui appartient à un autre.

Voler exprime seulement l'action de s'emparer, furtivement ou nom, de la propriété d'autrui.

L'idée de violence n'entre jamais dans le mot *dérober* : dès qu'il y a eu effraction, combat, etc., on se sert du mot *voler*.

Dérober se dit des petites choses : *voler* s'applique presque toujours à des objets plus importans.

Dérogation, abrogation.

Deux actions législatives également opposées à l'autorité d'une loi.

La *dérogation* laisse subsister la loi antérieure ; l'*abrogation* l'annulle absolument.

Il n'y a que le législateur qui puisse *déroger* aux loix anciennes, ou les *abroger*.

Désapprouver, improuver, réprouver.

Ces mots présentent des idées contraires à celle d'approuver, mais par une opposition graduellement plus forte.

Désapprouver, n'être pas pour, juger autrement, diversement. *Improuver*, être contre, s'opposer, blâmer. *Réprouver*, s'élever contre, rejeter hautement, proscrire.

On *désapprouve* ce qui ne paraît pas bon

bien, convenable. On *improuve* ce qu'on trouve mauvais, répréhensible, vicieux. On *réprouve* ce qu'on trouve odieux, détestable, intolérable.

On *désapprouve* par un simple jugement, une voix, un avis. On *improuve* par des discours, des raisonnemens, des attaques. On *réprouve* par le décri, les condamnations, les proscriptions.

DÉSERT, INHABITÉ, SOLITAIRE.

Il ne s'agit ici que des lieux.

Le lieu *désert* est délaissé, abandonné, négligé ; il est vide et inculte.

Le lieu *inhabité* n'est pas occupé ; il est sans habitans, même sans habitations.

Le lieu *solitaire* n'est pas fréquenté ; il est tranquille ; on y est seul.

Il manque au lieu *désert* une culture et une population répandues. Il manque au lieu *inhabité* des établissemens et des hommes fixes. Il manque dans un lieu *solitaire* du monde, de la compagnie.

DÉSERTEUR, TRANSFUGE.

Soldats qui abandonnent sans congé le service auquel ils sont engagés.

Le *déserteur*, simplement infidèle, quitte son régiment. Le *transfuge* est un traître qui *déserte* pour passer au service de l'ennemi.

DÉSHONNÊTE, MALHONNÊTE.

Déshonnête est contre la pureté ; *malhonnête* est contre la civilité, et quelquefois contre la bonne-foi, contre la droiture. *Déshonnête* ne se dit que des choses, des pensées, des paroles qui blessent la chasteté et la pureté. *Malhonnête* se dit des actions, des manières, des procédés qui choquent les bienséances du monde, l'usage des honnêtes gens, la probité naturelle. Il se dit aussi des personnes dans lesquelles on remarque ces sortes d'actions, de manières et de procédés.

Déshonnête et *malhonnête* sont opposés à *honnête* ; *déshonnêteté* et *malhonnêteté* le sont à *honnêteté*.

DÉSOCCUPÉ, DÉSŒUVRÉ.

L'homme *désoccupé* n'a point d'occupation. L'homme *désœuvré* ne fait œuvre quelconque. On est *désoccupé* quand on n'a rien à faire, rien de ce qui *occupe*. On est *désœuvré* lorsqu'on ne fait absolument rien, même rien qui amuse.

On peut être *désoccupé* quoiqu'on aime beaucoup l'occupation, le travail.

Quand on est *désœuvré*, c'est qu'on ne veut rien faire.

DESSEIN, PROJET, ENTREPRISE.

Dessein et *projet* ne supposent point d'action : *entreprise* suppose un commencement d'action.

Le *projet* est moins réfléchi que le *dessein* : celui-ci suppose la connaissance d'un but et l'étude des moyens, un plan, en un mot; l'autre ne suppose qu'une conception de l'esprit beaucoup plus vague.

On commence par faire un *projet*; on y réfléchit davantage, il devient *dessein*. Le *dessein* une fois conçu, on fait de nouveaux projets pour l'*entreprise*.

César *projeta* l'*entreprise* la plus audacieuse, celle d'assujétir Rome : tout autre que lui, faute de savoir combiner un pareil *dessein*, eût renoncé à son *projet*.

DESTIN, DESTINÉE.

La *destinée* annonce particulièrement la chaîne, la succession, la série des évènemens qui remplissent le *destin*.

Le *destin* règle, dispose, ordonne d'une manière immuable; il veut, et ce qu'il veut est notre *destinée*. L'un désigne plutôt la cause, et l'autre l'effet.

Le *destin* est contraire ou propice; la *destinée*, heureuse ou malheureuse.

Destin emporte une idée de fatalité, de nécessité, de prédestination absolue, de force invincible. *Destinée* rappelle l'idée d'une vocation, d'une destination particulière, d'une sorte de prédestination par laquelle nous sommes appelés à tel genre de vie ou de sort. Le *destin* de l'homme est de mourir; la *destinée* de tel homme est le malheur.

DESTIN, SORT.

Le *sort* est aveugle et tient du hasard : le *destin* semble posséder quelques idées de science et de prévoyance.

Le *destin* a un caractère bien plus imposant que le *sort*. On résiste au *sort*; on peut lui échapper : mais on se soumet au *destin*; on ne lui échappe pas. On dit les coups du *sort*, les arrêts du *destin*.

Destin convient mieux aux grands objets, et serait improprement appliqué aux petits. Ainsi, on dit le *sort* d'une société, le *destin* d'un empire.

Tous les hommes n'ont pas le droit de dire *mon destin*; il faut pour cela jeter quelque éclat ou occuper un certain espace : mais tout le monde peut dire, *ma destinée*, *mon sort*; car il n'y a personne qui n'ait sa *destinée*, puisqu'elle est la marche que le *destin* a tracée à chacun des êtres.

DÉTAIL, DÉTAILS.

Le pluriel de ce mot a un sens différent du singulier. Le *détail* d'une chose est l'exposition *détaillée* de cette chose : c'est l'action de considérer, de prendre, de mettre la chose en petites parties ou dans les moindres divisions. Les *détails* sont ces petites divisions telles qu'elles sont dans l'objet même.

Vous faites le *détail* d'une histoire, d'une affaire, d'une aventure, en rapportant, en parcourant, en présentant les *détails* de la chose jusque dans ses plus petites particularités. Le *détail* est votre ouvrage; c'est votre récit *détaillé*. Les *détails* sont de la chose : ce sont les petits objets ou les objets particuliers qu'on peut *détailler*, ou considérer, employer en *détail*.

DÉTROIT, DÉFILÉ, GORGE, COL, PAS.

Ce sont des passages étroits.

Détroit ne signifie que cela : le *détroit* est, en général, un lieu serré, étroit, où l'on passe difficilement, soit une mer ou une rivière resserrée entre deux terres, soit une langue de terre entre deux eaux, ou un passage serré entre deux montagnes.

Le *défilé* est un lieu où l'on ne peut passer qu'à la *file*, à la suite les uns des autres; un passage qui, comme le fil, a de la longueur sans largeur. C'est un terme de guerre.

Gorge désigne, par analogie, toute capacité qui ressemble à la *gorge* de l'homme, et qui conduit à un passage ou canal tel que celui des alimens. Ainsi, l'on a dit la *gorge* pour l'entrée d'un passage dans les montagnes ou même entre deux collines.

Le *col*, en géographie, est un passage long et étroit qui, comme le cou de l'homme, s'élargit dessus et dessous, à l'entrée et à la sortie, ou qui aboutit de chaque côté à des capacités plus grandes. On passe de France en Italie par le *col* d'Argentières.

Pas

Pas est la marche, la démarche, l'enjambée ; et c'est ainsi un lieu où l'on passe, et un *passage* étroit, difficile à passer ou à garder, soit sur mer, soit sur terre : il n'est pas long ; ce n'est, pour ainsi dire, qu'un *pas*, mais un mauvais *pas*. Le *pas de Calais*, le *pas de Suze*.

DEVANCER, PRÉCÉDER.

Devancer, aller avant, devant, en avant. *Précéder*, s'en aller, passer en avant, au-dessus, premièrement.

A l'égard de ceux qui vont au même but, *devancer* désigne une différence d'activité et de progrès ; et *précéder*, une différence de place et d'ordre.

Vous *devancez* en prenant ou gagnant les *devants*, pour gagner de vîtesse : vous *précédez*, en prenant ou ayant le pas, de manière à être à la tête.

Pour *devancer*, on va plutôt ou plus vîte ; pour *précéder*, on marche le premier, pour ouvrir la marche, pour frayer la route, ou par hasard.

On dit figurément *devancer*, pour surpasser en mérite, en fortune, en talent. Le disciple *devance* le maître et ne le *précède* pas.

On *devance* à la course, au concours. On *précède* dans une marche, dans une assemblée.

La nuit a *précédé* le jour. L'aurore *devance* le soleil.

Tome I. I

DEVIN, PROPHÈTE.

Le *devin* découvre ce qui est caché. Le *prophète* prédit ce qui doit arriver.

La *devination* regarde le présent et le passé. La *prophétie* a pour objet l'avenir.

DEVOIR, OBLIGATION.

Le *devoir* est ce à quoi nous obligent la conscience, la loi, la coutume, la bienséance.

Par-tout où il y a *devoir*, il y a *obligation ;* mais celle-ci dérive plus particulièrement des lois civiles ou politiques, d'une autorité qui nous lie.

Il n'y a point d'*obligation* si la chose ne peut être exécutée.

L'*obligation* nous tient, nous assujétit, nous lie ; c'est une chaîne, qu'on ne peut briser. Le *devoir* ordonne, prescrit, veut, commande : c'est une force à laquelle on ne peut résister.

Le *devoir* est essentiellement relatif à ce qui est bon, beau, bien : l'*obligation* regarde plutôt ce qui est juste, convenable, nécessaire selon l'ordre de la société.

Nos *devoirs* sont presque tous des plaisirs : on est heureux en les accomplissant, ou heureux de les avoir accomplis. Les *obligations*, souvent opposées à notre intérêt, à nos penchans, à nos habitudes, deviennent alors des sacrifices plus ou moins pénibles faits au maintien de l'orde social.

DÉVOT, DÉVOTIEUX.

Le *dévot* n'a qu'une simple *dévotion*; le *dévotieux* à une *dévotion* douce, tendre, affectueuse.

Dévotieux, pris en mauvaise part, ainsi que *dévot* se prend quelquefois, désigne l'attention la plus minutieuse à de petites pratiques, et la recherche la plus affectée dans les manières.

DEXTÉRITÉ, ADRESSE, HABILETÉ.

La *dextérité* a plus de rapport à la manière d'exécuter les choses; l'*adresse* en a davantage aux moyens de l'exécution; et l'*habileté* regarde plus le discernement des choses mêmes. La première met en usage ce que la seconde dicte, suivant le plan de la troisième.

La *dextérité* donne un air aisé, et répand des grâces dans l'action. L'*adresse* fait opérer avec art et d'un air fin. L'*habileté* fait travailler d'un air entendu et savant.

DIABLE, DÉMON.

Diable se prend toujours en mauvaise part: c'est un esprit malfaisant qu'on suppose exister, et qui porte au vice, tente avec adresse, et corrompt la vertu.

Démon se dit quelquefois en bonne part: c'est un fort génie qui entraîne hors des bornes de la modération, pousse avec violence, et altère la liberté.

Le premier enferme dans son idée quelque chose de laid et d'horrible que n'a pas le second.

La malice est l'apanage du *diable*; la fureur est celui du *démon*. Voilà pourquoi on dit de quelqu'un qu'il est possédé du *démon* de la jalousie, de l'ambition, de la vengeance.

DIAPHANE, TRANSPARENT.

Le corps *diaphane* est celui à travers lequel la lumière brille; et le corps *transparent*, celui à travers lequel les objets paraissent. La *diaphanéité* annonce donc simplement qu'on voit le jour à travers, mais sans exclure la visibilité des autres objets, puisque la lumière les éclaire : la *transparence* annonce la visibilité des objets, mais sans exiger absolument que toutes sortes d'objets paraissent à travers.

L'eau, de sa nature, est *diaphane*; et si le ruisseau clair et limpide laisse voir le sable et le gravier sur lequel il roule, il sera *transparent*.

Des voiles, des treillages, des haies, des tissus, sont *transparens* et non *diaphanes*.

Diaphane est surtout de la physique : *transparent* est du langage ordinaire.

DICTIONNAIRE, VOCABULAIRE, GLOSSAIRE.

Ouvrage où un grand nombre de mots sont rangés suivant un certain ordre, pour les retrouver plus facilement lorsqu'on en a besoin.

Le *dictionnaire* peut n'être pas un simple catalogue de mots : il y a des *dictionnaires* de langues, et des *dictionnaires* historiques, des *dictionnaires* de sciences, d'arts.

Le *vocabulaire* est un pur recueil de mots, distribués ou non par ordre alphabétique, avec une explication très-courte, presque toujours en un seul mot, et non raisonnée.

Le *glossaire* est aussi un pur recueil de mots, mais de mots peu connus, barbares ou surannés.

DIFFAMATOIRE, DIFFAMANT, INFAMANT.

Diffamatoire marque la nature des discours ou des écrits qui attaquent la réputation d'autrui.

Les deux autres marquent l'effet des actions qui nuisent à la réputation de ceux qui en sont les auteurs ; avec cette différence, que ce qui est *diffamant* est un obstacle à la gloire, fait perdre l'estime et attire le mépris des honnêtes gens ; que ce qui est *infamant*, est une tache honteuse dans la vie, fait perdre l'honneur, et attire l'aversion de gens de probité. Les bassesses de cœur sont *diffamantes* ; les châtimens ordonnés par la justice sont *infamans*.

DIFFÉRENCE, DIVERSITÉ, VARIÉTÉ, BIGARRURE.

La *différence* suppose une comparaison que l'esprit fait des choses, pour en avoir des idées précises qui empêchent la confusion.

I 5

La *diversité* suppose un changement que le goût cherche dans les choses, pour trouver une nouveauté qui le flatte et le réveille.

La *variété* suppose une pluralité de choses non ressemblantes que l'imagination saisit, pour se faire des images riantes qui dissipent l'ennui d'une trop grande uniformité.

La *bigarrure* suppose un assemblage mal assorti, que le caprice forme pour se réjouir, ou que le mauvais goût adopte.

On dit la *différence* des mots, la *diversité* des mets, la *variété* des fleurs, la *bigarrure* des couleurs.

DIFFÉRENCE, INÉGALITÉ, DISPARITÉ.

Le mot *différence* s'étend à tout ce qui distingue les objets que nous comparons : c'est un genre dont l'*inégalité* et la *disparité* sont des espèces.

L'*inégalité* semble marquer la *différence* en quantité; et la *disparité*, la *différence* en qualité.

DIFFICULTÉ, OBSTACLE, EMPÊCHEMENT.

Difficulté paraît exprimer quelque chose qui naît de la nature et des propres circonstances de ce dont il s'agit.

Obstacle semble dire quelque chose qui vient d'une cause étrangère.

Empêchement fait entendre quelque chose qui dépend d'une loi, ou d'une force supérieure.

La *difficulté* embarrasse; elle suspend la décision des affaires. L'*obstacle* arrête; il barre nos démarches. L'*empéchement* résiste; il semble mis exprès pour s'opposer à l'exécution de nos volontés.

DIFFORMITÉ, LAIDEUR.

Une opposition à l'idée de beauté fonde la synonymie de ces deux mots, appliqués à la figure humaine.

La *difformité* est un défaut remarquable dans les proportions; et la *laideur* un défaut dans les couleurs, ou dans la superficie du visage.

Dans le sens moral, on dit l'un et l'autre, mais avec quelque égard aux différences du sens physique. La *difformité*, la *laideur* du vice.

DIFFUS, PROLIXE.

Ce sont, dans le style, des défauts contraires à la brièveté.

L'idée propre de *diffus* est de s'étendre en superficie; et celle de *prolixe*, de se traîner pesamment en longueur.

Les écarts rendent le style *diffus*; les longueurs le rendent *prolixe*. L'écrivain *diffus* en dit beaucoup plus qu'il ne faudrait, par des accessoires superflus : l'écrivain *prolixe* dit fort longuement, comme par de vaines circonlocutions, ce qu'il aurait fallu dire en bref.

I 4

Le contraire de *diffus* est *concis*; celui de *prolixe*, selon MM. Marmontel et Roubaud, est *pressé*. L'idée propre de *presser* est de rapprocher, de joindre, de mettre *près à près* les choses, de manière qu'elles occupent peu d'espace.

DILIGENT, EXPÉDITIF, PROMPT.

L'homme *diligent* ne perd point de temps, et est assidu à son ouvrage. L'homme *expéditif* ne remet pas à un autre temps l'ouvrage qui se présente; il le finit tout de suite. L'homme *prompt* travaille avec activité, et avance l'ouvrage. La paresse, les délais et la lenteur sont les trois défauts opposés à ces trois qualités.

DIRE UN MENSONGE, FAIRE UN MENSONGE.

Dire un mensonge, c'est avancer, débiter comme vraie une chose qu'on sait être fausse, dans l'intention de tromper.

Faire un mensonge, c'est fabriquer, combiner, composer un conte faux qu'on donne pour vrai, dans le dessein d'abuser.

Celui qui *dit des mensonges* ne ment pas, s'il ne les a pas inventés, s'il ne fait que les conter. Celui qui *fait des mensonges* est vraiment un menteur.

DISCERNEMENT, JUGEMENT.

Le *discernement* regarde non-seulement la chose, mais encore les apparences, pour ne la pas confondre avec d'autres : c'est une connaissance qui distingue.

Le *jugement* regarde la chose considérée en elle-même pour en pénétrer le vrai : c'est une connaissance qui prononce.

Le premier n'a pour objet que ce qu'il y a à savoir, et se borne aux choses présentes. Le second s'attache encore à ce qu'il y a à faire, et pousse ses lumières jusque dans l'avenir. Le *discernement* est éclairé ; il rend les idées justes, et empêche qu'on ne se trompe en donnant dans le faux ou dans le mauvais. Le *jugement* est sage ; il rend la conduite prudente, et empêche qu'on ne s'égare en donnant dans le travers ou dans le ridicule.

Qui n'a point de *discernement* est une bête. Qui manque tout-à-fait de *jugement* est un étourdi, un fou.

Discord, discorde.

Discord a vieilli. Marmontel le regrette avec raison dans son discours sur l'*autorité de l'usage.*

Le *discord* diffère de la *discorde* comme l'*accord* de la *concorde*. Le *discord* rompt l'accord ou l'harmonie des cœurs, des volontés, des sentimens. La *discorde* détruit la concorde ou le concert et l'accord parfait et soutenu de tous les cœurs, de toutes les volontés, de tous les sentimens.

Des *discords* s'élèvent quelquefois entre les personnes qui s'aiment le plus ; mais si ces personnes sont bien nées, leur division passagère ne va pas jusqu'à la *discorde*.

DISCOURS, HARANGUE, ORAISON.

La *harangue* est un *discours* élevé, public, pompeux, solennel, un *discours* d'apparat. On *harangue* les princes, les grands, les troupes ; le peuple, une grande assemblée.

Le *discours*, comme synonyme de *harangue* et d'*oraison*, ne peut être que le *discours* oratoire, le *discours* d'éloquence, distingué par les qualités ou les conditions propres à l'apparat. *Discours* marque proprement le genre de composition : il y a plusieurs sortes de *discours*, le *discours* familier, le *discours* historique, le *discours* académique, etc. Il s'agit ici du *discours* oratoire, c'est-à-dire, de l'ouvrage composé par l'orateur, selon les règles de l'art, et sur un sujet important, pour parvenir à ses fins par une déduction de pensées et de raisonnemens bien ordonnés, animés, soutenus, relevés par l'action de l'éloquence.

Discours est le mot générique et ordinaire : c'est proprement l'appareil et la pompe qui érigent le *discours* en *harangue*.

Harangue est particulièrement réservé aux *discours* des généraux à leurs troupes, rapportés par les anciens historiens, comme s'ils avaient été prononcés. On dit aussi les *harangues* de Démosthènes, de Cicéron.

Oraison est un mot technique, qui semble

prendre une teinte de la demande et de la prière : il porte aussi une idée d'art ; l'*oraison* a ses règles. Ce mot est très-peu usité ; il ne se dit qu'en parlant de quelques discours des auteurs anciens : les *oraisons* d'Isocrate, d'Eschine, de Démosthènes.

Discours , oraison.

Le rapport de ces deux mots à l'énonciation de la pensée les rend synonymes dans un sens purement grammatical.

Dans le *discours*, on envisage sur-tout l'analogie et la ressemblance de l'énonciation avec la pensée énoncée. Dans l'*oraison*, l'on fait plus attention à la matière physique de l'énonciation, et aux signes vocaux qui y sont employés. Ainsi, l'on dit, en français, *Dieu est éternel*; en latin, *Æternus est Deus*; en italien, *Eterno è Iddio* : c'est toujours le même *discours*; parce que c'est la même pensée énoncée par la parole, et rendue avec la même fidélité ; mais l'*oraison* est différente dans chaque énonciation, parce que les signes vocaux, les mots de l'une sont différens des signes vocaux de l'autre.

Le *discours* est plus intellectuel : ses parties sont les mêmes que celles de la pensée ; le sujet, l'attribut, et les divers complémens nécessaires aux vues de l'énonciation.

L'*oraison* est plus matérielle : ses parties sont les difffférentes espèces de mots, le nom, le verbe, l'adjectif, etc.

Ce sont les règles de la logique qui président à la construction, au tissu du *discours* : le mécanisme de l'*oraison* est soumis aux lois de la grammaire.

L'*oraison* a pour but la simple énonciation de nos idées, quelles qu'elles soient, par les mots usités dans la langue, sans aucun rapport à la liaison, à l'enchaînement logique de ces idées, et à l'effet qu'on veut produire sur l'esprit et le jugement de l'auditeur.

Le *discours* tend de même à l'expression de nos idées ; mais il les exprime dans l'ordre selon lequel notre esprit les a conçues ; il les peint combinées les unes avec les autres ; ce sont des jugemens, des propositions qu'il présente à l'esprit de l'auditeur ou du lecteur.

Le *discours* fait le tableau de nos idées, de nos pensées : l'*oraison* lui fournit les couleurs.

DISCRÉTION , RÉSERVE.

Discrétion regarde autrui : c'est une sorte de prudence et de modération. Crainte, prévoyance, font *réserve* ; et le tout fait prudence.

La *discrétion* fait que le plus souvent on se contient ; la *réserve*, qu'on s'abstient. On peut être trop *réservé* ; on ne peut guère être trop *discret*.

La *discrétion* consiste non-seulement à garder votre propre secret et celui d'autrui, mais à ne dire, n'entendre et ne faire que ce qu'il faut. L'homme *discret* ne trahit pas la vérité; mais souvent il ne la dit pas toute.

La *réserve* est une sorte de prudence qui consiste à observer, à garder le silence à propos : c'est l'art de se taire, ou plutôt l'art de taire ce qu'il n'est ni utile, ni bienséant de dire.

DISERT, ÉLOQUENT.

Le discours *disert* est facile, clair, pur, élégant, et même brillant; mais il est faible et sans feu. Le discours *éloquent* est vif, animé, persuasif, touchant; il émeut, il élève l'ame, il la maîtrise.

Ces épithètes se donnent également aux personnes, et pour les mêmes raisons.

DISPUTE, ALTERCATION, CONTESTATION, DÉBAT.

Dispute se dit ordinairement d'une conversation entre deux personnes qui diffèrent d'avis sur une même matière : elle se nomme *altercation*, lorsqu'il s'y mêle de l'aigreur. *Contestation* se dit d'une dispute entre plusieurs personnes considérables, sur un objet important, ou entre deux particuliers, pour une affaire judiciaire. *Débat* est une contestation tumultueuse entre plusieurs personnes.

DISTINCTION, DIVERSITÉ, SÉPARATION.

La *distinction* est opposée à l'identité; il n'y a point de *distinction* où il n'y a qu'un même être. La *diversité* est opposée à la similitude; il n'y a point de *diversité* entre des êtres absolument semblables. La *séparation* est opposée à l'unité; il n'y a point de *séparation* entre des êtres qui en constituent un seul.

DISTINGUER, SÉPARER.

On *distingue* ce qu'on ne veut pas confondre; on *sépare* ce qu'on veut éloigner.

Les idées qu'on se fait des choses, les qualités qu'on leur attribue, les égards qu'on a pour elles, et les marques qu'on leur attache, ou dont on les désigne, servent à les *distinguer*. L'arrangement, la place, le temps et le lieu, servent à les *séparer*.

DISTINGUER, DISCERNER, DÉMÊLER.

Distinguer, c'est mettre de la différence, faire une différence. *Discerner*, c'est diviser, séparer une chose de tout ce qui en approche le plus, découvrir les signes qui empêchent de la confondre avec une autre chose. *Démêler*, c'est défaire le mélange, éclaircir les choses embrouillées, mettre chaque chose à part, à sa place, en ordre.

Dans l'obscurité ou dans l'éloignement, vous ne *distinguez* pas un objet; les traits n'en sont pas assez sensibles. Avec les mêmes apparences, sous le même aspect, vous ne *discernez* point un objet d'un autre; les traits en sont trop équivoques. Dans la confusion, au milieu du désordre, vous ne *demêlez* pas les objets.

Pour reconnaître les objets, il faut les avoir bien *distingués*. Pour choisir entre des choses semblables, il faut savoir *discerner*. Pour rétablir l'ordre des choses interverti, il faut les *démêler*.

DISTRAIRE, DÉTOURNER, DIVERTIR.

L'action de *distraire* est plus faible, plus douce, plus légère que celle de *détourner* ou de *divertir*. *Distraire* n'exprime qu'une simple séparation, un déplacement, et même un dérangement; tandis que *détourner* et *divertir* marquent une vraie révolution, un tout autre aspect, des changemens divers. *Divertir* marque un plus grand changement, une plus grande différence, un plus grand effet que *détourner*.

Au physique, on *distrait* des deniers, des papiers, des effets, en les ôtant de leur place, en les séparant du reste, en les mettant à part : on les *détourne* en les mettant hors de portée, à l'écart, en les éloignant de leur voie ou de leur destination, en les employant à un autre dessein : on les *divertit*, en les supprimant, en se les appropriant, en les dissipant.

Au figuré, nous disons *distraire*, *détourner*, *divertir* d'un travail, d'une occupation, d'une entreprise, d'un dessein. Il suffit d'interrompre l'action de quelqu'un pour le *distraire* de son travail : il faut l'occuper, du-

moins pendant un temps, d'autre chose, pour
l'en *détourner* : il faudrait le lui faire oublier
ou abandonner en l'occupant de toute autre
chose, pour l'en *divertir*. Une cause légère
distrait : une cause forte, une sollicitation
importune, *détourne ;* des objets attrayans,
des raisons déterminantes, *divertissent*.

L'amusement est bon lorsqu'il ne fait que
distraire à propos, sans *détourner* du devoir, et sans *divertir* des soins importans.

DIVISER, PARTAGER.

Faire d'un tout plusieurs parties.

Diviser, c'est séparer, désunir les parties
d'un tout. *Partager*, c'est faire des parts ou
portions.

La *division* annonce la distribution d'un
tout en parties différentes, pour être mises
ou considérées à part. Le *partage* annonce
la distribution d'un tout en *tous* ou en objets
particuliers, pour être détachés et employés
séparément.

On *divise* l'année en mois, les mois en
jours, la sphère en cercles, le cercle en degrés, et cette division n'est souvent qu'idéale.
On *partage* le pain entre les convives, un
héritage entre les cohéritiers, le profit entre
les associés, etc. Le *partage* est réel, et la
portion de chacun devient indépendante des
autres.

Au moral, ces mots ne conservent pas
exactement les mêmes rapports distinctifs.

La *division* marque alors la mésintelligence et l'opposition entre les personnes et les choses. Le *partage* n'emporte que la différence ou la diversité.

Des prétentions contraires nous *divisent* ; des goûts différens nous *partagent*.

Des esprits *divisés* se choquent les uns les autres ; des esprits *partagés* s'éloignent les uns des autres.

DIVORCE, RÉPUDIATION.

Rupture, dissolution du mariage.

Le *divorce* est la séparation de deux époux, prononcée par la loi. La *répudiation* est le renvoi de l'un par l'autre.

DIURNE, QUOTIDIEN, JOURNALIER.

Ces trois mots désignent tous un rapport à tous les jours.

Ce qui est *diurne* revient régulièrement chaque jour, et en occupe toute la durée.

Ce qui est *quotidien* revient chaque jour, mais sans en occuper toute la durée, et sans autre régularité que celle du retour.

Ce qui est *journalier* se répète tous les jours, mais varie de même ; il peut en occuper, ou n'en pas occuper toute la durée.

Diurne est un terme d'astronomie. On dit la révolution *diurne* de la terre, pour désigner sa révolution autour de son axe en 24 heures.

Quotidien est du langage commun ; il caractérise ce qui ne manque pas de recommencer chaque jour. On appelle fièvre *quotidienne* une espèce de fièvre intermittente qui vient et cesse tous les jours, et est suivie de quelques heures d'intermission.

Journalier appartient absolument au langage commun, et s'applique à toutes les autres choses qui se répètent tous les jours avec des variations accidentelles. Expérience *journalière*, occupations *journalières*, travail *journalier*. Une humeur *journalière* est une humeur changeante. Les armes sont *journalières*, sujètes à des variations.

DOCILITÉ, DOUCEUR.

La *docilité* tient à la volonté ; la *douceur* tient au caractère. Etre *docile*, c'est faire ce que veulent les autres ; être *doux*, c'est se plaire à faire ce que les autres désirent.

La *docilité* peut s'acquérir. La *douceur* est un don de la nature. L'une est une vertu ; l'autre un charme du caractère.

La *docilité* ne s'exerce que de l'inférieur au supérieur ; c'est un devoir. La *douceur* s'exerce envers tout le monde ; c'est une grâce.

La *docilité* est le contraire de l'opiniâtreté extérieure. La *douceur* est l'opposé de l'aigreur.

Docte, docteur.

Être *docte*, c'est être véritablement savant et habile. Être *docteur*, c'est avoir donné de sa science et de son habileté certaines preuves par lesquelles on ait obtenu ce titre. Un homme qui exerce la médecine peut être *docte* sans être *docteur*, et même *docteur* sans être *docte*.

Don, présent.

Ce qu'on donne à quelqu'un sans y être obligé.

Don exprime l'action de donner gratuitement, ou la chose gratuitement donnée.

Présent signifie le *don présent*, ce qu'on *présente* en *don*, ce qu'on donne de la main à la main.

Le *présent* est donc le *don* qu'on présente. On fait, on envoie, on porte, on offre un *présent*. On fait un *don*, on l'accorde.

On fait *don* de son cœur, et l'on n'en fait pas *présent* ; car on cède l'empire sans livrer la chose.

Le *don* a pour but particulier l'avantage de celui à qui on le fait : on fait plutôt *don* de choses utiles. Le *présent* est plutôt offert par le désir de plaire à la personne qui l'agrée : on fait plutôt *présent* de choses agréables.

Donner, présenter, offrir.

L'idée du *don* est le fondement essentiel et commun qui rend synonyme, en beaucoup d'occasions, la signification de ces mots; mais *donner* est plus familier; *présenter* est toujours respectueux; *offrir* est quelquefois religieux.

On *donne* à une personne afin qu'elle reçoive; on lui *présente*, afin qu'elle agrée; on lui *offre*, afin qu'elle accepte. Nous ne pouvons *donner* que ce qui est à nous; *offrir* que ce qui est en notre pouvoir : mais nous *présentons* quelquefois ce qui n'est ni à nous, ni en notre puissance.

DOULEUR, CHAGRIN, TRISTESSE, AFFLICTION, DÉSOLATION.

Situation d'une ame qui souffre.

Douleur se dit également des sensations désagréables du corps et des peines de l'esprit ou du cœur; les quatre autres ne se disent que de ces dernières.

Le *chagrin* peut n'être qu'intérieur. La *tristesse* se laisse voir au dehors. Le *chagrin* a toujours un sujet particulier; la *tristesse* peut être dans le caractère ou dans la disposition habituelle, sans aucun sujet.

L'idée d'*affliction* ajoute à celle de *tristesse*; celle de *douleur* à celle d'*affliction*; et celle de *désolation* à celle de *douleur*.

DOULEUR, MAL.

Sensation disgracieuse qui fait souffrir.

La *douleur* dit quelque chose de plus vif, qui s'adresse précisément à la sensibilité : le *mal* dit quelque chose de plus générique, qui s'adresse également à la sensibilité et à la santé.

La *douleur* est souvent regardée comme l'effet du *mal*, jamais comme la cause.

DOUTEUX, INCERTAIN, IRRÉSOLU.

Douteux ne se dit que des choses. *Incertain* se dit des choses et des personnes. *Irrésolu* ne se dit que des personnes ; il marque de plus une disposition habituelle, et tient au caractère.

Le *doute* vient de l'insuffisance des preuves, ou de l'égalité de vraisemblance entre les preuves pour et les preuves contre. L'*incertitude* vient du défaut des lumières nécessaires pour se décider. L'*irrésolution* vient du défaut des motifs d'intérêt, ou de l'égalité des motifs opposés.

DROIT, DEBOUT.

On est *droit* lorsqu'on n'est ni courbé ni penché. On est *debout*, lorsqu'on est sur ses pieds.

DROIT, JUSTICE.

Le *droit* est l'objet de la *justice* ; c'est ce qui est dû à chacun.

La *justice* est la conformité des actions avec le *droit* : c'est rendre et conserver à chacun ce qui lui est dû.

Le premier est dicté par la nature ou établi

par l'autorité ; il peut quelquefois, changer selon les circonstances : la seconde est la règle qu'il faut toujours suivre ; elle ne varie jamais.

DROIT CANON, DROIT CANONIQUE.

On appelle *canons* les constitutions ecclésiastiques, ou les décisions légitimes des conciles, des papes, en fait de morale et de discipline. *Canonique* signifie qui appartient aux canons. Ce qui est *canonique* a rapport à la loi, à la règle ; le *canon* est la loi, la règle elle-même.

Ainsi, le *droit canon* est le corps, le code, la législation même des *canons*. Le *droit canonique* est le sujet traité, la matière éclaircie, la chose établie par les *canons*. Le *droit canon*, c'est ce qui règle, ordonne ; le *droit canonique*, c'est ce qui est réglé, ordonné.

DURABLE, CONSTANT.

Ce qui est *durable* ne cesse point ; il est ferme par sa solidité. Ce qui est *constant* ne change pas ; il est ferme par sa résolution.

Une amitié *durable* subsistera toujours, parce que rien ne viendra y mettre fin ; sa *durée* sera assurée par les circonstances extérieures, toujours favorables. Une amitié *constante* subsistera toujours, parce que rien ne sera capable de la détruire : le cœur et la raison l'ont formée ; la volonté la maintient, et en fait la *constance*.

DURANT, PENDANT.

Prépositions qui rapprochent les choses par une idée accessoire de temps, et les font arriver ensemble.

Durant exprime un temps de durée, et qui s'adapte dans toute son étendue à la chose à laquelle on le joint.

Pendant ne fait entendre qu'un temps d'époque, qu'on n'unit pas dans toute son étendue, mais seulement dans quelqu'une de ses parties.

Un homme a été malheureux *pendant* sa vie : il peut avoir eu de nombreux instans, et même des années de bonheur. S'il a été malheureux *durant* sa vie, ou sa vie *durant*, le malheur a été continuel, ou du moins à peu près continuel.

DURÉE, TEMPS.

La *durée* se rapporte aux choses, et le *temps* aux personnes. On dit la *durée* d'une action, et le *temps* qu'on met à la faire.

La *durée* désigne l'espace écoulé entre le commencement et la fin de quelque chose : le *temps* désigne seulement quelque partie de cet espace, ou désigne cet espace d'une manière vague. En parlant d'un prince, on dit la *durée* de son règne a été de tant d'années ; et tel événement est arrivé pendant le *temps* de son règne.

E

ÉBAHI, ÉBAUBI, ÉMERVEILLÉ, STUPÉFAIT.

CES termes, qui expriment divers genres de
surprise, sont familiers : *ébaubi* est même
populaire et vieux.

Nous sommes *ébahis* par la surprise qui
nous fait tenir la bouche béante, comme il
arrive aux enfans et aux badauds.

Nous sommes *ébaubis* par une surprise qui
nous étourdit, nous déconcerte, nous laisse
à peine balbutier.

Nous sommes *émerveillés* par une surprise
qui nous attache avec une espèce de charme,
ou avec une vive satisfaction, à la considération d'un objet qui nous paraît merveilleux,
prodigieux, supérieur à notre intelligence.

Nous sommes *stupéfaits* par une surprise
qui nous rend immobiles, semble nous ôter
l'usage de l'esprit et des sens, comme si nous
étions stupides.

ÉBAUCHE, ESQUISSE.

C'est quelque chose de préliminaire et d'imparfait qui tend à l'exécution d'un ouvrage.

L'*ébauche* est la première forme qu'on a
donnée à un ouvrage. L'*esquisse* n'est qu'un
modèle incorrect de l'ouvrage même, qu'on
a tracé légèrement, qui ne contient que l'esprit de l'ouvrage qu'on se propose d'exécuter,

et

et qui ne montre aux connaisseurs que la pensée de l'ouvrier.

Donnez à l'*esquisse* toute la perfection possible, et vous en ferez un modèle achevé : donnez à l'*ébauche* toute la perfection possible, et l'ouvrage même sera fini.

Ébauche est plus général, puisqu'il est applicable à tout ouvrage commencé.

s'ÉBOULER, s'ÉCROULER.

Tomber en ruines en s'affaisant et en roulant.

S'ébouler, c'est tomber en roulant comme une *boule*. *S'écrouler*, c'est tomber en roulant avec précipitation et fracas. Les sables *s'éboulent* ; les édifices *s'écroulent*.

Celui qui creuse sous terre court risque d'y être enseveli par des *éboulemens*. Celui qui bâtit sur des fondemens trop faibles, court risque d'être écrasé par l'*écroulement* de sa maison.

ÉBULLITION, EFFERVESCENCE, FERMENTATION.

L'*ébullition* est le mouvement d'un liquide qui bout sur le feu ; et il se dit, en chimie, de deux matières qui, en se pénétrant, font paraître des *bulles* d'air.

L'*effervescence* est le mouvement qui s'excite dans une liqueur où il se fait une combinaison de substances, telles que des acides

Tome I.   K

qui se mêlent, et produisent ordinairement de la chaleur.

La *fermentation* est le mouvement interne qui s'excite de lui-même dans un liquide, et par lequel ses parties se décomposent pour former un nouveau corps.

- L'eau qui bout est en *ébullition :* le fer dans l'eau forte fait *effervescence :* la bière est en *fermentation.*

Les mots *effervescence* et *fermentation* s'emploient aussi dans un sens figuré, mais en passant du physique au moral.

L'*effersvescence* se dit du zèle subit et général des esprits pour quelque objet déterminé vers lequel ils se portent avec une espèce de chaleur. La *fermentation* se dit de la division des esprits, et des prétentions opposées des partis.

ÉCHANGER, TROQUER, PERMUTER

Action de donner une chose pour une autre, pourvu que l'une des choses données ne soit pas de l'argent; car, en ce cas, il y a vente ou achat.

Échanger est du style noble; *troquer*, du style ordinaire et familier; *permuter*, du style de palais et d'administration.

On *échange* particulièrement des marchandises, et en général des valeurs : c'est proprement ce que le commerce fait, il *échange*.

On *troque* proprement des choses de service; des meubles, des effets, des bijoux, des chevaux, des ustensiles.

On *permute* des titres, des emplois, des charges.

ÊTRE ÉCHAPPÉ, AVOIR ÉCHAPPÉ.

Être échappé désigne une chose faite par inadvertance. *Ce mot m'est échappé*, c'est-à-dire, j'ai prononcé ce mot sans y prendre garde.

Avoir échappé désigne une chose non faite, par inadvertance ou par oubli. *Ce que je voulais vous dire m'a échappé*, j'ai oublié de vous le dire, ou j'ai oublié ce que je voulais vous dire.

Le cerf a échappé aux chiens, c'est-à-dire, les chiens ne l'ont point atteint ou aperçu. *Le cerf est échappé* aux chiens, c'est-à-dire, les chiens l'ont vu et serré de près; mais il s'est tiré du péril par agilité ou autrement.

ÉCLAIRCIR, EXPLIQUER, DÉVELOPPER.

On *éclaircit* ce qui était obscur, parce que les idées y étaient mal présentées. On *explique* ce qui était difficile à entendre, parce que les idées n'étaient pas assez immédiatement déduites les unes des autres. On *développe* ce qui renferme plusieurs idées réellement exprimées, mais d'une manière si serrée, qu'elles ne peuvent être saisies d'un coup-d'œil.

Les *éclaircissemens* répandent de la clarté;

les *explications* facilitent l'intelligence ; les *développemens* étendent la connaissance.

ÉCLAIRÉ , CLAIRVOYANT.

L'homme *éclairé* ne se trompe pas , il sait. Le *clairvoyant* ne se laisse pas tromper, il distingue. L'étude rend *éclairé ;* l'esprit rend *clairvoyant.*

ÉCLAIRÉ, CLAIRVOYANT, INSTRUIT, HOMME DE GÉNIE.

Termes relatifs aux lumières de l'esprit.

Éclairé se dit des lumières acquises : *clairvoyant,* des lumières naturelles. L'homme *éclairé* sait ce qui s'est fait ; l'homme *clairvoyant* devine ce qui se fera : l'un a beaucoup lu dans les livres ; l'autre sait lire dans les têtes.

L'homme *éclairé* et l'homme *instruit* ont cela de commun que les connaissances acquises sont toujours la base de leur mérite : sans l'éducation, ils auraient été des hommes fort ordinaires , ce qu'on ne peut pas dire de l'homme *clairvoyant.* Mais l'homme *instruit* connaît les choses, et l'homme *éclairé* en fait encore une application convenable.

L'homme de génie est de beaucoup supérieur aux trois autres : il sait quelquefois très-peu ; mais il voit toujours fort loin , et peut beaucoup.

ÉCLAT, BRILLANT, LUSTRE.

L'*éclat* enchérit sur le *brillant*, et celui-ci sur le *lustre*. Une étoffe peut avoir du *lustre*, du *brillant* et même de l'*éclat*. Les couleurs vives ont de l'*éclat*; les couleurs claires ont du *brillant*; les couleurs récentes ont du *lustre*.

Il semble que l'*éclat* tienne du feu; que le *brillant* tienne de la lumière; et que le *lustre* tienne du poli.

Dans les ouvrages d'esprit, il paraît que c'est par la vérité, la force et la nouveauté des pensées, qu'un discours a de l'*éclat*; qu'il a du *brillant* par le tour et la délicatesse de l'expression; et que c'est par le choix des mots, la convenance des termes, et l'arrangement de la phrase, qu'on donne du *lustre* à ce qu'on dit.

ÉCLIPSER, OBSCURCIR.

Synonymes seulement dans le sens figuré; et alors *éclipser* dit plus qu'*obscurcir*. Le faux mérite est *obscurci* par le mérite réel; et *éclipsé* par le mérite éminent.

Observons que le mot *éclipse* signifie un obscurcissement passager; au lieu que le mot *éclipser*, qui en est dérivé, désigne un obscurcissement total et durable, comme dans ce vers de Voltaire :

Tel brille au second rang, qui s'éclipse au premier;

ÉCONOMIE, MÉNAGE, ÉPARGNE, PARCIMONIE.

Économie désigne une ordonnance, la juste distribution des parties d'un tout, le prudent et bon emploi des choses. On dit l'*économie* de la nature, de la providence ; l'*économie* politique, rurale ; l'*économie* d'un discours, d'un poème ; l'*économie* du temps, etc. L'idée principale de ce mot est celle d'ordre et d'harmonie en grand.

Ménage se restreint aux choses domestiques, à la dépense, au régime intérieur de la maison.

Épargne se dit proprement de la chose *épargnée*. On dit *épargne* de temps, de peine, etc. L'*épargne* s'étend en général à toutes les sortes de dépenses sur lesquelles il y a des suppressions ou des réductions à faire.

La *parcimonie* s'exerce et s'attache aux plus petites dépenses, ou aux plus petits retranchemens dans les grandes : c'est une *économie* soigneuse, minutieuse, rigoureuse, qui entre dans les plus petits détails, épluche les plus petits intérêts, et réduit jusqu'aux plus petites dépenses au plus petit terme possible, pour faire de petites *épargnes*.

ÉCRITEAU, ÉPIGRAPHE, INSCRIPTION.

L'*écriteau* n'est qu'un morceau de papier ou de carton sur lequel on écrit quelque chose en grosses lettres, pour donner un avis au public.

L'*inscription* se grave sur la pierre, sur le marbre, sur des colonnes, sur une médaille, ou sur quelque autre monument public, pour conserver la mémoire d'une chose ou d'une personne.

L'*épigraphe* est une sentence courte, placée au bas d'une estampe, ou à la tête d'un livre, pour en désigner le sujet ou l'esprit.

ÉCRIVAIN, AUTEUR.

Hommes de lettres qui donnent au public des ouvrages de leur composition.

Écrivain ne se dit que de ceux qui ont donné des ouvrages de belles-lettres; ou du-moins il ne se dit que par rapport au style. *Auteur* s'applique à tout genre d'écrire indifféremment : il a plus de rapport au fond de l'ouvrage qu'à la forme.

Buffon est un des plus grands *écrivains*, et un des plus célèbres *auteurs* du 18.e siècle.

EFFACER, RATURER, RAYER, BIFFER.

Faire disparaître de dessus un papier ce qui est adhérent à sa surface.

Les trois derniers ne s'appliquent qu'à ce qui est écrit ou imprimé ; le premier peut se dire d'autre chose.

Rayer est moins fort qu'*effacer* ; et *effacer* que *raturer*. On *raye* un mot en passant simplement une ligne dessus : on l'*efface*, lorsque la ligne passée dessus est assez forte pour empêcher qu'on ne lise ce mot aisément : on le *rature*, lorsqu'on l'efface si absolument qu'on ne peut plus le lire ; ou même lorsqu'on se sert d'un autre moyen que la plume, comme d'un canif, d'un grattoir, etc.

On dit qu'un écrit est fort *raturé*, pour dire qu'il est plein de *ratures*, c'est-à-dire, de mots *effacés*.

Biffer est absolument du style des tribunaux. On dit *biffer* l'écrou d'un accusé renvoyé absous.

EFFARÉ, EFFAROUCHÉ.

Être *effaré*, être troublé, mis hors de soi par un motif quelconque : être *effarouché*, être effrayé, avoir peur.

Effaré exprime un état actuel, visible, dont la cause est récente : *effarouché* exprime un état qui peut ne pas être extérieur, et dont la cause peut avoir cessé d'agir.

Un homme *effaré* ne pense à rien, ne voit rien ; il est devenu presque stupide : un homme *effarouché* voit tout, épie tout, se tient constamment sur ses gardes ; il n'est occupé que de ce qui a causé son effroi.

L'air *effaré* est le contraire de l'air calme, tranquille. L'air *effarouché* est le contraire de l'air confiant, familier.

Effaré ne se dit que de l'espèce humaine ; *effarouché* se dit de tous les êtres animés.

EFFECTIVEMENT, EN EFFET.

Effectivement peut être opposé à *fictive-ment*, comme *effectif* l'est à *fictif*. Une armée de trente mille hommes, selon les rôles, n'est souvent pas *effectivement* de vingt mille. Mon portrait n'est pas moi *effectivement*, ce n'est que ma représentation.

Effectivement est donc opposé à la fiction ou à la feinte; il marque la réalité physique, l'existence effective. *En effet* peut s'opposer à l'apparence; il indique le fond des choses, leur état interne ou caché. L'hypocrite, vertueux en apparence, est vicieux *en effet* ou dans le fond.

En effet signifie proprement dans le fait, selon le fait, dans la vérité du fait ou des choses, véritablement; il est plus propre à désigner la vérité d'une proposition, une vérité conforme à la chose, tandis qu'*effective-ment* l'est plus pour marquer la réalité de la chose même. Je vous demande si vous êtes *en effet* guéri de votre maladie, c'est-à-dire, s'il est vrai que vous soyez guéri : vous me répondez que vous êtes *effectivement* guéri, c'est-à-dire, que votre guérison est *effectuée*, réelle.

EFFÉMINER, AMOLLIR, ÉNERVER.

Efféminer, rendre faible; *amollir*, rendre mou; *énerver*, diminuer les forces.

K 5

Efféminer signifie rendre faible comme une femme; il désigne moins la perte que l'on fait des forces que l'on avait, que le changement d'état par lequel on devient semblable à une femme. *Amollir* et *énerver* sont plus vagues; ils désignent seulement une diminution de forces, d'activité.

Dans un homme *efféminé*, c'est le moral qui influe sur le physique : ce qui *amollit* attaque le moral et le physique à la fois; ce qui *énerve* attaque d'abord le physique, et par suite le moral.

EFFIGIE, IMAGE, FIGURE, PORTRAIT.

L'*effigie* est pour tenir la place de la chose même. L'*image* est pour en représenter simplement l'idée. La *figure* est pour en montrer l'attitude et le dessin. Le *portrait* est uniquement pour la ressemblance.

Dans le sens littéral, *effigie* et *portrait* ne se disent qu'à l'égard des personnes. *Image* et *figure* se disent de toutes sortes de choses.

s'EFFORCER, TÂCHER.

Deux actions qui ont pour but de parvenir à une chose peu en proportion avec nos moyens.

S'efforcer indique l'effort que l'on fait pour y parvenir; *tâcher* indique le travail.

S'efforcer est un mouvement momentané, parce que la force doit réussir promptement et s'épuise vite. *Tâcher* est une action prolongée qui dépend du temps autant que des moyens qu'on emploie.

Au moral, *s'efforcer* donne l'idée d'une action plus énergique; *tâcher*, d'une action plus molle et plus douce. Lorsqu'on veut faire, on *s'efforce*; quand on ne veut qu'empêcher, on *tâche*. On *s'efforce* de surmonter sa passion; on *tâche* de n'y pas céder.

EFFRAYANT, ÉPOUVANTABLE, EFFROYABLE, TERRIBLE.

Ces mots désignent en général tout ce qui excite la crainte. *Effrayant* est moins fort qu'*épouvantable*; et celui-ci moins fort qu'*effroyable*.

On dit un cri *effrayant*, un bruit *épouvantable*, un monstre *effroyable*, un Dieu *terrible*. Ce qui prouve que *terrible* peut se prendre en bonne part, et supposer une crainte mêlée de respect.

EFFRONTÉ, AUDACIEUX, HARDI.

Ces trois mots désignent en général la disposition d'une âme qui brave ce que les autres craignent. Le premier dit plus que le second, et se prend toujours en mauvaise part; le second dit plus que le troisième, et se prend aussi presque toujours en mauvaise part.

L'homme *effronté* est sans pudeur; l'homme

audacieux, sans respect ou sans réflexion; l'homme *hardi*, sans crainte.

ÉGALER, ÉGALISER.

Égaler, c'est être ou mettre à l'égal d'un autre. *Égaliser*, c'est rendre égal, plain, uni, semblable, pareil, en retranchant d'un côté ou ajoutant de l'autre. On voit par là que ces deux mots ne sont pas synonymes.

On *égalise* des lots, des portions; on *égalise* un terrain inégal, montueux.

Pompée n'a pu *égaler* la gloire et la puissance de César.

L'ÉGOÏSTE, l'HOMME PERSONNEL.

L'*égoïste* est l'homme qui parle sans cesse de lui, ou qui dit toujours moi, en latin *ego*. L'*homme personnel* est celui qui rapporte tout à lui, à sa *personne*, ou qui n'est conduit que par son intérêt *personnel*. Le premier se met toujours au milieu de la scène, et le second au centre des choses. L'un, tout occupé de lui-même, veut vous occuper de lui; l'autre, quelquefois occupé de vous, ne s'en occupe que pour lui. Il y a plus de vanité dans l'*égoïsme*, plus d'amour-propre dans la *personnalité*. L'*égoïste* est ridicule; l'homme *personnel* est redoutable.

ÉLAGUER, ÉMONDER.

Éclaircir ou dégarnir un arbre.

Élaguer un arbre, c'est en retrancher, en

couper les branches superflues et nuisibles, soit à son développement, soit à la nourriture des branches fécondes.

Émonder un arbre, c'est le nettoyer, le rendre propre et agréable à la vue par la soustraction de tout ce qui le gâte et le défigure, bois mort, chicots, mousse, gomme, etc. On *émonde* sur-tout pour l'agrément; on *élague* pour l'utilité.

L'*élagage* tombe plutôt sur les grosses branches; l'*émondage* sur les branches menues.

On dit *élaguer* un discours, un poëme, un ouvrage d'esprit, et non pas les *émonder*, parce qu'il ne s'agit pas de les rendre propres et nets.

ÉLARGISSEMENT, ÉLARGISSURE.

Tous deux annoncent une augmentation de largeur; mais le premier a rapport à la largeur de l'espace, et le second à celle de la matière.

Élargissement se dit de tout ce qui devient plus spacieux, plus étendu en largeur; d'un canal, d'une rivière, d'un cours, d'une promenade, d'un jardin, d'une maison.

Élargissure se dit de ce qui est ajouté pour élargir, et ne s'applique qu'aux meubles et aux vêtemens.

ÉLECTION, CHOIX.

L'action de se déterminer pour un sujet plutôt que pour un autre.

Élection se dit d'ordinaire dans une signification passive, et *choix* dans une signification active. L'*élection* d'un tel, marque celui qui a été élu. Le *choix* d'un tel, marque celui qui choisit.

ÉLÉGANCE, ÉLOQUENCE.

L'*élégance* consiste à donner à la pensée un tour noble et poli, et à la rendre, par des expressions châtiées, coulante et gracieuse à l'oreille.

Ce qui fait l'*éloquence* est un tour vif et persuasif, rendu par des expressions hardies, brillantes et figurées, sans cesser d'être justes et naturelles.

L'*élégance* s'applique plus à la beauté des mots et à l'arrangement de la phrase. L'*éloquence* s'attache plus à la force des termes et à l'ordre des idées. La première, contente de plaire, ne cherche que les grâces de l'élocution ; la seconde, voulant persuader, met du véhément et du sublime dans le discours. L'une fait les beaux parleurs, et l'autre les grands orateurs.

ÉLÉVATION, HAUTEUR.

Élévation, situation d'un objet élevé au-dessus des autres : *hauteur*, mesure comparative de l'*élévation*.

L'*élévation* est plus absolue, et la *hauteur* plus relative. Un chêne est *élevé*, parce que sa tête est réellement à une certaine distance au-dessus de la terre et des autres plantes.

Quand on dit que les blés sont *hauts*, cela ne veut pas dire que leur *élévation* soit réellement considérable, mais seulement qu'elle l'est relativement aux autres degrés d'*élévation* par lesquels ils ont passé ; ils sont *hauts* en comparaison de ce qu'ils étaient précédemment, ou eu égard à la saison.

Une maison *élevée* de quarante pieds au-dessus de terre n'est pas *haute*, parce que beaucoup de maisons le sont davantage.

La *hauteur* se déterminant d'ordinaire par la comparaison avec des objets prochains ou semblables, on appelle *hauteur* une portion de terrain qui s'élève rapidement et d'une manière sensible au-dessus des terrains qui l'environnent. Une *élévation* de terrain est plus insensible, bien qu'elle soit quelquefois plus considérable.

En parlant de l'ame ou du caractère, l'*élévation* est une disposition qui nous place naturellement au-dessus de toutes les choses basses et petites. La *hauteur* est une disposition à nous placer au-dessus des autres plus que ne le comportent nos moyens. L'*élévation* est absolue : une ame *élevée* n'en voit point qui soit au-dessus d'elle. La *hauteur* est relative : un même homme peut être *haut* avec ses égaux et ses inférieurs, et bas avec ceux dont il dépend.

ÉLÈVE, DISCIPLE, ÉCOLIER.

Celui qui prend des leçons de quelqu'un.

Un *élève* est celui qui prend des leçons de la bouche d'un maître. Un *disciple* est celui qui en prend des leçons en lisant ses ouvrages, ou qui s'attache à ses sentimens. *Écolier* ne se dit que des enfans qui étudient dans les colléges, ou qui apprennent, sous un maître, un art qui n'est pas rangé au nombre des arts libéraux, comme la danse, l'escrime, etc.

Un maître d'armes a des *écoliers* ; un peintre a des *élèves*. Newton et Descartes ont eu des *disciples*, même après leur mort.

On enseigne des *écoliers* ; on forme des *élèves* ; on se fait des *disciples*.

Élève est du style noble ; *disciple* l'est moins ; *écolier* ne l'est jamais.

l'ÉLITE, la FLEUR.

L'*élite* est ce qu'on peut choisir de meilleur entre plusieurs individus ou plusieurs objets de la même espèce.

La *fleur* est ce que leur réunion offre de plus beau et de plus agréable.

L'*élite* de l'armée, ce sont les meilleurs et les plus beaux soldats. La *fleur* de la jeunesse, ce sont les jeunes gens les plus beaux et les plus brillans.

L'*élite* supposant un choix réfléchi et raisonné, ne s'applique qu'aux objets qui peuvent se choisir et trier par individus. La *fleur* s'applique également à ceux qu'on est obligé d'apprécier sur un coup-d'œil général. Ainsi, on dit, non pas l'*élite*, mais la *fleur* de la farine, pour indiquer de la farine choisie.

ÉLOCUTION, DICTION, STYLE.

Élocution est le terme générique ; les deux autres caractérisent l'expression de la pensée par deux points de vue différens.

Diction ne se dit proprement que des qualités générales et grammaticales du discours, qui sont la correction et la clarté : l'étude de la langue et l'habitude d'écrire les donnent presque infailliblement, quand on cherche de bonne-foi à les acquérir.

Style, au contraire, se dit des qualités du discours plus particulières et plus rares, qui marquent le génie et le talent de celui qui écrit ou qui parle : telles sont la propriété des termes, l'élégance, la facilité, la précision, l'élévation, la noblesse, l'harmonie, la convenance avec le sujet, etc.

ÉLOGE, LOUANGE.

Témoignage honorable, conçu en des termes qui marquent l'estime.

L'*éloge* est le témoignage avantageux que l'on rend au mérite, le suffrage qu'on lui donne, le témoignage favorable qu'on en porte.

La *louange* est l'hommage qu'on lui rend,

l'honneur qu'on lui porte, le tribut qu'on lui paye dans ses discours.

L'*éloge* met le prix au mérite; la *louange* en est une récompense.

On dit qu'une action fait l'*éloge*, et non pas la *louange* d'une personne, parce que nos actions déposent pour nous, attestent notre mérite, et que nos actions ne nous célèbrent pas, ne sont pas des hommages qu'on nous rend.

Il est des cas où l'homme le plus modeste est forcé de faire son propre *éloge*; il n'y en a point où l'on soit obligé de se donner des *louanges*.

On fait l'*éloge* et non pas la *louange* d'une personne; mais on donne également des *éloges* et des *louanges*.

Les *éloges* sont des traits particuliers d'*éloge*.

L'*éloge* est plus fort des choses; la *louange* est plus forte en paroles. L'*éloge* loue mieux, la *louange* loue plus. L'un consacre les faits; l'autre exalte les personnes.

L'*éloge* doit être vrai, impartial, judicieux, philosophique; la *louange* doit être fine, délicate, sincère, mesurée.

ÉLOIGNER, ÉCARTER, METTRE à L'ÉCART.

Action par laquelle on cherche à faire disparaître quelque chose de sa vue, ou à en détourner son attention.

Éloigner est plus fort qu'*écarter*; *écarter*

est plus fort que *mettre à l'écart*. On *écarte* ce dont on veut se débarrasser pour toujours; on *met à l'écart* ce qu'on veut ou qu'on peut reprendre ensuite.

Un prince doit *éloigner* de soi les traîtres, et en *écarter* les flatteurs. Il faut qu'un juge *mette à l'écart* tout sentiment personnel.

ÉMANER, DÉCOULER.

Émaner désigne proprement la source d'où les choses sortent : *découler* indique spécialement un canal par où elles passent. Il *découle* du sang par une blessure. Les odeurs *émanent* du corps.

Émaner se dit sur-tout des parties très-subtiles et très-déliées qui se détachent et s'exhalent des corps par une transpiration insensible, ou par une voie semblable. Il *émane* des corps les plus durs une infinité de corpuscules invisibles.

Découler se dit de choses qui coulent et se répandent par quelque ouverture, d'une manière plus ou moins sensible. Il *découle* des veines de la terre des sucs qui forment les cristaux et les minéraux de toute espèce.

EMBARRAS, TIMIDITÉ.

L'embarras est l'incertitude de ce que l'on doit dire ou faire. La *timidité* est la crainte de dire ou de faire quelque chose de mal; elle tient au caractère, et l'*embarras* aux circonstances. On peut être *timide* sans être *embar-rassé*, et *embarrassé* sans être *timide*.

EMBLÊME, DEVISE.

Représentation d'une vérité intellectuelle par un symbole sensible accompagné d'une légende qui en explique le sens.

Les paroles de l'*emblême* ont toutes seules un sens plein et achevé, et même tout le sens, et toute la signification qu'elles peuvent avoir avec la figure. Les paroles de la *devise* ne s'entendent bien que quand elles sont jointes à la figure.

La *devise* est un symbole déterminé à une personne, ou à quelque chose qui la concerne en particulier ; au lieu que l'*emblême* est un symbole plus général.

EMBRION, FÉTUS.

L'*embrion* est le corps brut, informe, et extrêmement petit, de l'animal renfermé dans le sein de sa mère, et n'ayant pas encore la figure propre à son espèce. Lorsque toutes les parties de l'animal sont développées et appa-rentes, c'est le *fétus* proprement dit.

Fétus ne se dit qu'au sens propre : *embrion* se dit figurément d'un très-petit homme.

ÉMISSAIRE, ESPION.

L'*émissaire*, différent de l'ambassadeur et de l'envoyé, est sans pouvoir ; son métier est de répandre des bruits, de fausses alarmes; de tâter, de sonder la disposition des esprits, de soulever un camp, une ville, une contrée.

L'espion épie, va à la découverte, perce, examine.

L'émissaire se montre et parle; *l'espion* se cache et se tait. Celui qui veut fomenter se sert *d'émissaires;* celui qui veut savoir se sert *d'espions*. Au demeurant ces personnages sont aussi vils l'un que l'autre.

EMPIRE, ROYAUME.

Différens États, dont les princes prennent le titre d'empereur ou de roi.

Empire fait naître l'idée d'un État vaste et composé de plusieurs peuples. *Royaume* marque un État plus borné, et fait sentir l'unité de la nation dont il est formé. L'*empire* Romain. Le *royaume* de Prusse.

Il y a dans les *royaumes* uniformité de lois fondamentales. Il n'en est pas de même dans les *empires* : une partie se gouverne quelquefois par des lois fondamentales très-différentes de celles par lesquelles une autre partie du même *empire* se gouverne; c'est la soumission, dans certains chefs, au commandement d'un supérieur général, qui fait l'union de l'État.

EMPLÈTE, ACHAT.

Emplète emporte avec lui une idée particulière de la chose achetée, et *achat* tient plus de l'action d'acheter. On dit une *emplète* utile, une *emplète* de goût; ce qui ne conviendrait point au mot *achat*. Mais en revanche, celui-ci paraît être seul propre aux objets considérables, tels que des terres, des fonds, des maisons.

EMPLIR, REMPLIR.

Remplir exprime l'action d'ajouter ce qui manque pour que la chose soit tout-à-fait pleine.

Emplir exprime proprement l'action continue par laquelle vous comblez entièrement la capacité d'une chose.

Vous *emplissez* tout de suite une bouteille de vin; un étang se *remplit* d'eau par des crues successives.

Emplir se dit proprement des vases, des vaisseaux, des choses destinées à contenir de certaines matières. *Remplir* se dit indifféremment de toute place occupée par la multitude ou la quantité. Vous *emplissez* une cruche d'eau, un verre de vin. Vous *remplissez* une rue de gravois, une basse-cour de fumier, etc.

Dans le sens figuré, on dit communément *remplir*. Il a *rempli* l'univers de son nom.

EMPORTEMENT, IMPÉTUOSITÉ, VIOLENCE.

L'*emportement* peut n'être qu'une chose momentanée; il naît, meurt et renaît, sans qu'il en reste de traces dans l'intervalle. La *violence* et l'*impétuosité* sont des dispositions constantes qui tiennent davantage au caractère.

L'*emportement* et l'*impétuosité* éclatent toujours au dehors. La *violence* peut être intérieure et cachée.

L'*impétuosité* nous fait entreprendre de surmonter les obstacles ; souvent même elle nous empêche de les voir. La *violence* fait que nous nous en irritons parfois sans le dire. L'*emportement* fait que nous déclamons contre eux ; il se borne souvent à des mots.

Un homme *emporté* est parfois brutal. Un homme *violent* est souvent vindicatif. Un homme *impétueux* est ordinairement brave.

EMPORTER, REMPORTER LE PRIX.

Emporter le prix, c'est obtenir une récompense, un avantage, un honneur quelconque, que l'on ambitionnait.

Remporter le prix, c'est obtenir tel prix, la récompense, la couronne qui avait été mise au concours.

On *emporte un prix* par le succès : on *remporte un prix* par le triomphe obtenu sur un concurrent.

EMPREINDRE, IMPRIMER.

Empreindre signifie *imprimer*, par l'application d'un corps sur un autre, la figure, l'image, les traits sensibles de ce corps. Vous *imprimez* un mouvement à un corps, des sensations à un être animé, des leçons dans l'ame, etc. toutes choses que vous ne sauriez rigoureusement *empreindre*, car elles n'ont pas de figure. Pour *empreindre* il faut *imprimer* de manière que l'*impression* laisse l'*empreinte* ou l'image de la chose.

On *imprime* donc différentes choses de différentes manières, mais les figures ou les formes seules sont *empreintes* avec des sceaux, des cachets, des marteaux, des estampilles, ou par les corps mêmes, figurés de manière qu'on y reconnaît ces corps. En marchant, vous *imprimez* un mouvement à l'air; vos pas restent *empreints* sur la terre.

EMPRESSEMENT, ZÈLE.

Le *zèle* part du cœur. L'*empressement* ne vient souvent que du caractère. Il y a des gens *empressés* sur tout, et pour tout le monde; on n'est *zélé* que pour les personnes ou sur les objets auxquels on prend un intérêt particulier.

L'*empressement* se marque sur-tout dans les manières; le *zèle* dans toute la conduite. L'un semble vouloir tout prévenir, tout deviner, pour vous servir ou vous complaire sur tout: l'autre ne voit que vos intérêts, et s'y dévoue au point de les défendre contre vous-même, et de vous déplaire pour vous être utile.

Le

Le *zèle* est toujours désintéressé ; l'*empressement* peut ne pas l'être.

ÉMULATION, RIVALITÉ.

Émulation ne désigne que la concurrence, et *rivalité* dénote le conflit. Il y a *émulation* quand on court la même carrière ; et *rivalité*, quand les intérêts se combattent. Deux *émules* vont ensemble ; deux *rivaux* vont l'un contre l'autre.

L'*émulation* est un sentiment vif qui vous porte à faire de généreux efforts pour surpasser, égaler, ou même suivre de près ceux qui font quelque chose d'honnête. La *rivalité* est un sentiment jaloux qui nous porte à faire tous nos efforts pour l'emporter, de quelque manière que ce soit, sur ceux qui poursuivent le même objet.

L'*émulation* est une flamme qui échauffe ; la *rivalité*, un feu qui divise. L'*émule* tâche de surpasser son concurrent ; le *rival* supplantera le sien, s'il le peut.

ÉMULE, ÉMULATEUR.

On est *émule* de ses pairs ou de ses compagnons ; on est *émulateur* de quelque personnage distingué. L'*émule* tâche de surpasser son *émule* ; l'*émulateur* d'imiter son modèle.

Il faut avoir le germe du héros pour en devenir l'*émulateur* ; il faut en avoir le succès pour en devenir l'*émule*.

Tome 1.   L

On dit *émule* dans tout genre de travail et de concurrence ; *émulateur* ne se dit que dans le grand, ou dans un ordre de choses distingué.

Néron était l'*émule* des histrions. Charles XII fut l'*émulateur* d'Alexandre.

En , dans.

Lorsqu'il s'agit d'un lieu , *dans* a un sens précis et déterminé , qui fait entendre qu'une chose contient ou renferme l'autre, et marque un rapport du dedans au dehors. On est *dans* la chambre, *dans* la maison , *dans* la ville, *dans* le royaume, quand on n'en est pas sorti, ou quand on y est rentré.

En a un sens vague et indéfini , qui indique seulement en général où l'on est , et marque un rapport du lien où l'on se trouve à un autre où l'on pourrait être. On est *en* ville, lorsqu'on n'est pas à sa maison ; *en* campagne , quand on a quitté la ville.

Lorsqu'il est question du temps , *dans* marque plus particulièrement celui où l'on exécute les choses , et *en* marque plus proprement celui qu'on emploie à les exécuter. *Dans* la belle saison , on va *en* trois jours de Lyon à Paris , par le courier.

Lorsque ces mots sont employés pour indiquer l'état ou la qualification , *dans* est ordinairement d'usage pour le sens particularisé , et *en* pour le sens général. Vivre *dans* une entière liberté ; vivre *en* liberté. Tomber *dans* une profonde léthargie ; tomber *en* léthargie.

ENCHAÎNEMENT, ENCHAÎNURE.

Liaison de choses qui, dépendantes les unes des autres, forment une chaîne ou une sorte de chaîne.

Enchaînement ne se dit guère qu'au figuré, des objets physiquement ou métaphysiquement dépendans les uns des autres.

Enchaînure ne se dit guère que dans le sens propre, des ouvrages de l'art.

Des anneaux, des fils, des cordons entre-lacés les uns dans les autres forment une *enchaînure*. Des causes, des idées, des malheurs, et autres objets qui conduisent successivement de l'un à l'autre, forment un *enchaînement*.

ENCHANTER, CHARMER, RAVIR.

Enchanter exprime l'effet que produit sur nous un plaisir vif et qui émeut l'imagination.

Charmer exprime l'effet que produit un plaisir doux et qui pénètre jusqu'à l'ame.

Ravir exprime l'effet d'un plaisir enivrant qui suspend le cours de nos idées, et absorbe toutes nos facultés.

Un peu de surprise se mêle presque toujours à l'*enchantement*. L'affection s'unit au sentiment que nous éprouvons pour ce qui nous *charme*. Le *ravissement* ne va pas sans un peu de trouble.

ENCORE ; AUSSI.

Encore a plus de rapport au nombre et à la quantité : sa propre énergie est d'ajouter et d'augmenter. Quand il n'y en a pas assez, il en faut *encore*.

Aussi tient davantage de la similitude et de la comparaison : sa valeur particulière est de marquer de la conformité et de l'égalité dans les choses. Lorsque le corps est malade, l'esprit l'est *aussi*.

ENDURANT , PATIENT.

L'homme *endurant* est celui qui *endure*, qui souffre avec patience, avec constance, des duretés, des injures, des outrages, des contradictions, des persécutions de la part des hommes.

L'homme *patient* est celui qui *pâtit*, qui souffre avec modération, avec douceur, sans agitation, sans murmure, quelque genre de peine que ce soit.

L'homme délicat et irascible n'est pas *endurant* ; l'homme sensible et vif n'est pas *patient*.

La crainte, la faiblesse, la position dans laquelle vous serez, pourront vous forcer d'*endurer* sans rien dire, quoique vous ne soyez pas *patient* par caractère. La *patience* est vertu, longanimité.

L'homme *endurant* souffre et enrage ; l'homme *patient* souffre et reste calme.

ÉNERGIE, FORCE.

Nous ne considérons ici ces mots qu'en tant qu'ils s'appliquent au discours.

Il semble qu'*énergie* dise encore plus que *force*, et qu'il s'applique principalement aux discours qui peignent, et au caractère du style. On peut dire d'un orateur, qu'il joint la *force* du raisonnement à l'*énergie* des expressions. On dit aussi une peinture *énergique*, et des images *fortes*.

ENFANT, PUÉRIL.

Enfant s'applique aux personnes, et *puéril* à leurs discours ou à leurs actions. On dirait d'un homme qu'il est *enfant*, et que tout ce qu'il dit est *puéril*.

Enfant désigne un défaut de maturité ; *puéril*, un défaut d'élévation. Un discours d'*enfant* est un discours qui n'a point de raison : un discours *puéril* est un discours qui n'a point de noblesse.

ENFANTER, ACCOUCHER, ENGENDRER.

C'est produire par voie de paternité ou de maternité.

Enfanter ne joint à cette signification générale aucune idée accessoire ; il est d'ailleurs assez rarement employé.

Accoucher ne se dit que de la femme, et marque précisément le moment, ou plutôt l'action de mettre l'enfant au monde.

Engendrer se dit également pour les deux sexes, et s'applique indéfiniment à ce qui contribue à la génération.

Dans le style figuré, on se sert d'*enfanter* pour ce qui est proprement ouvrage, soit de la plume, soit de la main : *enfanter* un volume. *Accoucher* est employé pour les productions d'esprit, et conserve l'idée accessoire de difficulté : *accoucher* d'une tragédie. Quant au mot *engendrer*, on le place ordinairement dans ce qui est l'effet de l'humeur : *engendrer* des querelles.

ENFIN, A LA FIN, FINALEMENT.

Enfin signifie en finissant, pour finir, pour conclusion, en un mot : il annonce particulièrement, par une sorte de transition, la fin ou la conclusion d'un discours, d'un récit, d'un raisonnement. *Enfin*, je l'ai dit, et je veux que cela soit.

A la fin signifie après tout cela, au bout du compte, en dernière analyse ; il annonce la fin ou le résultat des choses, des affaires, des évènemens considérés en eux-mêmes. *A la fin*, le mal que nous faisons retombe sur nous-mêmes.

Finalement signifie pour dernière conclusion, définitivement, ou, comme on a dit, à la fin finale : c'est un résultat *final*, une conclusion *finale*. Nos comptes sont *finalement* arrêtés.

Enfin indique quelquefois la lenteur de

l'événement arrivé après beaucoup de temps, d'attente, d'incertitude.

Enfin Malherbe vint, et, le premier en France,
Fit sentir dans les vers une juste cadence.

ENFLÉ, GONFLÉ, BOUFFI, BOURSOUFLÉ.

L'idée commune à tous ces termes est celle d'une élévation, d'une extension qui augmente le volume ordinaire du corps, et qui est causée, ou semble l'être, par l'eau, par l'air, par des humeurs, etc.

Enflé est comme le genre à l'égard des autres mots : il se dit de tout corps qui reçoit une extension par les fluides. Un ballon est *enflé* par l'air qu'on y introduit. La voile est *enflée* par le vent. Une jambe est *enflée* par une humeur.

Un ballon est *gonflé*, lorsqu'il est si *enflé* qu'on ne peut guère le souffler davantage. L'estomac, le ventre, sont *gonflés*, lorsque la peau est fort tendue ; mais les mains, les cuisses, les jambes, s'*enflent* et ne se *gonflent* point, parce qu'elles ne sont pas vides en dedans, et disposées pour contenir diverses matières.

Bouffi ne s'applique qu'aux chairs qui, par quelque indisposition, sont *enflées* de manière que l'on paraît être engraissé, mais toutefois avec un air mal-sain. Visage *bouffi*.

Boursoufflé se dit proprement des choses

L 4

que l'on souffle pour leur donner un gros volume, et, par analogie, de celles qui ont,
avec peu de matière, tant de volume, qu'elles
paraissent avoir été *soufflées*. Les pâtisseries
légères qui ont beaucoup de volume, avec
peu de consistance, sont *boursouflées*.

En morale, un homme plein de lui-même,
d'orgueil, de vanité, de tout ce qui est, comme
on dit, du vent, est *enflé*, *gonflé*, *bouffi*.
Le style est *enflé*, *bouffi*, *boursouflé* ;
mais il n'est pas *gonflé*. Le défaut du style
enflé est de vouloir aller au-delà du grand :
c'est plutôt d'excéder la mesure naturelle du
sujet. Il est *bouffi* lorsqu'il sort tout-à-fait du
sujet, et qu'en affectant beaucoup de grandeur
et de force, il décèle beaucoup de faiblesse
et de lâcheté. Il est *boursouflé* lorsqu'il n'est
rempli que de mots, de grands mots vides
de sens et d'idées.

ENNEMI, ADVERSAIRE, ANTAGONISTE.

Les *ennemis* cherchent à se nuire : ordinairement ils se haïssent. Les *adversaires* font
valoir leurs prétentions l'un contre l'autre :
ils sont divisés d'intérêt. Les *antagonistes*
embrassent des partis opposés : ils diffèrent
d'opinion.

ENNOBLIR, ANOBLIR.

Ennoblir, c'est rendre plus considérable,
plus noble, plus illustre. *Anoblir*, c'est faire

noble, rendre noble, donner des lettres de noblesse.

Ennoblir s'applique aux choses : les sciences, les lettres *ennoblissent* la nation qui les cultive. *Anoblir* ne se dit que des personnes : il y a des charges qui *anoblissent*.

ÉNONCER, EXPRIMER.

Vous *énoncez* votre pensée en la produisant au dehors, en la rendant d'une manière intelligible, en la faisant connaître. Vous l'*exprimez* en la rendant d'une manière sensible, par une image plus marquée.

L'*énonciation* suit l'idée : l'*expression* naît de l'idée clairement et fortement conçue. On s'*énonce* avec facilité, avec netteté, avec pureté, avec régularité, en bons termes, en termes choisis. On s'*exprime* de toutes ces manières, mais sur-tout avec force, chaleur, énergie, de façon à imprimer la chose dans l'esprit de l'auditeur.

L'homme disert s'*énonce* ; l'homme éloquent s'*exprime*.

S'ENQUÉRIR, S'INFORMER.

S'enquérir, c'est faire des *enquêtes* ou des recherches plus ou moins diligentes, curieuses, étendues ou profondes, pour acquérir une connaissance ample ou exacte, ou même la certitude de la chose.

L 5

S'informer, c'est seulement chercher, demander des lumières, des éclaircissemens pour savoir ce qui est.

S'enquérir dit plus que *s'informer*: Celui qui questionne *s'enquiert* ; celui qui demande *s'informe*. A force de *s'enquérir*, on découvre ; à force de *s'informer*, on apprend.

ENSEIGNER, APPRENDRE, INSTRUIRE, INFORMER, FAIRE SAVOIR.

Enseigner, c'est uniquement donner des leçons. *Apprendre*, c'est donner des leçons dont on profite. *Instruire*, c'est mettre au fait des choses par des mémoires détaillés. *Informer*, c'est avertir les personnes des évènemens qui peuvent être de quelque conséquence. *Faire savoir*, c'est simplement rapporter ou mander fidèlement les choses.

Le professeur *enseigne* ceux qui viennent entendre ses leçons. L'historien *apprend* à la postérité les évènemens de son siècle. Le prince *instruit* ses ambassadeurs de ce qu'ils ont à négocier : le père *instruit* aussi ses enfans de la manière dont ils doivent vivre dans le monde. Le surveillant *informe* les supérieurs de la bonne ou mauvaise conduite de ceux qui leur sont soumis. Les correspondans se *font savoir* réciproquement tout ce qui arrive de nouveau et de remarquable dans les lieux où ils sont.

ENSEMBLE, A LA FOIS.

Ensemble indique la réunion momentanée ou prolongée de plusieurs choses ou de plusieurs actions. Vingt soldats sont exercés *ensemble*.

A la fois marque la rencontre de plusieurs mouvemens dans un même moment. Un pêcheur prend d'un seul coup de filet vingt poissons *à la fois*.

Deux chanteurs chantent *ensemble* dans un duo, quoiqu'ils ne chantent pas *à la fois*; et si l'un des deux chante faux, ils auront beau chanter *à la fois*, ils ne chanteront pas *ensemble*. Deux hommes voyagent *ensemble*, c'est-à-dire, l'un avec l'autre, et partent *à la fois*, c'est-à-dire, au même moment.

Pour les choses qui ne peuvent avoir qu'un moment d'existence, *ensemble* veut dire *à la fois* : deux coups de fusil partent *ensemble*, c'est-à-dire, *à la fois*, quoiqu'ils se dirigent de différens côtés.

ENTENDRE, COMPRENDRE, CONCEVOIR.

Se faire des idées conformes aux objets présentés.

Entendre marque une conformité qui a précisément rapport à la valeur des termes dont on se sert.

Comprendre en marque une qui répond directement à la nature des choses qu'on explique.

La conformité exprimée par *concevoir* regarde plus particulièrement l'ordre et le dessein de ce qu'on se propose.

Le premier s'applique très-bien aux circonstances du discours, au ton dont on parle, au tour de la phrase, à la délicatesse des expressions; tout cela s'*entend*. Le second paraît mieux convenir en fait de principes, de leçons, de connaissances spéculatives; ces choses se *comprennent*. Le troisième s'emploie avec grâce pour les formes, les arrangemens, les projets, les plans; enfin tout ce qui dépend de l'imagination se *conçoit*.

On *entend* les langues; on *comprend* les sciences; et l'on *conçoit* ce qui regarde les arts.

ENTENDRE, ÉCOUTER, OUÏR.

Entendre, c'est être frappé des sons; *écouter*, c'est prêter l'oreille pour les *entendre*. Quelquefois on n'*entend* pas, quoiqu'on *écoute*; et souvent on *entend* sans *écouter*.

Ouïr n'est guère usité qu'à l'infinitif, et aux temps composés, *j'ai ouï*, *j'avais ouï*. Il diffère d'*entendre*, en ce qu'il marque une sensation plus confuse : on a quelquefois *ouï* parler sans avoir entendu ce qui a été dit.

ENTENDRE RAILLERIE, ENTENDRE la RAILLERIE.

Entendre raillerie, c'est prendre bien ce qu'on nous dit, c'est ne s'en point fâcher; c'est non-seulement savoir souffrir les *raille-*

ries, mais aussi les détourner avec adresse et les repousser avec esprit.

Entendre la raillerie, c'est avoir la facilité, l'art, le talent de bien *railler*; c'est *railler* agréablement, finement.

ENTÊTÉ, OPINIÂTRE, TÊTU, OBSTINÉ.

Ces épithètes marquent un défaut qui consiste dans un trop grand attachement à son sens.

Dans un *entêté*, ce défaut semble venir d'un excès de prévention qui le séduit, et lui fait regarder les opinions qu'il a embrassées comme les meilleures.

Dans un *opiniâtre*, ce défaut paraît être l'effet d'une constance mal-entendue, qui le confirme dans ses volontés, et qui, lui faisant trouver de la honte à avouer le tort qu'il a, l'empêche de se rétracter.

Dans un *têtu*, ce défaut vient d'une pure indocilité, ou d'une bonne opinion de soi-même, qui fait que, se consultant seul, il ne compte pour rien le sentiment d'autrui.

Dans un *obstiné*, ce défaut paraît provenir d'une espèce de mutinerie affectée, qui le rend intraitable, et qui, tenant un peu de l'impolitesse, fait qu'il ne veut jamais céder.

L'*entêté* et le *têtu* ont l'esprit fortement persuadé, ils abondent trop en leur sens; mais l'*entêté* croit et se persuade également les sentimens des autres comme les siens; au lieu que le *têtu* ne s'en tient qu'aux siens propres.

L'*opiniâtre* et l'*obstiné* ont une volonté revêche ; ils ne se rendent point au sens des autres, malgré toutes les lumières contraires : mais l'*opiniâtre* résiste par une opposition à céder qui lui est comme naturelle et de tempérament ; au lieu que l'*obstiné* le fait ordinairement par caprice et de propos délibéré.

ENTHOUSIASME, EXALTATION.

L'*enthousiasme*, état momentané, est un mouvement extraordinaire d'esprit, produit presque toujours par une cause extérieure.

L'*exaltation*, état habituel, est une élévation constante que l'ame doit à ses propres forces, qui est dans sa propre nature.

Un homme susceptible d'*enthousiasme* en prend lorsqu'il rencontre ce qui peut lui en inspirer. Un homme plein d'*exaltation* la porte dans tous ses jugemens, dans toutes ses idées, dans toutes ses actions ; il donne à tout sa couleur personnelle.

On peut inspirer de l'*enthousiasme* à quelqu'un qui n'y est pas enclin ; on ne donne pas de l'*exaltation*.

L'*enthousiasme* est un élan par lequel un homme de génie, un poète, un orateur, s'élève en quelque sorte au-dessus de lui-même, et semble inspiré par un Dieu. L'*exaltation* ne désigne qu'une élévation de sentimens au-dessus des sentimens ordinaires.

Être *enthousiaste*, c'est être facile à prévenir, à entraîner; être *exalté*, c'est ne pas penser comme la plupart des hommes.

ENTIER, COMPLET.

Une chose est *entière* lorsqu'elle n'est ni mutilée, ni brisée, ni partagée; elle est *complète* lorsqu'il ni manque rien, et qu'elle a tout ce qui lui convient.

ENTIÈREMENT, EN ENTIER.

Vous désignez par là une exécution parfaite, une consommation totale, un achèvement absolu, une chose à laquelle il ne manque rien, d'où l'on n'a rien ôté, où il n'y a rien à ajouter.

Entièrement se rapporte directement à votre action; *en entier* s'applique immédiatement à l'objet, à l'ouvrage. Vous avez lu *entièrement* un ouvrage, c'est-à-dire, que votre lecture est achevée. Vous l'avez lu *en entier*, c'est-à-dire, que vous avez lu l'ouvrage tout entier. Dans le premier cas, vous avez lu tout ce que vous vouliez lire de l'ouvrage; dans le second, vous avez lu tout ce que l'ouvrage renferme.

Une personne change *entièrement* d'avis, et non pas *en entier*: c'est la personne qui change, et non l'avis.

En entier indique aussi ce qui se fait tout à la fois, en un seul coup, par un seul acte, tout ensemble; tandis qu'*entièrement* désigne une succession d'actes, ou une action dont les influences divisées se portent sur divers objets. Une ville est *entièrement* engloutie par plusieurs secousses de tremblemens de terre : par une seule ouverture subite de la terre, elle est engloutie *en entier*.

ENTOURER, ENVIRONNER, ENCEINDRE, ENCLORRE.

Enclorre, c'est enfermer une chose comme dans un rempart, former tout autour une clôture, de manière qu'elle soit cachée, défendue. Un parc est *enclos* de murs. On fait *enclorre* un jardin. *Enclorre* ne se dit qu'au propre, et il n'a pas tous ses temps.

Enceindre, c'est renfermer une chose dans une *enceinte*, l'entourer dans toute sa circonférence, comme d'une ceinture ; de manière que n'étant nulle part ouverte ou découverte, d'un côté ses limites soient fixées, et de l'autre son accès soit défendu. Une ville *enceinte* de murailles. On fait *enceindre* de fossés une forêt.

Environner et *entourer*, c'est, en général, mettre une chose autour d'une autre, former un cercle autour de celle-ci, la revêtir ou enfermer dans toute sa circonférence. On *entoure* et on *environne* une ville de murs ; et l'on dira même *enceindre* et *enclorre* une ville.

Il semble que ce qui *entoure* touche de plus

près à la chose qu'il *entoure*, qu'il forme tout autour une chaîne plus serrée, qu'il ait des rapports plus étroits avec elle; tandis que ce qui *environne* peut être plus ou moins éloigné, plus vague, moins continu, plus détaché et plus indépendant de ce qu'il *environne*. Un anneau *entoure* le doigt; un bracelet *entoure* le bras. Les cieux *environnent* la terre; des satellites *environnent* une planète; des places fortes *environnent* un État.

Ce qui est *autour* d'une chose est tout près; mais *environ* ne signifie qu'à peu près : les *alentours* ne s'étendent pas aussi loin que les *environs*.

ENTREMISE, MÉDIATION.

Entremise est l'action d'une personne qui s'emploie à traiter une affaire entre deux personnes éloignées l'une de l'autre.

La *médiation* est l'action d'une personne qui s'emploie à concilier des intérêts opposés.

L'*entremise* n'est nécessaire qu'entre des gens éloignés par leur situation respective : la *médiation* ne sert qu'entre des gens séparés par la haine ou par des intérêts contraires.

ENVIE, JALOUSIE.

On est *jaloux* de ce qu'on possède, et *envieux* de ce que possèdent les autres.

Quand ces deux mots sont relatifs à ce que possèdent les autres, *envieux* dit plus que *jaloux*. Le premier marque une disposition

habituelle et de caractère; l'autre peut désigner un sentiment passager.

On peut être quelquefois *jaloux*, sans être
naturellement *envieux* : la *jalousie* est un
sentiment dont on a quelquefois peine à se
défendre; l'*envie* est un sentiment bas, qui
ronge et tourmente celui qui en est pénétré.

La *jalousie* est l'effet du sentiment de nos
désavantages comparés au bien de quelqu'un :
quand il se joint à cette *jalousie* de la haine
et une volonté de vengeance dissimulée par
faiblesse, c'est *envie*.

Envier, avoir envie.

Nous *envions* aux autres ce qu'ils possèdent; nous voudrions le leur ravir. Nous
avons envie pour nous de ce qui n'est pas en
notre possession; nous voudrions l'avoir. Le
premier est un mouvement de jalousie ou de
vanité; le second est un mouvement de cupidité.

Envier, porter envie.

Désirer avec une sorte de chagrin ce qui
est en la possession d'un autre. On *envie* les
choses; on *porte envie* aux personnes.

Épanchement, effusion.

L'*effusion* est plus vive, plus abondante,
plus continue que l'*épanchement*. Par une
meurtrissure, il se fait un *épanchement* de

sang; il y en aura *effusion* par une large plaie. Un *épanchement* de bile cause des incommodités; l'*effusion* de la bile cause la jaunisse.

Ces mots conservent leur différence au figuré. On dit souvent l'*épanchement* et l'*effusion* du cœur.

Un cœur sensible cherche à se soulager par des *épanchemens*; un cœur trop plein cherche à se décharger par des *effusions*.

Les passions douces et discrètes se communiquent par des *épanchemens*; les passions violentes et impétueuses se répandent par des *effusions*.

ÉPITHÈTE , ADJECTIF.

L'*épithète* et l'*adjectif* se joignent au substantif pour en modifier l'idée principale par des idées secondaires; mais l'idée de l'*adjectif* est nécessaire, elle sert à déterminer et compléter le sens de la proposition; et l'idée de l'*épithète* n'est souvent qu'utile, elle sert à l'agrément et à l'énergie du discours.

J'aime les gens *modestes*. Supprimez l'*adjectif modestes*, cela n'a plus de sens. La *pâle* mort frappe également du pied à la porte des cabanes et à celle des palais. Supprimez l'*épithète pâle*, le sens reste; mais l'image est décolorée.

En un mot, l'*adjectif* est nécessaire dans la phrase; il a une force logique. L'*épithète* embellit le discours; elle peint, et appartient à la poésie.

ÉPITRE , LETTRE.

On donne généralement le nom de *lettres*
à toutes celles que l'on écrit en prose, de
quelque matière qu'elles traitent, et avec
quelque étendue qu'elles soient écrites ; il ne
faut en excepter que celles que l'on met à la
tête des livres pour les dédier, et que l'on
nomme *épîtres* dédicatoires. Mais on donne
le nom d'*épîtres* aux *lettres* écrites en vers.
On dit les *épîtres* d'Horace, de Despréaux,
de Rousseau.

ERRER , VAGUER.

Vaguer est presque inusité ; il signifie *errer*
d'une manière vague et vaine, à l'aventure,
sans suivre aucune route déterminée, sans
s'arrêter nulle part, sans but, sans dessein,
sans raison, sans retenue.

Celui qui *erre* va sans savoir son chemin :
celui qui *vague* va toujours sans savoir où.

L'homme égaré *erre* ; l'homme oisif *vague*.
Sans boussole, vous *errez* : au gré des vents
vous *vaguez*.

Avec de l'inconstance, on *erre* ; avec de la
légèreté, on *vague*.

ÉRUDIT , DOCTE , SAVANT.

Ces trois termes sont synonymes en ce
qu'ils supposent des connaissances acquises
par l'étude.

L'*érudit* et le *docte* savent des faits dans tous les genres de littérature : l'*érudit* en sait beaucoup ; le *docte* les sait bien.

Le *docte* et le *savant* connaissent avec intelligence : le *docte* connaît des faits de littérature, qu'il sait appliquer ; le *savant* connaît des principes, dont il sait tirer les conséquences.

Savant est toujours un éloge ; au lieu que l'on dit quelquefois, par une sorte de mépris, qu'un homme n'est qu'un *érudit*.

On dit d'un livre qui contient beaucoup de faits de littérature et un grand nombre de citations, non pas qu'il est *érudit*, mais qu'il est rempli d'*érudition*. On dit un *docte* commentaire, pour marquer que l'érudition y est employée avec discrétion et intelligence. Un ouvrage est *savant*, quand on y traite les grands principes des sciences rigoureuses, ou qu'on les y emploie pour la fin particulière qu'on se propose.

Escalier, degré, montée.

C'est cette partie d'une maison qui sert, par plusieurs marches, à monter aux divers étages d'un bâtiment, et à en descendre.

L'*escalier* est proprement la partie d'un bâtiment qui sert à monter et à descendre. Le *degré* est une des parties égales de l'*escalier*, qui sont élevées les unes au-dessus des autres, pour en faire parvenir successivement du bas en haut, du haut en bas. La *montée* est la pente plus ou moins douce de l'*escalier*, ce qui dépend de la hauteur et de la largeur de chacun des *degrés*.

ESPÉRER, ATTENDRE.

On *espère* ce qu'on désire; on *attend* ce qu'on croit. On *espère* gagner à la loterie; on *attend* impatiemment qu'elle se tire.

On *espère* un bien incertain, et l'on *attend* une chose ou nécessaire, ou très-probable. Un accusé *espère* un jugement favorable, et il *attend* son jugement.

On espère souvent contre toute *espérance*. L'*attente* est fondée sur la confiance. Vous *espérez* un service de quelqu'un; vous l'*attendez* d'un ami.

ESPÉRANCE, ESPOIR.

L'*espérance* s'étend sur tous les genres de biens que nous désirons obtenir, avec plus ou moins de penchant à croire que nous les obtiendrons.

L'*espoir* s'adresse proprement à cette sorte de biens dont nous désirons le plus ardemment la possession, et dont la privation serait pour nous un malheur.

L'*espoir*, tout détruit, mènerait au *désespoir*. L'*espérance* trompée ne nous laisse souvent dans le cœur qu'un sentiment de peine.

Esprit, raison, bon-sens, jugément,
entendement, conception, intelligence,
génie.

L'*esprit* est fin et délicat; mais il n'est pas absolument incompatible avec un peu de folie et d'étourderie. Ses productions sont brillantes, vives et ornées : son propre est de donner du tour à ce qu'il dit et de la grâce à ce qu'il fait.

La *raison* est sage et modérée; elle ne s'accommode d'aucune extravagance : ses discours sont convenables au sujet qu'elle traite, et ses actions ont toute la décence qu'exige la circonstance.

Le *bon-sens* est droit et sûr : son objet ne va pas au-delà des choses communes; il empêche d'être la dupe des charlatans et des fripons, et il ne donne ni dans le ridicule du langage affecté, ni dans le travers de la conduite capricieuse.

Le *jugement* est solide et clairvoyant : il bannit l'air imbécille et nigaud, met aisément au fait des choses, parle et agit en conséquence de ce qu'on dit et de ce qu'on propose.

La *conception* est nette et prompte; elle épargne les longues explications, donne beaucoup d'ouverture pour les sciences et les arts, met de la clarté dans les expressions et de l'ordre dans les ouvrages.

L'*intelligence* est habile et pénétrante; elle saisit les choses abstraites et difficiles, rend les hommes propres aux divers emplois de la société civile, fait qu'on s'énonce en termes corrects, et qu'on exécute régulièrement.

Le *génie* est heureux et fécond : c'est plus un don de la nature qu'un ouvrage de l'éducation : il met du caractère, du goût et de la grandeur dans tout ce qui part de lui.

ÉTOUFFER, SUFFOQUER.

Otez la respiration, vous *étouffez*, en empêchant les poumons de recevoir l'air et de le rejeter alternativement. Sur quelque organe de la respiration qu'on agisse, ou *suffoque*, en bouchant le canal de la respiration. La pression des poumons produit l'*étouffement* : la *suffocation* est produite par un embarras particulier dans la trachée-artère ou dans les bronches.

Un fétu arrêté dans la trachée-artère *suffoque*. On *étouffe* dans un air trop dense et trop rare. Une violente colère *suffoque* ; une déglutition précipitée *étouffe*.

Suffoquer n'est employé que dans le sens propre, et ne se dit que des animaux.

Étouffer se dit de diverses choses qu'on fait périr, finir, cesser, faute de communication avec l'air. On *étouffe* le feu dans un fourneau. Les mauvaises herbes *étouffent* le bon grain.

Étouffer se dit figurément pour détruire, faire cesser, empêcher qu'une chose n'éclate. On *étouffe* un bruit, une affaire, une rébellion. On *étouffe* ses passions, ses remords.

ÉTOURDI,

ÉTOURDI, ÉVENTÉ, ÉVAPORÉ, ÉCERVELÉ.

L'*étourdi* est celui en qui la vivacité du caractère nuit à la réflexion; l'*évaporé*, celui à qui la légèreté de l'esprit ôte la faculté de réfléchir; l'*éventé*, celui qu'un degré de plus d'irréflexion et de légèreté prive d'idées même et d'esprit; l'*écervelé*, celui en qui la fougue du caractère, des passions ou des plaisirs, détruit le jugement.

Le caractère de l'*écervelé* se marque par des actions déréglées, sans mesure et quelquefois sans but. On dit courir comme un *écervelé*. L'*étourdi* se fait reconnaître à ses actions, quelquefois incohérentes et contraires à ses intérêts, à ses idées habituelles, à ses volontés même. L'*évaporé*, n'ayant de principes sur rien, agit d'après la fantaisie du moment. L'*éventé* ne s'applique qu'à des niaiseries, et ne se fait remarquer que par des ridicules.

ÊTRE D'HUMEUR, ÊTRE EN HUMEUR.

Être d'humeur marque une disposition habituelle qui tient de l'inclination, du tempérament, de la constitution naturelle. Il n'*est* pas d'humeur à souffrir une insulte.

Être en humeur indique toujours une disposition actuelle et passagère. Je ne *suis* pas en humeur d'écrire, de me promener; je n'y suis pas actuellement disposé.

Tome I. M

ÊTRE FAIBLE, AVOIR DES FAIBLESSES.

Être faible indique une disposition habituelle du cœur et de l'esprit, qui fait que nous manquons, en quelque sorte malgré nous, aux lumières de la raison, ou aux principes de la vertu. *Avoir des faiblesses*, c'est y manquer en effet, lorsque nous sommes entraînés par quelque cause différente de cette disposition habituelle.

Personne n'est exempt d'*avoir des faiblesses ;* mais tout le monde n'est pas homme *faible.*

Une grande sensibilité, des passions fortes, nous exposent à *avoir* souvent *des faiblesses.* Quand on *est* né *faible*, on le sera toute sa vie.

Turenne, qui n'*était* point un homme *faible, eut la faiblesse* de révéler le secret de l'État à une dame qu'il aimait beaucoup.

ÊTRE, EXISTER, SUBSISTER.

Être convient à toutes sortes de sujets, substances ou modes, et à toutes les manières d'*être*, soit réelles, soit idéales, soit qualificatives.

Exister ne se dit que des substances, et seulement pour en marquer l'*être* réel.

Subsister s'applique également aux substances et aux modes, mais avec un rapport à la durée de leur *être*, que n'expriment pas les deux premiers mots.

L'homme *est* inconstant. Le monde *existe*
depuis bien des siècles, et il *subsistera* jusqu'à ce que la puissance qui l'a créé veuille le
détruire.

ÉTROIT, STRICT.

On dit au physique *étroit*, et non pas
strict : un habit *étroit*, un chemin *étroit*.

Au figuré, on dit alliance, amitié, familiarité, union *étroite*, et non pas *stricte*.

Mais on dit, le sens *étroit* ou *strict* d'une
proposition ; un droit *strict* ou *étroit* ; un devoir *étroit* ou *strict* ; une obligation *stricte*
ou *étroite*.

Étroit signifie alors rigoureux, sévère, et
c'est la signification propre de *strict*. *Étroit*
est du discours ordinaire ; *strict* est du style
des théologiens, des philosophes, des juris-
consultes. *Strict* est d'une précision plus rigoureuse qu'*étroit*. *Étroit* se dit par opposition au sens *étendu* ; et *strict* par opposition
au sens *relâché*. Le sens *strict* est très-*étroit* :
c'est le sens le plus sévère.

Étroit désigne plutôt ce que la chose est en
soi, et *strict* la manière dont on la prend.

ÉTUDIER, APPRENDRE.

Étudier, c'est uniquement travailler à devenir savant. *Apprendre*, c'est y travailler
avec succès.

Les plus savans ne sont pas ceux qui ont le
plus *étudié* ; mais ceux qui ont le plus *appris*.

S'ÉVADER, S'ÉCHAPPER, S'ENFUIR.

S'évader se fait en secret. *S'échapper* suppose qu'on a déjà été pris, ou qu'on est près de l'être. *S'enfuir* ne suppose aucune de ces conditions. Il faut de l'adresse pour s'*évader*, de la force pour s'*échapper*, de l'agilité pour s'*enfuir*.

ÉVEILLER, RÉVEILLER.

Éveiller exprime l'action simple de tirer de l'état de sommeil et d'amener à l'état de veille.

Réveiller exprime la réitération, le redoublement d'action, de force, de résistance; ce qui suppose que la personne, ou s'est endormie, ou dormait profondément.

On s'*éveille* quand on s'*éveille* naturellement ou de soi-même pour la première fois: si l'on s'endort de nouveau, à la seconde fois on se *réveille*. Vous demanderez qu'on vous *éveille* à cinq heures du matin; mais si vous avez de la peine à vous *éveiller* tout-à-fait, il faut qu'on vous *réveille*.

On *éveille* d'un sommeil léger; on *réveille* d'un sommeil profond. L'*éveil*, si je puis me servir de ce mot utile, est naturel ou facile; le *réveil* est difficile et forcé.

Au figuré, ces deux mots conservent les mêmes différences. On *éveille* le courage d'un homme tranquille qui ne songe point au danger ; on *réveille* le courage de celui qui l'a perdu ou qui le perd.

ÉVÈNEMENT, ACCIDENT, AVENTURE.

Évènement se dit en général de tout ce qui arrive dans le monde, soit au public, soit aux particuliers.

Accident se dit de ce qui arrive de fâcheux, soit à un seul, soit à plusieurs particuliers.

Aventure se dit uniquement de ce qui arrive aux personnes, soit que les choses viennent inopinément, soit qu'elles soient la suite d'une intrigue ; et ce mot marque quelque chose qui tient plus du bonheur que du malheur. Il semble aussi que le hasard a moins de part dans l'idée d'*évènement* que dans celle d'*accident* et d'*aventure*.

La vie est pleine d'*évènemens* que la prudence ne peut prévoir. La plupart des *accidens* n'arrivent que par défaut d'attention. Il est difficile de vivre dans le grand monde sans y avoir quelque *aventure* bizarre.

EXCELLER, ÊTRE EXCELLENT.

Exceller suppose une comparaison, met au-dessus de tout ce qui est de la même espèce, exclut les pareils, et s'applique à toutes sortes d'objets.

Être excellent place simplement dans le plus haut degré, sans faire de comparaison, souffre des égaux, et ne convient bien qu'aux choses de goût.

Lekain *était excellent* acteur; il *excellait* dans les rôles de fureur.

EXCITER, INCITER, POUSSER, ANIMER, ENCOURAGER, AIGUILLONNER, PORTER.

La plupart de ces mots ne sont synonymes que dans le sens figuré.

Exciter, c'est pousser vivement, presser fortement quelqu'un pour l'engager à poursuivre un objet, ou à le poursuivre avec plus d'ardeur.

Inciter, c'est s'insinuer assez avant dans l'esprit de quelqu'un, et le solliciter assez fortement pour le déterminer, l'attacher, l'entraîner, le porter à la poursuite d'un objet.

Pousser, c'est donner une impulsion, imprimer des mouvemens, forcer le penchant, prêter ses forces à quelqu'un pour le faire aller ou avancer plus vîte vers un but.

Animer, c'est inspirer une nouvelle activité, communiquer un ferment, donner de la chaleur, exciter une passion ou un sentiment vif dans l'ame de quelqu'un, pour qu'il agisse avec empressement et avec constance.

Encourager, c'est aider la faiblesse, élever le cœur, animer et ranimer le courage, inspirer, soutenir la hardiesse, l'audace, donner une nouvelle énergie à quelqu'un, pour que rien ne le détourne d'un objet ou ne l'arrête dans sa poursuite.

Aiguillonner, c'est piquer quelqu'un dans les endroits sensibles, le solliciter avec des traits perçans, l'exciter par les moyens les plus pressans, pour qu'il fournisse une carrière.

Porter, c'est déterminer le penchant ou la volonté de quelqu'un, l'emporter par son ascendant, le mener sans résistance, et lui faire faire ce qu'on veut.

On *excite* celui qui s'arrête ou se rebute. On *incite* celui qui n'est pas disposé à la chose. On *pousse* celui qui ne veut pas ou ne veut que faiblement. On *anime* celui qui manque du côté de l'ame, qui n'a ni volonté, ni chaleur, ni ardeur. On *encourage* celui qui est lâche ou timide. On *aiguillonne* celui qui ne peut vaincre sa paresse ou son inertie. On *porte* celui qui se laisse mener plutôt que de se conduire lui-même.

EXCUSE, PARDON.

On fait *excuse* d'une faute apparente ; on demande *pardon* d'une faute réelle. L'une est pour se justifier ; l'autre, pour arrêter la vengeance ou empêcher la punition.

EXHÉRÉDER, DÉSHÉRITER.

Dans l'ancienne législation, un père *exhérédait* ses enfans en les dépouillant de toute espèce de droit et de part dans sa succession, par une exclusion expresse et motivée, et pour

punir certaines offenses déterminées et spéci-
fiées par la loi. Il *déshéritait* ses héritiers
naturels, en léguant à d'autres ses biens
libres, par la simple institution d'un autre
héritier ou d'un légataire.

Il était flétrissant d'être *exhérédé*; il n'était
que malheureux d'être *déshérité*.

EXIGU, PETIT.

Un repas *exigu*, une somme *exiguë*, un
logement *exigu*, c'est-à-dire, insuffisant.
C'est l'insuffisance que ce mot rappelle, plutôt que la petitesse.

Petit exprime l'état réel de petitesse, sans
désigner l'insuffisance. Un enfant est *petit*, et
non pas *exigu*, à moins qu'on ne veuille dire
qu'il a la poitrine, la capacité trop *exiguë*.

Un homme peut vivre avec une *petite* fortune; si elle est *exiguë*, elle ne suffira pas.

EXILER, BANNIR.

Bannir signifie mettre hors de la société ou
d'un ressort par un jugement public ou solennel. *Exiler* signifie seulement mettre hors du
pays, de la société.

L'*exil* est prononcé par un ordre de l'autorité, et le *bannissement* par un jugement des
tribunaux : l'un vous éloigne de votre patrie,
de votre domicile; l'autre vous en chasse
ignominieusement. Le *bannissement* est une
peine infamante; l'*exil* est une disgrace.

On ne se *bannit* pas, on s'*exile* soi-même ; et l'on n'est pas *banni* d'un lieu dans un autre, mais on est *exilé* d'un lieu, et on l'est dans tel autre.

EXPÉDIENT, RESSOURCE.

L'*expédient* est un moyen de se tirer d'embarras, ou de lever une difficulté quelconque. La *ressource* est un moyen de se relever d'une chute ou de sortir d'une grande détresse. L'*expédient* facilite le succès ; la *ressource* remédie au mal.

Dans les affaires courantes de la vie, nous avons sans cesse besoin d'*expédiens*. Dans les calamités, il faut des *ressources*.

EXPÉRIENCE, ESSAI, ÉPREUVE.

L'*expérience* regarde proprement la vérité des choses ; elle décide de ce qui est ou de ce qui n'est pas, éclaircit le doute, et dissipe l'ignorance.

L'*essai* concerne particulièrement l'usage des choses ; il juge de ce qui convient ou ne convient pas, en fixe l'emploi, et détermine la volonté.

L'*épreuve* a plus de rapport à la qualité des choses ; elle instruit de ce qui est bon ou mauvais, distingue le meilleur, et guérit de la crainte d'être trompé.

On fait des *expériences* pour savoir, des

M 5

essais pour choisir, et des *épreuves* pour connaître.

EXTÉRIEUR, DEHORS, APPARENCE.

L'*extérieur* est ce qui se voit; il fait partie de la chose, mais la plus éloignée du centre.

Le *dehors* est ce qui environne; il n'est pas proprement de la chose, mais il en approche le plus.

L'*apparence* est l'effet que la vue de la chose produit, ou l'idée qu'on s'en forme par cette vue.

Les toits, les murs, les jours et les entrées, font l'*extérieur* d'un château : les fossés, les cours, les jardins et les avenues, en font les *dehors :* la figure, la grandeur, la situation, et le plan de l'architecture, en font l'*apparence.*

Dans le sens figuré, *extérieur* se dit plus souvent de l'air et de la physionomie des personnes : *dehors* est plus ordinaire pour les manières et pour la dépense; et *apparence* semble être plus d'usage à l'égard des actions et de la conduite.

EXTIRPER, DÉRACINER.

Extirper, c'est enlever avec force le corps de la place à laquelle il tenait fortement. *Déraciner* désigne l'action seule de détacher les racines ou les liens qui retiennent le corps, quoique le corps même reste à la même place.

Un ouragan *déracine* les arbres et ne les *extirpe* pas.

L'action d'*extirper* demande toujours une force et un effort que n'exige pas toujours l'action de *déraciner*.

Au figuré, ces mots signifient détruire entièrement des choses sur-tout pernicieuses, des abus, des maux, des habitudes, des erreurs, des préjugés. On *déracine* ce qui a jeté des racines profondes ; on *extirpe* ce qui a pris beaucoup de consistance et de force, des passions, par exemple ; on les *extirpe* en les détruisant sans en laisser aucune trace.

F

FABRIQUE, MANUFACTURE.

FABRIQUE présente spécialement l'idée de l'industrie, de l'art, du travail même de la fabrication.

Manufacture a spécialement rapport au genre d'établissement ou d'entreprise, aux ouvrages mêmes et à leur commerce.

La *fabrique* roule plutôt sur des objets plus communs et d'un usage plus ordinaire ; la *manufacture*, sur des objets plus relevés et d'une plus grande recherche. On dira des *fabriques* de bas, de bonnets, et des *manufactures* de glaces, de porcelaines ; des *fabriques* de draps communs, et des *manufactures* de draps superfins. Le mot *fabrique* est modeste ; *manufacture* est un grand mot.

FABULEUX, FAUX.

Ce qui est *fabuleux* est inventé, controuvé ; ce qui est *faux* n'est pas vrai. *Faux* ne désigne que la chose en elle-même, sa *fausseté :* *fabuleux* y joint l'idée de l'invention, de celui qui l'a imaginée.

Un homme qui raconte une nouvelle qu'il croit vraie, quoiqu'elle ne le soit pas, ne raconte qu'une chose *fausse*. Un homme qui raconte une nouvelle qu'il invente, raconte une chose *fabuleuse*.

FACÉTIEUX, PLAISANT.

Facétieux dit plus que *plaisant*, et dit mieux que bouffon. Le *plaisant* plaît et récrée par sa gaîté, sa finesse, son sel, sa vivacité et sa manière piquante de surprendre : il excite un plaisir vif et la gaîté. Le *facétieux* plaît et réjouit par l'abandon d'une humeur enjouée, un mélange heureux de folie et de sagesse ; en un mot, par la plus grande gaîté comique, il excite le rire et la joie.

FACILEMENT, AISÉMENT.

Aisément a meilleure grâce dans ce qui regarde l'esprit, et l'autre dans ce qui regarde le cœur. Je dirais donc, en parlant d'une personne de bonne société, qu'elle comprend *aisément* les choses fines, et pardonne *facilement* les désobligeances.

FAÇON, FIGURE, FORME, CONFORMATION.

La *façon* naît du travail, et résulte de la matière mise en œuvre.

La *figure* naît du dessin, et résulte du contour de la chose.

La *forme* naît de la construction, et résulte de l'arrangement des parties.

La *conformation* ne se dit guère qu'à l'égard des parties du corps animal ; elle naît de leur rapport, et résulte de la disposition qu'elles ont à s'acquitter de leurs fonctions.

On dit de la *façon* qu'elle est belle ou laide ; de la *figure* , qu'elle est gracieuse ou désagréable ; de la *forme*, qu'elle est ordinaire ou extraordinaire ; et de la *conformation*, qu'elle est bonne ou mauvaise.

Chacun a sa *façon* propre de penser et d'agir. Un homme qui souffre fait une triste *figure* avec des gens en pleine santé , qui ne respirent que la joie. La *forme* devient souvent plus essentielle que le fond.

Façon , manière.

La *façon* est ce qui donne la forme à un ouvrage , à une action : la *manière* est ce qui donne un tour particulier à l'action , à l'ouvrage. L'une est le travail qui rend la chose propre à quelque service ; l'autre est un mode, une modification.

On donne une *façon* à un champ , et il y a différentes *manières* de la donner. La *manière* est le moyen particulier employé à cette *façon*.

Chaque art a sa *façon* , ses formes , ses procédés, son industrie, son genre d'ouvrage. Chaque ouvrier a sa *manière* , ou quelque chose qui lui est particulier dans ce genre de travail , d'industrie et d'ouvrage.

Chacun a sa *façon* de vivre , son habitude, sa coutume. Chacun a sa *manière* de vivre, c'est-à-dire, une mode particulière, propre à soi, et distincte de toute autre.

Une personne a *bonne façon*, et non pas *belle manière*; mais elle a de *belles manières*, des *manières agréables*.

FAÇONS, MANIÈRES.

Dans le commerce du monde, les *façons* sont des formes, des formalités, des cérémonies, des choses convenues.

Les *manières* sont des modes, des modifications, des accompagnemens, des accessoires, des particularités remarquables des actions.

Les unes tiennent à un cérémonial établi, et dès-lors elles supposent une sorte de recherche; les autres sont de la personne même; et de là il résulte que les *manières* ont quelque chose de plus particulier, de plus remarquable que les *façons*. Il n'en est pas moins vrai que les *façons* souvent sont plus naturelles, par exemple, dans l'homme essentiellement poli, et les *manières* plus recherchées, par exemple, dans un homme habituellement affecté.

Un homme est *façonné*, par là même qu'il est formé aux usages du monde; il est *maniéré* lorsqu'il se singularise par des *manières* outrées qui ne sont ni dans la nature ni dans les mœurs.

On dit les *manières* et non les *façons* d'une

nation, parce que les *manières* sont des traits distinctifs, des singularités remarquables.

FACTION, PARTI.

Ces deux termes supposent également l'union de plusieurs personnes, et leur opposition à quelques vues différentes des leurs.

Faction annonce de l'activité, et une machination secrète contraire aux vues de ceux qui n'en sont point : *parti* n'exprime qu'un partage dans les opinions.

Le terme de *parti*, par lui-même, n'a rien d'odieux : celui de *faction* l'est toujours.

Un grand homme peut avoir un *parti* à la cour, à la ville, à l'armée, dans la littérature, sans être chef de *parti*. Descartes n'eut jamais de *faction*.

Les amis de César formèrent d'abord une *faction* ; dès qu'ils furent suffisamment en force, ils formèrent un *parti*.

FADE, INSIPIDE.

Ce qui est *fade* ne pique pas le goût : ce qui est *insipide* ne le touche point du tout ; il ne manque à l'un qu'un degré d'assaisonnement, et tout manque à l'autre.

Dans les ouvrages d'esprit, le *fade* paraissant affecter et chercher les grâces du beau, déplaît et choque : l'*insipide* ne paraissant pas même connaître le beau, ennuie et rebute.

Faible , débile.

Faible est d'un usage infiniment plus étendu que *débile*. Celui-ci ne s'applique guère qu'aux animaux , à leurs membres , à leurs facultés , et , par analogie , à certaines facultés spirituelles de l'homme. On dit que l'esprit devient *débile* , comme le corps , à mesure qu'on vieillit.

Le sujet *faible* n'a pas assez de force relative ; le sujet *débile* est d'une grande *faiblesse*. Une vue *faible* ne soutient pas le grand jour ; le jour fatigue une vue *débile*. Un estomac *faible* digère bien une certaine dose d'alimens : un estomac *débile* digère toujours mal.

L'esprit *faible* n'a pas assez de force pour résister , pour penser et agir d'après lui contre le vœu d'un autre ; il est subjugué par l'ascendant que vous prenez sur lui. L'esprit *débile* n'a pas la force de se déterminer , de penser, d'agir d'après lui-même et avec suite ; il obéit à l'impression que le premier objet lui donne. Le premier n'est pas loin de la bêtise ; le second touche à l'imbécillité.

Faible , faiblesse.

Un *faible* est un penchant qui peut être indifférent : une *faiblesse* est une faute toujours répréhensible. Les *faibles* sont la cause, les *faiblesses* sont l'effet.

FAIBLE, INCONSTANT, LÉGER, VOLAGE, INDIFFÉRENT.

Une femme *faible* est celle à qui l'on reproche une faute ; une femme *inconstante* est celle qui n'aime plus ; une *légère*, celle qui déjà en aime un autre ; une *volage*, celle qui ne sait si elle aime ni ce qu'elle aime ; une *indifférente*, celle qui n'aime rien.

FAIM, APPÉTIT.

La *faim* n'a rapport qu'au besoin précisément, soit qu'il vienne d'une trop grande abstinence, ou qu'il naisse de la voracité naturelle de l'animal. L'*appétit* a plus de rapport au goût ; il fait trouver du plaisir au manger. La première est plus pressante ; le second attend plus patiemment. Tout mets apaise la *faim ;* aucun ne l'excite. L'*appétit* est plus délicat ; tout mets ne le satisfait pas, et il est souvent irrité par les ragoûts.

FAIRE, AGIR.

On *fait* une chose ; on *agit* pour la *faire.* *Faire* suppose, outre l'action de la personne, un objet qui termine cette action, et qui en soit l'effet. On *fait* un ouvrage, une promenade, une bonne action. *Agir* n'a point d'autre objet que l'action et le mouvement de la personne. Il faut *agir* avec réflexion.

Faire aimer de , faire aimer à.

On *se fait aimer* soi-même *des* autres. On *fait aimer aux* autres quelque chose. Dans le premier cas , c'est nous - mêmes que nous faisons aimer ; dans le second, nous faisons aimer ce qui n'est pas nous.

Il faut qu'un roi *se fasse aimer de* tous ses sujets , et *leur fasse aimer* son gouvernement, son autorité , ses lois.

Faix , charge , fardeau.

La *charge* est ce qu'on peut porter, ce qui est proportionné à vos forces.

Le *fardeau* est la *charge* pesante que vous ne portez qu'avec effort.

Le *faix* est un *fardeau* dont on peut être surchargé.

La *charge* est forte ou faible, pesante ou légère , grande ou petite. On plie, on succombe sous le *fardeau ;* on est écrasé sous le *faix.*

Fallacieux , trompeur.

Ce qui *trompe* ou induit à erreur, de quelque manière que ce soit, est *trompeur.* Ce qui est fait pour tromper, abuser, jeter dans l'erreur par un dessein formé de *tromper,* avec l'artifice et l'appareil imposant le plus propre à abuser, est *fallacieux.*

Trompeur est un mot générique et vague ; tous les genres de signes et d'apparences incertaines sont *trompeurs*. *Fallacieux* désigne la fausseté, la fourberie, l'imposture étudiée: des discours de protestation, des raisonnemens captieux, sophistiques, sont *fallacieux*.

FAMILLE, MAISON.

Famille est plus de bourgeoisie. *Maison* est plus de qualité. On est d'honnête *famille*, et de bonne *maison*.

Les *familles* se font remarquer par les alliances, par une façon de vivre polie, par des manières distinguées de celles du bas peuple. Les *maisons* se forment par les titres, par les hautes dignités dont elles sont illustrées, et par les grands emplois continués aux parens du même nom.

FAMEUX, ILLUSTRE, CÉLÈBRE, RENOMMÉ.

Tous ces termes marquent la réputation.

La réputation de l'homme *fameux* est fondée sur une simple distinction du commun; on parle de lui dans une vaste étendue de contrées et de siècles, soit que cette distinction se prenne en bonne ou en mauvaise part, n'importe. On est *fameux* par le crime comme par la vertu.

La réputation de l'homme *illustre* est fondée sur un mérite appuyé de dignité et d'éclat, qui non-seulement fait connaître, mais qui fait encore estimer le sujet, et le place dans le grand.

La réputation de l'homme *célèbre* est fondée sur un mérite de talent, mais de talen d'esprit ou de science, qui, sans le place: dans le grand, et sans supposer l'éclat et la dignité, fait néanmoins honneur au sujet.

La réputation qu'exprime le mot de *renommé* est uniquement fondée sur la vogue que donne le succès ou le goût du public, qui, sans procurer beaucoup d'honneur au sujet, le tire simplement de l'oubli, et rend son nom connu dans le monde.

FAMINE, DISETTE.

La *famine* est le manque de vivres; la *disette*, le manque d'une chose quelconque. L'une, à proprement parler, est l'état où se trouve un pays qui n'a pas de quoi se nourrir : la *disette* est l'absence des alimens. La *famine* désigne le malheur même ; la *disette* est la cause de ce malheur.

FANÉE, FLÉTRIE.

Flétrie enchérit sur *fanée*. Une fleur *fanée* peut quelquefois reprendre son éclat; une fleur *flétrie* n'y revient plus.

FANTASQUE, BIZARRE, CAPRICIEUX, QUINTEUX, BOURRU.

Toutes ces qualités, très-opposées à la bonne société, sont l'effet et en même temps l'expression d'un goût particulier, qui s'écarte mal-à-propos de celui des autres.

S'en écarter par excès de délicatesse, ou par une recherche du mieux, faite hors de raison, c'est être *fantasque*. S'en écarter par une singularité d'objet non convenable, c'est être *bizarre* ; par inconstance, ou changement subit de goût, c'est être *capricieux*; par une certaine révolution d'humeur ou de façon de penser, c'est être *quinteux*; par grossièreté de mœurs et défaut d'éducation, c'est être *bourru*.

FAROUCHE, SAUVAGE.

On est *farouche* par caractère; *sauvage* par défaut de culture. Le *farouche* n'est pas sociable; le *sauvage* n'est pas bien dans la société. Le premier n'est pas bien avec les hommes, parce qu'il les hait; le second, parce qu'il ne les connaît pas.

Polissez le *sauvage*, en le familiarisant avec le monde; adoucissez le *farouche*, en lui insinuant subtilement des sentimens plus favorables à l'humanité.

FATAL, FUNESTE.

Ils signifient également une chose triste et malheureuse; mais le premier est plus un effet du sort, et le second est plus une suite du crime.

Un soldat est exposé à mourir d'une manière *fatale*, et les scélérats sont exposés à périr d'une manière *funeste*.

On se sert souvent de ces mots pour marquer quelque chose qui annonce un fâcheux événement, ou qui en est l'occasion. Alors *fatal* ne désigne qu'une certaine combinaison dans les causes inconnues, qui empêche que rien ne réussisse, et fait toujours arriver le mal plutot que le bien. *Funeste* présage des accidens plus grands, soit pour la vie, pour l'honneur, ou pour le cœur.

L'ambition fait la fortune aux uns, et devient *fatale* aux autres. Toute liaison nouée par le vice est *funeste*.

FAVORABLE, PROPICE.

Ce qui penche vers nous, ce qui est bien disposé pour nous, ce qui nous séconde ou nous sert, nous est *favorable*. Ce qui est sur nous ou près de nous, pour nous protéger ou nous assister, ce qui vient avec empressement à notre secours, ce qui détermine l'événement ou nous fait réussir, nous est *propice*. Une influence plus grande distingue ce qui est *propice* de ce qui n'est que *favorable*.

L'occasion nous est *favorable*, et le destin *propice*.

Celui-là nous est *favorable*, qui veut notre satisfaction : celui qui fait notre bien, même malgré nous, c'est lui qui nous est *propice*.

il Faut, il est nécessaire, on doit.

Il faut marque plus précisément une obligation de complaisance, de coutume, ou d'intérêt personnel. *Il faut* réfléchir avant de parler. *Il faut* être poli, obligeant.

Il est nécessaire marque plus particulièrement une obligation essentielle et indispensable. *Il est nécessaire* d'avoir des principes de vertu et d'honneur, et de les mettre constamment en pratique.

On doit est plus propre à désigner une obligation de raison ou de bienséance. *On doit* être poli envers tout le monde.

Faute, crime, péché, délit, forfait.

La *faute* tient de la faiblesse humaine; elle va contre les règles du devoir.

Le *crime* part de la malice du cœur; il est contre les lois de la nature.

Le *péché* ne se dit que par rapport aux préceptes de la religion : c'est une transgression de la loi divine.

Le *délit* part de la désobéissance, ou de la rébellion contre l'autorité légitime; il est une transgression de la loi civile : voilà pourquoi *délit* est du style judiciaire ou administratif.

Le *forfait* vient de scélératesse et d'une corruption entière du cœur; il blesse les sentimens d'humanité, viole la foi, et attaque la sûreté publique.

La

La *faute* est moins grave que le *crime*; le *crime* moins grave que le *forfait*. Le *crime* est la plus grande des fautes; le *forfait*, le plus grand des *crimes*.

FAUTE, DÉFAUT, DÉFECTUOSITÉ, VICE, IMPERFECTION.

Faute renferme dans son idée un rapport accessoire à l'auteur de la chose; en sorte qu'en marquant le manquement effectif de l'ouvrage, il désigne aussi le manquement actif de l'ouvrier.

Défaut n'exprime que ce qu'il y a de mal dans la chose, sans rapport à l'auteur; mais il exprime un mal qui consiste dans un écart positif de la règle.

Défectuosité marque quelque chose qui n'est pas mal par lui-même, mais uniquement par rapport au but de la chose, ou au service qu'on s'en propose.

Vice dit un mal qui naît du fond ou de la disposition naturelle de la chose, et qui en corrompt la bonté.

Imperfection désigne quelque chose de moins de conséquence que tout ce que les mots précédens font entendre; et il est plus d'usage dans la morale que dans la physique et dans la mécanique.

FÉCOND, FERTILE.

Le mot *fécond* donne l'idée de la cause ou de la faculté de produire, d'engendrer, de créer; et le mot *fertile* celle de l'effet ou des produits, des fruits, des résultats. Les œufs, les grains, les semences, les pepins, sont *féconds*, lorsqu'ils ont la faculté de produire. Un champ, un arbre, un année, sont *fertiles*, lorsqu'ils rapportent abondamment.

Les engrais *fécondent* la terre, parce qu'ils lui apportent des principes de *fécondité*; mais les labours la *fertilisent*, et ne la *fécondent* pas, car ils ne font que la disposer à recevoir ces principes. Le soleil *féconde* la terre; l'industrie humaine la *fertilise*.

Une pluie, la chaleur, est *féconde*; les vendanges, les moissons sont *fertiles*.

Au figuré, un génie est *fécond*, il crée: un écrivain n'est que *fertile*, quoiqu'il fasse, s'il ne dit rien de neuf. Un auteur est *fécond* par l'abondance et la richesse de ses productions: par la multitude de ses œuvres ou de ses livres, il n'est que *fertile*.

FEINDRE, DISSIMULER.

Feindre, c'est se servir d'une fausse apparence pour tromper, c'est faire semblant.

Dissimuler, c'est cacher ses sentimens, ses desseins. La *dissimulation* fait partie de la *feinte*: l'une cache ce qui est; l'autre montre ce qui n'est pas.

La *dissimulation* est le contraire de la franchise; la *feinte* est le contraire de la sincérité.

FÉLICITATION, CONGRATULATION.

Les *félicitations* ne sont que des complimens, ou des discours obligeans faits à quelqu'un sur un évènement heureux.

Les *congratulations* sont des témoignages particuliers du plaisir qu'on en ressent avec lui, ou d'une satisfaction commune qu'on éprouve.

Les *félicitations* ne sont que des paroles obligeantes ; les *congratulations* sont des marques d'intérêt. La politesse *félicite* ; l'amitié *congratule*.

Congratulation et *congratuler* ne sont presque plus usités.

FERMETÉ, CONSTANCE.

La *fermeté* est le courage de suivre ses desseins et sa raison : la *constance* est une persévérance dans ses goûts. L'homme *ferme* résiste à la séduction, aux forces étrangères, à lui-même : l'homme *constant* n'est point ému par de nouveaux objets, et suit le même penchant qui l'entraîne toujours également.

On peut être *constant* avec une ame pusillanime, un esprit borné ; mais la *fermeté* ne peut être que dans un caractère plein de force, d'élévation et de raison.

La légèreté et la facilité sont opposées à la *constance* ; la fragilité et la faiblesse sont opposées à la *fermeté*.

Fermeté, entêtement, opiniâtreté.

Persévérance inébranlable dans le parti qu'on a pris.

La *fermeté* soutient et exécute avec vigueur ce qu'elle croit vrai et conforme au devoir, après avoir pesé les raisons pour et contre.

L'*entêtement* n'examine rien ; son opinion fait sa loi.

L'*opiniâtreté* est inflexible et entière dans ses sentimens.

La *fermeté* est dans le caractère ; l'*entêtement*, dans l'esprit ; l'*opiniâtreté*, dans la volonté.

Fictif, fictice.

Ces adjectifs présentent également l'idée de feinte, simulation, imagination, supposition, hypothèse. Le second est très-peu usité.

La chose *fictive* est celle qui feint, c'est-à-dire, qui, par fiction, représente, simule, imite, figure une chose existante ou réelle. Un portrait est une chose *fictive*. Le papier monnaie est une monnaie *fictive*.

La chose *fictice* est celle qui est feinte, c'est-à-dire, qui n'est qu'une fiction, une chose imaginée, controuvée, supposée, sans réalité. La personne que représente un portrait est *fictice*. Le papier monnaie n'est qu'une richesse *fictice*, n'ayant point de valeur réelle où intrinsèque. Un être imaginaire et qui ne figure rien de réel , n'est que *fictice*.

FIERTÉ , DÉDAIN.

Le premier de ces mots se dit également en bien et en mal ; mais il n'est pris ici qu'en maivaise part , parce que c'est dans ce seul sens qu'il est synonyme avec l'autre. Tous les deux dénotent alors un sentiment qui nous empêche de nous familiariser , et qui nous éloigne des personnes que nous croyons au-dessous de nous , soit par la naissance , les biens , ou les talens.

La *fierté* est fondée sur l'estime qu'on a de soi-même ; et le *dédain* , sur le peu de cas qu'on fait des autres : ce qui rend celui-ci plus odieux et plus insupportable.

Il faut éviter de parler , et encore plus de badiner avec les personnes *fières*. Pour les *dédaigneuses* , il faut les fuir.

FIN , DÉLICAT.

Il suffit d'avoir assez d'esprit pour concévoir ce qui est *fin* ; mais il faut encore du goût pour entendre ce qui est *délicat*.

Fin est d'un usage plus étendu ; on s'en sert également pour les traits de malignité comme pour ceux de bonté. *Délicat* est d'un service comme d'un mérite plus rare ; il ne sied pas aux traits malins , et il figure avec grâce en fait de choses flatteuses.

On dit une satire *fine* , une louange *délicate*.

N 3

Fin, subtil, délié.

Un homme *fin* marche avec précaution par des chemins couverts. Un homme *subtil*, avance adroitement par des voies courtes. Un homme *délié* va d'un air libre et aisé par des routes sûres.

La défiance rend *fin*. L'envie de réussir, jointe à la présence d'esprit, rend *subtil*. L'usage du monde et des affaires rend *délié*.

Finesse, délicatesse.

Ces mots ne sont ici considérés que comme exprimant des qualités de l'esprit, ou des caractères des ouvrages d'esprit.

La *finesse* paraît être l'art de saisir les vérités que tout le monde n'aperçoit pas.

La *délicatesse* est le sentiment vif et habituel des convenances que tout le monde ne sent pas.

La *finesse* est de l'esprit ; la *délicatesse* est de l'ame.

La *finesse* a ses illusions ; elle embrasse quelquefois l'ombre au lieu du corps : elle brouille les idées, pour vouloir les distinguer avec trop de précision. La *délicatesse* a ses préventions ; elle exagère les objets et ses propres impressions.

La *finesse* et la *délicatesse* dans les ouvrages d'esprit, sont des caractères très-distincts. *Ovide* est plus *fin* que *délicat*. Tibulle est plus *délicat* que *fin*.

La *finesse* consiste dans l'art de ne pas exprimer directement sa pensée, mais de la laisser aisément apercevoir : c'est une énigme dont les gens d'esprit devinent tout-d'un-coup le mot. La *délicatesse* exprime des sentimens doux et agréables, des louanges *fines*.

Les louanges que donnait Despréaux à Louis XIV ne sont pas toujours assez *délicates* ; ses satires ne sont pas toujours assez *fines*.

Dans le commerce des hommes, la *finesse* consiste à tout voir ; la *délicatesse*, à tout sentir.

FINESSE, PÉNÉTRATION, DÉLICATESSE, SAGACITÉ.

La *finesse* est la faculté d'apercevoir, dans les rapports superficiels des choses, les facettes presque insensibles qui se répondent, les points indivisibles qui se touchent, les fils déliés qui s'entrelacent et s'unissent.

La *finesse* diffère de la *pénétration* en ce que la *pénétration* fait voir en grand, et la *finesse* en petit détail. L'homme *pénétrant* voit loin ; l'homme *fin* voit clair, mais de près.

La *délicatesse* est la *finesse* du sentiment qui ne réfléchit point.

La *sagacité* est dans le tact de l'esprit, comme la *délicatesse* est dans le tact de l'ame : c'est une *pénétration* soudaine qui franchit le milieu des idées, et touche au but dès le premier pas. C'est le coup-d'œil du grand Condé.

FINESSE, RUSE, ASTUCE, PERFIDIE.

La *finesse* s'enveloppe adroitement. La *ruse* emploie la fausseté et l'artifice. L'*astuce* est la *finesse* qui nuit ou qui veut nuire, mais en petit. La *perfidie* est une fausseté noire et profonde, qui emploie des moyens puissans, qui meut des ressorts plus cachés que *l'astuce* et la *ruse*. La *perfidie* est un abus de la confiance fondée sur des garans inviolables, tels que l'humanité, la bonne-foi, l'autorité des lois, la reconnaissance, l'amitié, etc : elle devient par degrés plus *atroce*, à mesure que la confiance violée était mieux établie.

FINIR, CESSER, DISCONTINUER.

On *finit* en achevant l'entreprise ; on *cesse* en l'abandonnant ; on *discontinue* en l'interrompant.

FLATTEUR, ADULATEUR.

L'un et l'autre cherchent à plaire aux dépens de la vérité.

Le *flatteur* ne désapprouve rien ; il justifie ce qui est blâmable, et tâche même d'ériger le vice en vertu.

L'*adulateur* loue tout, il fait l'apologie du mauvais, et ose prodiguer des applaudissemens au ridicule : c'est un *flatteur* bas, vil, servile, impudent, et même grossier, complaisant, et louangeur à outrance et sans fin.

FLEXIBLE, SOUPLE, DOCILE.

Flexible est ce qui *fléchit*, ce qu'on peut *fléchir*.

Souple est ce qui se plie et replie en tout sens.

Docile veut dire qui reçoit l'instruction.

L'osier, le jonc sont *flexibles* : des étoffes, des gants sont *souples* : un enfant, un élève, sont *dociles*.

Le corps, la voix, les fibres sont *flexibles* ou capables de se ployer par une grande *flexibilité* ou naturelle ou acquise. Par une grande facilité à exécuter divers mouvemens, ils sont *souples*. Par une *flexibilité* naturelle, ils sont *dociles* au travail, à l'exercice, au manège, et deviennent *souples*.

Au figuré, la différence de ces termes est la même.

La *flexibilité* est une facilité de caractère qui ne permet pas d'opposer une longue et forte résistance, et qui se tourne avec assez d'aisance d'un sens dans un autre.

La *souplesse* est une versatilité de caractère qui fait qu'on prend avec une dextérité ou une adresse singulière la manière d'être et d'agir que l'on juge la plus convenable aux circonstances, et pour soi.

La *docilité* est une douceur de caractère qui nous rend propres à recevoir et à suivre les leçons, les conseils, les avis, les instructions, les réprimandes, les corrections, les volontés, les ordres d'autrui.

L'homme *flexible* peut résister; mais il cède. Le *souple* vous prévient, s'il peut; il est aussitôt comme vous voulez qu'il soit. La personne *docile* délibère; elle fait ensuite ce que vous voulez.

Par la *flexibilité*, on s'accommode au goût des autres, pour être bien avec eux. Par la *souplesse*, on se fait tout à tous, pour les avoir tous à soi. Par la *docilité*, on met dans les autres la confiance qu'on n'a pas en soi, pour être bien avec soi.

La *flexibilité* est une qualité favorable et nécessaire. La *souplesse* est une qualité équivoque et suspecte; elle tient souvent de la finesse, de l'artifice, de la ruse. La *docilité* est une qualité heureuse et louable.

La rigidité est la qualité directement opposée à la *flexibilité*. La raideur est le contraire de la *souplesse*. L'humeur revêche est précisément en opposition avec la *docilité*.

Folâtre, badin.

Le *folâtre* fait de petites folies, se livre à une folie amusante, à la manière des enfans. Le *badin* aime à jouer, cherche à rire, en jouant comme un enfant.

On a l'humeur *folâtre*, et l'esprit *badin*.

La vivacité du sang, la gaîté, la pétulance

rendent *folâtre*. La légèreté de l'esprit, l'enjouement, la frivolité, rendent *badin*.

Le *folâtre* est plus agissant, plus remuant, plus sémillant, plus volage : le *badin* est plus plaisant, et plus rieur, plus varié ou plus facile en amusemens ou en amusettes.

Une personne posée n'est pas *folâtre* ; une personne sérieuse n'est pas *badine*.

FORFAIT, CRIME.

Le *forfait* a tous les caractères du *crime* réfléchi, du dessein formé, du *crime* rare.

Crime s'applique à toutes les actions punissables ou méchantes. *Forfait* ne s'applique qu'aux *crimes* éclatans, rares, hors de la classe ordinaire, et suppose toujours le plus.

L'intention seule suffit pour établir le *crime* ; il n'en est pas de même du *forfait*, qui exige l'exécution.

Le *crime* naît plus souvent de l'infraction des lois positives ; et le *forfait*, des lois de la nature.

FORT, TRÈS.

Fort, particule intensive ; *très*, particule extensive. Un homme *très-savant* sait beaucoup de choses, a des connaissances étendues. Un homme *fort* savant sait parfaitement, a des connaissances profondes.

Fort peint un superlatif d'intensité : *très*, un superlatif d'étendue. On dit plutôt *très-grand* que *fort* grand.

N 6

Fortuné, heureux.

Fortuné signifie favorisé de la fortune : *heureux* veut dire jouissant du bonheur ou d'un bonheur. On est *fortuné* par des grands avantages ou par des faveurs signalées de la fortune ; on est *heureux* par la jouissance des biens qui font le bonheur ou y concourent.

Heureux se dit à l'égard de tous les genres de biens et de bonheur ; *fortune* distingue le bonheur singulier et des grâces signalées. Celui à qui tout rit et succède, celui qui est entouré de l'abondance et de la joie, est *fortuné* : celui qui est content de son sort et de lui-même ; celui qui jouit dans son cœur de la paix, est *heureux*.

Fou, extravagant, insensé, imbécille.

Le *fou* manque par la raison, et se conduit par la seule impression mécanique.

L'*extravagant* manque par la règle et suit ses caprices.

L'*insensé* manque par l'esprit, et marche sans lumières.

L'*imbécille* manque par les organes, et va par le mouvement d'autrui, sans aucun discernement.

Les *fous* ont l'imagination forte ; les *extravagans* ont les idées singulières ; les *insensés* les ont bornées ; les *imbécilles* n'en ont point de leur propre fond.

le FOUDRE , la FOUDRE.

On dit qu'un héros est *un foudre* de guerre ; qu'un orateur est *un foudre* d'éloquence , pour dire que ce héros est un grand guerrier , que cet orateur est très-éloquent. *Foudre* est alors du genre masculin. *La foudre* , au féminin , est une espèce de météore ; elle éclate , tombe , frappe.

FOUETTER , FUSTIGER , FLAGELLER.

Frapper , ou plutôt battre à nu , avec quelque instrument , certaines parties du corps.

Fouetter , terme générique , se dit à l'égard de tous les instrumens , et de quelque manière qu'on les emploie , même des mains.

Fustiger , c'est toucher rudement avec des verges.

Flageller , c'est *fouetter* ou plutôt *fustiger* violemment et même ignominieusement.

On condamnait les malfaiteurs au *fouet* ; c'était une peine infamante. On *fustige* les jeunes gens mal morigénés , pour les corriger. Certains moines se *flagellaient* par pénitence.

FOURBE , FOURBERIE.

La *fourbe* est le vice , l'action propre du *fourbe*.

La *fourberie* est l'habitude , le trait , le tour , l'action particulière du *fourbe*.

La *fourbe* dit plus que *fourberie*, en ce qu'elle concentre, pour ainsi dire, toute l'intensité, la force du vice; et que *fourberie* n'est que l'action simple, le résultat de la *fourbe*.

FOURNIT LE SEL, FOURNIT DU SEL, FOURNIT DE SEL.

La rivière *fournit le sel*; cette phrase marque l'espèce de la chose fournie, *le sel*.

Elle *fournit du sel*, c'est-à-dire, une partie ou une quantité indéterminée de la chose, *du sel*.

Elle *fournit de sel*, c'est-à-dire, la quantité *de sel* relative et nécessaire à la consommation, la fourniture *de sel*.

SE FOURVOYER, S'ÉGARER.

Se fourvoyer, c'est se tromper de chemin, en prendre un autre que celui que l'on avait dessein de suivre.

S'égarer, c'est ne plus reconnaître son chemin, être dans un chemin que non-seulement on ne voulait pas prendre, mais que l'on ne connaît pas, d'où l'on ne sait se tirer.

Quand on rencontre plusieurs chemins, et qu'au lieu de prendre celui qui mène où l'on voulait aller, on en suit un autre qui mène ailleurs, on se *fourvoie*. Quand, au milieu d'une forêt, on ne sait plus où l'on est et comment sortir, on s'*égare*.

Au figuré, *se fourvoyer* signifie aussi sortir du bon chemin. *S'égarer* signifie se tromper, errer au hasard, sans guide, au gré des désirs aveugles, ne suivre aucun chemin, se laisser entraîner par-tout. On peut *se fourvoyer* volontairement ; on ne *s'égare* que par erreur ou par faiblesse.

FRAGILE , FAIBLE.

L'homme *fragile* cède à son cœur, à ses penchans. L'homme *faible* cède à des impulsions étrangères.

La *fragilité* suppose des passions vives ; et la *faiblesse* suppose l'inaction et le vide de l'ame.

L'homme *fragile* pèche contre ses principes, et l'homme *faible* les abandonne ; il n'a que des opinions.

Il n'y a rien à dire à la *faiblesse*, on ne la change pas. La philosophie prépare des secours à l'homme *fragile*, et lui ménage l'indulgence des autres.

FRAGILE , FRÊLE.

La faiblesse est le caractère commun de l'un et de l'autre.

Fragile emporte l'idée de la faiblesse du tout et de la raideur des parties ; et *frêle*, pareillement l'idée de la faiblesse du tout, et de la mollesse des parties. Un verre est *fragile* plutôt que *frêle*. Un roseau est *frêle*, plutôt que *fragile*.

La chose *fragile* se brise et ne ploie pas ; le corps *frêle* ploie et ne casse pas.

Nous disons d'un appui, d'un soutien, d'un support, en général de tout ce qui porte, qu'il est *frêle*. Nous disons des biens périssables, passagers, sujets à se dissiper, à s'évanouir, qu'ils sont *fragiles*.

FRANCHISE, VÉRACITÉ.

On est *franc* par caractère, et *vrai* par principes. On est *franc* malgré soi, et *vrai* quand on le veut.

La *franchise* se trahit, la *véracité* se montre. Il faut souhaiter de traiter avec un homme *franc*, mais confier ses intérêts à un homme *vrai* ; car dans la négociation, la vertu est plus maîtresse d'elle-même que le caractère.

FRANCHISE, VÉRITÉ, SINCÉRITÉ.

La *franchise* paraît tenir au caractère, la *vérité* aux principes, la *sincérité* à l'innocence.

Voulez-vous n'être pas trompé ? Interrogez l'homme *vrai* ; laissez parler l'homme *franc* ; regardez la femme *sincère*.

FRÉQUENTER, HANTER.

Visiter souvent.

L'idée propre de *fréquenter* est celle de concours, d'affluence : l'idée distinctive de *hanter*, celle de société, de compagnie. La foule *fréquente* des lieux, des places : une personne, des particuliers *hantent*, et ils *hantent* des personnes, des assemblées. Un port, un marché, un chemin sont *fréquentés*, et non *hantés*.

On *fréquente* une personne qu'on visite souvent. On *hante* plutôt une classe, un ordre de gens avec lesquels on vit en bonne ou mauvaise compagnie.

Hanter ajoute à *fréquenter* l'idée d'une habitude ou d'une fréquentation familière qui influe sur les mœurs, sur la conduite, sur la réputation, sur la manière de penser, de parler, de vivre. Dis-moi qui tu *hantes*, je te dirai qui tu es.

Frivole, futile.

Ces deux mots s'appliquent à ce qui est vain et léger, à des bagatelles, à des choses de peu de considération et de peu de conséquence.

La chose *frivole* manque de solidité; la chose *futile*, de consistance. Une chose qui ne mérite pas notre attachement, ni notre estime, ni nos recherches, est *frivole*; on ne l'estime pas. Un bien qui ne tient qu'à l'opinion, à la fantaisie, à l'illusion, est *futile*.

La *frivolité* est un défaut de qualité : la *futilité* est le défaut de la qualité propre ou essentielle à la chose.

Un homme *frivole* s'occupe sérieusement de petites choses, et légèrement des objets sérieux ; c'est un enfant. Un homme *futile* parle et agit sans raison, sans réflexion, inconsidérément ; sans savoir ou même sans vouloir savoir ce qu'il convient de dire ou de faire.

FUGITIF, FUYARD.

Le *fugitif* a pris la fuite, s'est échappé. Le *fuyard* est en fuite ; il fuit pour échapper à ceux qui le poursuivent.

Un homme échappé de sa prison et caché dans une maison voisine, est un *fugitif* : s'il court pour se sauver, c'est un *fuyard*.

Des animaux *fuyards* sont des animaux accoutumés à s'enfuir. On dit, dans le même sens, troupes *fuyardes*.

Poursuivre, rallier les *fuyards*, les soldats qui s'enfuient du combat.

FUIR, ÉVITER, ÉLUDER.

On *fuit* en courant ; on *évite* en se détournant ; on *élude* en donnant le change.

On *fuit* les personnes et les choses qu'on craint, et celles qu'on a en horreur. On *évite* les choses qu'on ne veut pas rencontrer et les personnes qu'on ne veut pas voir, ou dont on ne veut pas être vu. On *élude* les questions auxquelles on ne veut ou l'on ne peut répondre.

Pour *fuir*, on tourne vers le côté opposé, et l'on s'éloigne avec vitesse. Pour *éviter*, on prend une autre route, et l'on s'écarte subtile-ment. Pour *éluder*, on fait semblant de n'a-voir pas entendu, et l'on change adroitement de propos.

On *fuit* le danger en ne s'y exposant pas : l'*éviter*, c'est n'y pas tomber. On *élude* un coup.

FUNÉRAILLES, OBSÈQUES.

Funérailles marque proprement le deuil ; *obsèques*, le convoi.

Par les *funérailles*, nous déplorons, avec tout l'éclat du deuil, la perte de la personne dont nous allons déposer les restes précieux dans le sein de la nature et de la religion. Par les *obsèques*, nous rendons comme un dernier tribut de devoir à la personne dont nous allons consacrer, en quelque sorte, les dépouilles par les religieux honneurs de la sépulture.

Les *funérailles* sont des *obsèques* pom-peuses. L'église ne fait proprement que des *obsèques*, et le faste en fait des *funérailles*.

FUREUR, FURIE.

Fureur dénote davantage l'agitation vio-lente du dedans, et *furie*, l'agitation vio-lente du dehors.

La *fureur* est un feu ardent ; la *furie* est une flamme éclatante. La *fureur* nous possè-de ; la *furie* nous emporte. Vous contenez votre *fureur* ; à peine il en jaillit des étincelles. Vous vous abandonnez à la *furie*, c'est un tourbillon.

Toute passion violente est *fureur*; la colère violente fait la *furie*.

La *furie* se distingue toujours de la *fureur* par l'éclat, la violence, l'excès des transports.

FURIES, EUMÉNIDES.

Certaines divinités subalternes et fabuleuses, chargées de tourmenter la conscience des coupables. Les Romains les appelaient *furies*, et les Grecs *euménides*.

Ministres de la colère et de la vengeance, les *furies* ne font que désoler et punir les criminels. Les *euménides* frappent le coupable pour le corriger. Les unes punissent le crime pour venger la justice; les autres châtient les coupables pour les ramener à l'ordre.

FURIEUX, FURIBOND.

Le *furieux* est en furie, est transporté de fureur : le *furibond* est sujet à entrer en furie, à éprouver de grands emportemens de colère ou de fureur.

Furieux dénote particulièrement l'acte de fureur, l'accès de furie; et *furibond*, la disposition à ces accès, et leur fréquence. Le *furibond* est souvent *furieux*. Il y a dans le second un violent écart de l'esprit et de la raison; et dans le premier, un vice de caractère ou d'humeur.

Furieux exprime aussi un caractère porté à la fureur. Le lion, le taureau, le tyran, sont des animaux *furieux*. De même, *furibond* désigne quelquefois un simple accès de furie.

Le *furieux* est menaçant et terrible; le *furibond* est hideux et effrayant. L'un est un fou emporté; l'autre un horrible énergumène.

Furibond ne se dit guère que des personnes; *furieux* se dit des personnes et des choses.

FUTUR, AVENIR.

Futur signifie ce qui sera, ce qui doit être; il exprime l'existence. Les choses *futures*, les races *futures*, les siècles *futurs*, les *futurs* époux.

Avenir signifie ce qui est à venir, ce qui est à faire, à savoir, à arriver; il annonce les événemens. Les changemens *à venir*, les biens *à venir*, le bonheur *à venir*. On dit substantivement *avenir* : le présent et l'*avenir*; hasarder le présent pour l'*avenir*.

Avenir est, dans l'usage, plus vaste que *futur*; il paraît plus étendu, plus éloigné, et même plus incertain. L'*avenir* est caché à tous les yeux. L'astronomie prédit le *futur*.

G

GAGER, PARIER.

Gager, c'est opposer, dans une contestation, *gage à gage*, avec la convention que celui du vaincu sera le prix du vainqueur.

Parier, c'est risquer un objet contre un autre, avec *parité* ou égalité dans des cas incertains, ou aux mêmes conditions.

La *gageûre* est une espèce de défi accepté moyennant le *gage* convenu : le *pari* est une espèce de jeu joué ou censé joué but à but.

Vous *gagez* particulièrement, quand il s'agit de vérifier, de prouver, d'accomplir un point, un fait, dans la croyance ou la persuasion que votre opinion est bonne, que votre prétention est juste. Vous *pariez* particulièrement, quand il s'agit d'évènemens contingens, douteux, dépendans, du moins en partie, du hasard ou de causes étrangères, dans l'espérance ou l'augure que le sort favorisera votre parti, que votre parti l'emportera.

Celui qui *gage* pèse les raisons, les motifs, les autorités : celui qui *parie* calcule les chances, les probabilités, les hasards de perte ou de gain.

L'amour-propre est ordinairement plus intéressé dans les *gageûres* que la cupidité ; on veut avoir raison. La cupidité l'est bien davantage dans les *paris* ; on veut gagner de l'argent.

L'usage est pour *gageûre* dans les contestations, et pour *pari* au jeu ; et il a peu d'égard à l'idée de *gage* et à celle de *parité*.

GAGES, APPOINTEMENS, HONORAIRES.

Il faut que *gages* et *appointemens* soient au pluriel pour devenir synonymes d'*honoraires*.

Gages n'est d'usage qu'à l'égard des domestiques des particuliers, et à l'égard des gens qui se louent pendant quelque temps au service d'autrui pour des occupations serviles.

Appointemens se dit pour tout ce qui est place ou qu'on regarde comme tel.

Honoraires a lieu pour les maîtres qui enseignent quelque science ou quelques-uns des arts libéraux, et pour ceux à qui on a recours dans l'occasion, pour obtenir quelque conseil salutaire, ou quelque autre service que leur doctrine ou leur fonction met à portée de rendre.

Les valets ont des *gages*. Les gens en place, les commis ont des *appointemens*. Les médecins, les avocats, les maîtres d'enseignement reçoivent des *honoraires*.

GAI, ENJOUÉ, RÉJOUISSANT.

C'est par l'humeur qu'on est *gai* ; par le caractère d'esprit, qu'on est *enjoué* ; et par les façons d'agir qu'on est *réjouissant*. Le triste, le sérieux, l'ennuyeux sont leurs opposés.

GAI, GAILLARD.

Gaillard diffère de *gai* en ce qu'il présente l'idée de la gaîté jointe à celle de la bouffonnerie, ou même de la licence. Il est d'ailleurs familier, et de peu d'usage.

Un propos *gaillard* est toujours *gai*; mais un propos *gai* n'est pas toujours *gaillard*.

GAIN, PROFIT, LUCRE, ÉMOLUMENT, BÉNÉFICE.

Le *gain* semble être quelque chose de très-casuel, qui suppose des risques et du hasard.

Le *profit* paraît être plus sûr, et venir d'un rapport habituel, soit de fonds, soit d'industrie. Le *profit* d'une terre, les *profits* du jeu.

Lucre, qui est d'un style plus soutenu, a quelque chose de plus abstrait et de plus général : il se rapporte simplement à la passion de l'intérêt, de quelque manière qu'elle soit satisfaite. Cet homme aime le *lucre*.

L'*émolument* est affecté aux charges et aux emplois; il marque non-seulement la finance réglée des appointemens, mais encore tous les autres revenans-bons.

Bénéfice ne se dit guère que pour les banquiers, les commissionnaires, le change et le produit de l'argent : il signifie ce qu'on gagne en échangeant ou en revendant.

GALIMATIAS,

GALIMATIAS, PHÉBUS.

Façons de parler qui, à force d'affecta-tion, répandent de l'embarras et de l'obscu-rité dans le discours.

Le *galimatias* est un discours embrouillé et confus, qui renferme une obscurité pro-fonde, et n'a de soi-même nul sens raison-nable.

Le *phébus* est un discours trop figuré et trop recherché ; il a un brillant qui semble signi-fier quelque chose. Le soleil y entre d'ordi-naire ; et c'est peut-être ce qui, en notre lan-gue, a donné lieu au nom de *phébus*.

Tous ceux qui veulent parler de ce qu'ils n'entendent point, ne peuvent manquer de donner dans le *galimatias*. Tous ceux qui, manquant de goût, prétendent se distinguer par une élocution brillante, sont en grand danger de ne se distinguer que par le *phébus*.

GARANTIR, PRÉSERVER, SAUVER.

Ce qui vous cause et vous protége de ma-nière à empêcher l'impression qui vous serait nuisible, vous *garantit*.

Ce qui vous prémunit contre quelque danger funeste, vous *préserve*.

Ce qui vous délivre d'un grand mal ou vous arrache à un grand péril, vous *sauve*.

Les vêtemens vous *garantissent* des in-jures du temps. Une escorte vous *préserve* de l'attaque des voleurs. La nature, encore

Tome I.   O

vigoureuse, et les remèdes qui la secondent, vous *sauvent* d'une maladie.

GARDER, RETENIR.

On *garde* ce qu'on ne veut pas donner; on *retient* ce qu'on ne veut pas rendre.

Nous *gardons* notre bien ; nous *retenons* celui d'autrui.

GARDIEN, GARDE.

Personne au soin ou à la garde de qui l'on a confié quelque chose.

Gardien n'a pour objet que la conservation de la chose : on est *gardien* d'un dépôt, *gardien* de meubles ou de biens saisis.

Garde renferme de plus l'idée d'un office, d'un soin économique dont on doit s'acquitter, selon les ordres du supérieur ou du maître de la chose. *Garde* du trésor royal, *garde-magasin*, *garde* des liquides, *garde* des forêts, etc.

Dans le style militaire, le *garde* a certaines fonctions, soit auprès de la personne du prince ou du commandant, soit dans les postes qu'on fait occuper.

Dans le sens figuré, *gardien* a beaucoup de grâce à l'égard des choses morales, et à l'égard de celles qui ne sont ni à notre usage, ni à notre disposition, mais seulement sous notre protection. Le sage doit être lui-même *gardien* de son secret. Les *gardiens* de la liberté publique.

Garde convient mieux dans le sens littéral, et à l'égard des choses matérielles qui sont entre nos mains, ou sous notre gouvernement, et sur lesquelles nous avons quelque droit d'usage ou de maniement.

GASPILLER, DISSIPER, DILAPIDER.

Celui qui répand de tous côtés, en dépenses désordonnées, ce qu'il a, son argent, ses revenus, son bien, comme s'il promenait sa fortune dans le tonneau percé des Danaïdes, *dissipe.*

Celui qui dépense les fonds avec les revenus d'une belle fortune, qui la démolit, et en disperse les matériaux et les ruines, *dilapide.*

Celui qui, par une mauvaise administration, laisse gâter, perdre, piller, emporter son bien en dégâts et en fausses dépenses, *gaspille.*

GÉNÉRAL, UNIVERSEL.

Ce qui est *général* regarde le plus grand nombre, ou le tout en gros. Ce qui est *universel* regarde tous les individus, ou tout le monde en détail.

Le *général* comprend la totalité en gros; l'*universel*, en détail. Le premier n'est point incompatible avec des exceptions particulières; le second les exclut absolument. On peut avoir l'approbation *générale*, sans avoir l'approbation *universelle*.

Dans les sciences, *général* est opposé à particulier; *universel*, à individuel.

Génie, goût, savoir.

Le *génie* est un pur don de la nature; le *goût* est l'ouvrage de l'étude et du temps.

Le sentiment exquis des défauts et des beautés dans les arts constitue le *goût*. La vivacité des sentimens, la grandeur, la force de l'imagination, l'activité de la conception, font le *génie*.

Le *génie* est cette pénétration ou cette force d'intelligence par laquelle un homme saisit vivement une chose faite ou à faire, en arrange lui-même le plan, puis la réalise au dehors; il la produit, soit en la faisant comprendre par le discours, soit en la rendant sensible par quelque ouvrage de sa main.

Le *goût*, dans les belles-lettres, comme en toute autre chose, est la connaissance du beau, l'amour du bon, l'acquiescement à ce qui est bien.

Le *savoir* est, dans les arts, la recherche exacte des règles que suivent les artistes, et la comparaison de leur travail avec les lois de la vérité et du bon sens.

Le *goût* met le *savoir* en œuvre, et empêche les écarts ou les chutes du *génie*.

GÉNIE, TALENT.

Le *talent* peut être enfoui, parce qu'il n'a pas des occasions pour éclater. Le *génie* perce malgré tous les obstacles : c'est lui seul qui produit ; le *talent* ne fait guère que mettre en œuvre.

GENS, PERSONNES.

Gens a une valeur très-indéfinie qui le rend incapable d'être uni avec un nombre. On dit bien des *gens*, beaucoup de *gens* ; mais on ne dit pas *quatre gens*, *trois gens*, à moins que *gens* ne soit précédé d'un adjectif, *trois jeunes gens*, *quatre jeunes gens*.

Personnes a une valeur plus particularisée, qui le rend susceptible de calcul, et de rapport au sexe, quand on veut le désigner. Quatre *personnes*. Les *personnes* de l'un et de l'autre sexe.

Gens est sans cesse employé pour désigner une espèce particulière, une classe, un ordre de *personnes*, de citoyens : *gens d'église*, *gens du monde*, *gens d'affaires*, *gens de bien*, *gens d'honneur*, *gens de rien*, *gens sans aveu*. La propriété de ce mot est d'exprimer le genre, l'espèce, l'état des *personnes*, ou de désigner collectivement les *personnes* d'un tel état ou par leur état, leur condition, leur profession, leurs qualités communes.

Le mot *personnes* désigne des individus différens et leurs qualités propres, ou sous des rapports particuliers à chacun, ou sous un rapport commun de circonstances; abstraction faite de tout autre. J'ai vu plusieurs *personnes*; je n'indique par là aucun rapport entre elles. J'ai vu plusieurs *personnes* se promener; et par là je ne marque entre elles d'autre rapport que celui d'une action semblable.

On dit pour toute la jeunesse sans distinction, les *jeunes gens* : pour distinguer le sexe; on dira les *jeunes personnes*.

Vos soldats, vos domestiques, votre suite, votre société, vous les appelez quelquefois vos *gens* : considérés à part, sans liaison sociale, sans dépendance, sans rapport d'état, ce sont des *personnes*.

Il suit de là que *gens*, mot collectif, réunit, rassemble une certaine classe de *personnes* sous une considération commune; et que *personnes*, particularisant, isolant son objet, indique ce qui le caractérise et le distingue. Les *personnes* honnêtes, polies. Les jeunes *personnes* à qui j'ai parlé sont connues de vous.

GENTILS, PAÏENS.

Ceux qui ne croient point en Jésus-Christ, qui ne croient point à la religion révélée, mais qui n'honorent pas de faux dieux, sont *gentils.* Ceux qui honorent les faux dieux, et qui ont par conséquent des sentimens tout opposés à la foi, sont *païens.*

Gentils ne s'applique guère qu'aux nations anciennes considérées dans leur opposition avec le judaïsme ou le christianisme naissant. Nous répandons la qualification de *païens* sur tous les peuples qui, dans tous les temps, ont adoré de fausses divinités, telles que Jupiter, Fo, Brama, La, etc.

GÉRER, RÉGIR.

On *gère* les affaires d'un particulier; on *régit* ses domaines. On peut *gérer* par-tout où il y a des affaires; on ne *régit* que lorsqu'il se trouve des biens à soigner et à conserver.

Gérer suppose une autorité plus absolue, et qui rend en quelque sorte responsable : *régir* suppose une commission bornée par des règlemens auxquels doit se conformer celui qui *régit.*

GIBET, POTENCE.

La *potence* est un *gibet* de bois d'une forme déterminée : *gibet* est donc générique et plus vague.

Le *gibet* est plutôt le genre de supplice; la *potence* est l'instrument du supplice.

GIGOT, ÉCLANCHE.

C'est la cuisse du mouton ou la partie supérieure du quartier de derrière, coupée pour la cuisine et la table.

L'*éclanche* est proprement cette partie charnue de la cuisse qui tient à la *hanche*, celle qui va s'emboîter dans les charnières du buste.

Le *gigot* est plutôt la partie inférieure de la cuisse, celle qui tient à la jambe. Dans le cheval, c'est la jambe de derrière.

La *gigue* est un gros *gigot*, ou le *gigot* une petite *gigue*.

Éclanche se dit uniquement du *gigot* de mouton qu'il s'agit de manger.

GLOIRE, HONNEUR.

La *gloire* dit quelque chose de plus éclatant que l'*honneur*. L'une fait qu'on entreprend, de son propre mouvement, les choses les plus difficiles ; l'autre, qu'on exécute, sans répugnance et de bonne grâce, tout ce que le devoir le plus rigoureux peut exiger.

On peut être indifférent pour la *gloire* ; il n'est pas permis de l'être pour l'*honneur*.

La *gloire* nous porte à faire de grandes choses pour illustrer notre nom. L'*honneur* nous rend capables de tous les sacrifices qui nous donnent une plus haute estime de nous-mêmes.

GLORIEUX, FIER, AVANTAGEUX, ORGUEILLEUX.

Le *fier* est arrogant, dédaigneux, et se communique peu. L'*avantageux* abuse de la moindre déférence qu'on a pour lui. L'*orgueilleux* étale l'excès de la bonne opinion qu'il a de lui-même. Le *glorieux* est plus rempli de vanité ; il cherche plus à s'établir dans l'opinion des hommes.

GLOSE, COMMENTAIRE.

Interprétations ou explications d'un texte.

La *glose* est plus littérale, et se fait presque mot à mot. Le *commentaire* est plus libre, et moins scrupuleux à s'écarter de la lettre.

GOURMAND, GOINFRE, GOULU, GOULIAFRE, GLOUTON.

Ces mots expriment l'excès ou l'intempérance dans le manger.

Le *gourmand* aime à manger et à faire bonne chère ; il faut qu'il mange, mais non sans choix.

Le *goinfre* est d'un si haut appétit, ou plutôt d'un appétit si brutal, qu'il mange à pleine bouche, bâfre, se gorge de tout indistinctement ; il mange et mange pour manger.

Le *goulu* mange avec tant d'avidité, qu'il avale plutôt qu'il ne mange, ou qu'il ne fait que tordre et avaler, comme on dit; il ne mâche pas, il gobe.

Le *glouton* court au manger, mange avec un bruit désagréable, et avec tant de voracité, qu'un morceau n'attend pas l'autre, et que tout a bientôt disparu devant lui : il engloutit.

Gouliafre renchérit sur *goulu*. Le *gouliafre* est extrêmement et vilainement *goulu*.

GOUVERNEMENT, RÉGIME, ADMINISTRATION.

Gouvernement est une expression figurée qui se dit de la puissance, de la force politique, qui conduit, dirige, gouverne l'État. *Gouvernement* aristocratique, démocratique. Ce mot signifie aussi le résultat de l'action de la puissance qui gouverne. *Gouvernement* doux ou modéré, dur ou tyrannique.

Le *régime* est l'ordre, la règle, la forme politique à laquelle le *gouvernement* soumet. Le régime est doux ou dur, selon les principes.

Administration est un terme générique qui signifie l'ordre de comptabilité, les règles, la direction de certaines affaires, l'exercice de la justice, tous les objets dont les principes sont établis, et dont il ne reste qu'à faire l'application.

Le *gouvernement* ordonne, le *régime* règle, l'*administration* exécute.

GRÂCE, FAVEUR.

Grâce dit quelque chose de gratuit, un bienfait gratuit, un service gratuitement rendu. *Faveur* dit quelque chose d'affectueux, le gage d'un intérêt particulier, le soin du zèle pour le bonheur ou la satisfaction de quelqu'un.

On accorde une *grâce*, même à son ennemi ; on n'accorde des *faveurs* qu'à ceux qu'on aime.

La *grâce* annonce principalement la puissance et la supériorité dans celui qui l'accorde : la *faveur* annonce plutôt le faible et la familiarité dans celui qui la fait.

GRÂCES, AGRÉMENS.

Les *grâces* naissent d'une politesse naturelle, accompagnée d'une noble liberté : c'est un vernis qu'on répand dans le discours, dans les actions, dans le maintien, et qui fait qu'on plaît jusque dans les moindres choses.

Les *agrémens* viennent d'un assemblage de traits que l'humeur et l'esprit animent ; ils l'emportent souvent sur ce qui est régulièrement beau.

Il semble que le corps soit plus susceptible de *grâces*, et l'esprit d'*agrémens*.

de bon Gré, de bonne volonté, de
bon cœur, de bonne grâce.

On agit *de bon gré*, lorsqu'on n'y est pas
forcé; *de bonne volonté*, lorsqu'on n'y a
point de répugnance; *de bon cœur*, lorsqu'on
y a de l'inclination; et *de bonne grâce*,
lorsqu'on témoigne y avoir du plaisir.

Gracieux, agréable.

L'air et les manières rendent *gracieux*;
l'esprit et l'humeur rendent *agréable*.

Les personnes polies sont toujours *gracieu-
ses*; les personnes enjouées sont ordinairement *agréables*.

On peut être *agréable* sans effort; il semble qu'on n'est pas *gracieux* sans quelque
envie de plaire.

Il est bien difficile de ne pas s'attacher où
l'on trouve toujours, à la suite d'une réception
gracieuse, une conversation *agréable*.

Grain, graine.

Semence qu'on jette en terre pour y fructifier.

Le *grain* est une semence de lui-même,
c'est-à-dire, qu'il est aussi le fruit qu'on en
doit recueillir.

La *graine* est une semence de choses différentes, c'est-à-dire, qu'elle n'est pas elle-
même le fruit qu'elle doit produire.

On sème des *grains* de blé et d'avoine

pour avoir de ces mêmes *grains*. On sème des *graines* pour avoir des melons, des fleurs, des herbages, des fruits.

On fait la récolte des *grains* ; on ramasse les *graines*.

Le mot de *graine* fait précisément naître l'idée d'une semence propre à germer et à fructifier ; ce que ne fait pas celui de *grain*. Le *chenevis* est la *graine* du chanvre, et non pas le *grain*. Si l'on dit un *grain* de chenevis, c'est comme on dit un *grain* de sable, pour désigner un des élémens individuels ou de la *graine* de chenevis, ou d'un monceau de sable.

On dit, au figuré, un *grain* de bon sens.

GRAND, ÉNORME, ATROCE.

Ces trois épithètes se rapportent au crime, et marquent ici le degré d'intensité.

Grand suppose une extension déterminée. Il y a des crimes plus ou moins *grands*, comparés avec d'autres de même espèce.

Énorme signifie littéralement hors de la règle, outre mesure ; elle distingue le crime, le met hors des rangs.

Atroce, noir, horrible, cruel, ajoute à l'idée de *grand* et d'*énorme* celle d'un concours de circonstances qui l'aggravent. Néron fait assassiner sa mère, voilà un crime *énorme*. Caracalla fait poignarder devant lui son frère dans les bras de sa mère ; voilà un crime *atroce*.

GRANDEUR D'AME, GÉNÉROSITÉ, MAGNANIMITÉ.

La *grandeur d'ame* est dans les sentimens élevés au-dessus des sentimens vulgaires.

La *magnanimité* est proprement la qualité constitutive d'une grande ame; mais elle n'est pas seulement de la *grandeur d'ame;* c'est la *grandeur d'ame* dans toute sa hauteur, sa perfection, sa plénitude.

La *générosité* est la qualité qui distingue la noblesse du sang, l'homme d'une ame forte.

La *grandeur d'ame* est cette sorte d'instinct qui nous fait tendre au grand et découvrir le beau. La *générosité* se distingue surtout par ce grand caractère qui nous fait relâcher de nos droits, sacrifier nos intérêts en faveur des autres. La *magnanimité* fait les grandes choses, sans effort et sans idée de sacrifice, comme le vulgaire fait des choses simples et communes.

La *grandeur d'ame* se détermine par des motifs nobles et honorables. Les motifs les plus purs et les plus sublimes déterminent la *générosité.* La *magnanimité* n'a pas besoin de motifs pour se déterminer : c'est le bien, c'est le vrai, c'est le beau, qu'elle considère; elle y tend comme à son centre.

La *grandeur d'ame* pardonne aux injures; la *générosité* rend le bien pour le mal; la *magnanimité* veut, en oubliant l'injure, la faire oublier même à l'offenseur.

GRAVE, GRIEF.

Dans un sens moral, *grave* signifie sérieux, important. Une faute *grave* mérite une attention sérieuse; il ne faut pas la traiter légèrement; il est important de la réprimer ou de la punir.

Grief marque sur-tout le mal que la chose fait, le tort ou le préjudice qu'elle cause, l'énergie qu'elle déploie. Une faute *grièse* est celle qui renferme beaucoup de malice, qui fait un grand mal, qui, par son énormité, mérite des peines *grièves*, c'est-à-dire, de grandes et fortes peines.

Ce qui est *grave* excite puissamment l'intérêt ou l'attention; ce qui est *grief* fait beaucoup de mal ou de tort.

GRAVE, SÉRIEUX.

L'homme *grave* ne choque point les bienséances de son état, de son âge, et de son caractère; l'homme *sérieux* n'est pas enjoué; il ne rit ni ne badine.

GRAVE, SÉRIEUX, PRUDE.

On est *grave* par sagesse et par maturité d'esprit; on est *sérieux* par humeur et par tempérament; on est *prude* par goût et par affectation.

La légèreté est l'opposé de la *gravité*: l'enjouement l'est du *sérieux*: le *badinage* l'est de la *pruderie*.

Grêle, fluet.

Grêle, maigre, alongé, qui manque de nourriture et de soutien : *fluet*, petit, délicat et faible. Un homme *fluet* est celui dont toutes les proportions annoncent la faiblesse physique : une taille *grêle*, celle dont la faiblesse tient à un défaut de proportion entre sa hauteur et sa grosseur. Une voix *grêle* est une voix claire, perçante, et qui manque de volume.

Gros, épais.

Une chose est *grosse* par l'étendue de sa circonférence; elle est *épaisse* par l'une de ses dimensions. Un arbre est *gros*; une planche est *épaisse*.

Il est difficile d'embrasser ce qui est *gros*; on a de la peine à percer ce qui est *épais*.

Guerrier, belliqueux, martial, militaire.

Un *guerrier* est celui qui fait la guerre. Un prince *belliqueux* est celui qui l'aime. Une ame *martiale* est celle dans laquelle se trouvent les qualités qui rendent propre à faire la guerre. Un *militaire* est celui dont le métier est de faire la guerre.

Militaire s'applique à tout ce qui concerne l'art, le métier de la guerre. Évolutions *militaires*, génie *militaire*, maintien *militaire*, habit *militaire*.

Le mot *guerrier* s'applique à tout ce qui

tient aux habitudes de la guerre. Souvenirs *guerriers*, plaisirs *guerriers*, musique *guerrière*, attitude *guerrière*.

Belliqueux indiquant un goût et une volonté effective de faire la guerre, ne s'applique guère qu'à un prince, à une nation. On appelle musique *belliqueuse* celle qui inspire l'amour de la guerre.

Martial ne s'applique point aux individus, mais seulement à quelques-unes de leurs qualités ou de leurs dispositions. Air *martial*, contenance *martiale*. On ne dit pas d'un homme qu'il est *martial*. Ce mot n'a point de pluriel masculin.

H

HABILE, CAPABLE.

LE *capable* peut, et l'*habile* exécute. Le premier a reçu de la nature de la *capacité*, de la puissance, des facultés ; l'autre a acquis de la science, de l'expérience, en étudiant, en observant, en pratiquant. Un homme peut être *capable* de commander sans être *habile* général.

HABILE, SAVANT, DOCTE.

On est *habile* par l'expérience ; *savant* par l'étude et la méditation ; *docte* par la lecture.

Les connaissances qui se réduisent en pratique rendent *habile*. Celles qui ne demandent que de la spéculation font le *savant*. Celles qui remplissent la mémoire font l'homme *docte*.

HABITANT, BOURGEOIS, CITOYEN.

Habitant se dit uniquement par rapport au lieu de la résidence ordinaire, quel qu'il soit.

Bourgeois marque une résidence dans la ville, et un degré de condition qui tient le milieu entre la noblesse et le paysan.

Citoyen a un rapport particulier à la société politique ; il désigne un membre de l'État appelé aux charges et aux emplois convenables à son rang.

HABITATION, MAISON, SÉJOUR, DOMICILE, DEMEURE.

Une *habitation* est un lieu qu'on habite quand on veut ; elle est commode ou incommode, riante ou triste, saine ou mal-saine.

La *maison* est un bâtiment qu'on n'habite souvent pas, et qui est destiné à garantir des injures de l'air, des entreprises des méchans, des attaques des bêtes féroces ; elle est grande ou petite, vieille ou neuve, etc.

Le *séjour* est une *habitation* passagère.

Le *domicile* est une *habitation* qu'on indique aux autres comme le lieu de sa résidence civile et politique.

La *demeure* est une *habitation* plus durable que le *séjour* : elle est par-tout où l'on *demeure* long-temps.

HABLEUR, FANFARON, MENTEUR.

Le *hableur* exagère tout ; il se plait à tout augmenter, et à débiter des mensonges.

Le *fanfaron* est un vantard qui exagère tout ce qu'il croit pouvoir lui faire honneur.

Le *menteur* dit des mensonges, débite ce qu'il sait n'être pas vrai.

On est *hableur* par habitude, *fanfaron* par amour-propre, et *menteur* par intention.

Être *hableur* ou *fanfaron* est une disposition du caractère ; être *menteur* est un résultat de la volonté.

HAINE, AVERSION, ANTIPATHIE, RÉPUGNANCE.

Haine s'applique plus ordinairement aux personnes. *Aversion* et *antipathie* conviennent à tout également.

On ne se sert de *répugnance* qu'à l'égard des actions, c'est-à-dire, lorsqu'il s'agit de faire quelque chose.

La *haine* est plus volontaire; elle vient de la passion, ou du ressentiment d'un cœur irrité et plein de fiel.

L'*aversion* et l'*antipathie* sont moins dépendantes de la liberté, et paraissent avoir leur source dans le tempérament ou dans le goût naturel; mais l'*aversion* a des causes plus connues, et l'*antipathie* en a de plus secrètes.

La *répugnance* ne dure pas : c'est un sentiment passager, causé par la peine ou le dégoût de ce qu'on est obligé de faire.

N'ayons de *haine* que pour le vice; d'*aversion* que pour ce qui est nuisible; d'*antipathie* que pour ce qui porte au crime; et de *répugnance* que pour les fausses démarches, ou pour ce qui peut donner atteinte à la réputation.

HAMEAU, VILLAGE, BOURG.

Assemblage de plusieurs maisons destinées à loger les gens de la campagne.

Quelques maisons rustiques élevées l'une auprès de l'autre font le *hameau*.

Supposez un gros *hameau* avec une église, une administration locale, etc. ; voilà un *village*.

Supposez un gros *village* où il y a de plus des marchés réglés, quelques ateliers, quelques fabriques, voilà un *bourg*.

HALEINE, SOUFFLE.

L'émission ou la sortie de l'air chassé des poumons.

Ouvrez la bouche et laissez sortir cet air de lui-même, ou par le mouvement seul des poumons, et sans effort, voilà l'*haleine*.

Rapprochez les deux coins de la bouche, et poussez l'air avec un effort particulier, c'est le *souffle*.

Le mot *haleine* indique donc particulièrement le jeu habituel de la respiration, et le mot *souffle* un acte particulier ou un état accidentel de la respiration, et des modifications passagères.

Avec l'*haleine* vous échauffez ; avec le *souffle* vous refroidissez.

On dit aussi l'*haleine* et le *souffle* des vents. Une douce agitation de l'air n'est qu'une *haleine* ; mais un léger courant d'air est un *souffle*.

Vous direz mieux l'*haleine* des vents chauds, des zéphirs ; et le *souffle* des vents froids, des aquilons.

HAPPER., ATTRAPER.

Happer, mot imitatif, exprime proprement l'action d'un chien qui, par un mouvement brusque du corps et de la gueule, saisit ce qu'on lui présente ou ce qui se trouve à sa portée. *Attraper*, c'est proprement prendre au piége et comme dans une *trape*.

On *happe* en saisissant une chose sur laquelle on s'élance par un mouvement brusque et soudain. Les sergens *happent* un homme qu'ils surprennent au passage.

On *attrape* en trompant, en faisant tomber dans une erreur, dans une méprise, dans un piége quelconque. Par extension, *attraper* signifie saisir ce qu'on a guetté ou poursuivi ; il signifie même quelquefois atteindre.

HARCELER, AGACER, PROVOQUER.

Harceler indique une action qui inquiète, tourmente celui qui la subit. Un fâcheux nous *harcèle* par ses importunités.

Agacer désigne l'intention de plaisanter et d'exciter à la plaisanterie. Un railleur nous *agace* par ses sarcasmes.

Provoquer exprime une attaque faite à dessein d'irriter, d'insulter celui à qui on s'adresse, et de l'engager à se défendre.

HARDIESSE, AUDACE, EFFRONTERIE.

Il y a dans la *hardiesse* quelque chose de mâle ; dans l'*audace*, quelque chose d'emporté ; dans l'*effronterie*, quelque chose d'incivil.

La *hardiesse* marque du courage et de l'assurance. L'*audace* marque de la hauteur et de la témérité. L'*effronterie* marque de l'impudence.

L'homme *hardi* est ferme, il avance malgré les obstacles. L'homme *audacieux*, souvent imprudent, les brave avec ostentation. L'homme *effronté*, souvent lâche, se fait un scandaleux plaisir d'affronter publiquement l'indignation et le mépris des honnêtes gens.

HARGNEUX, QUÉRELLEUR.

L'homme *hargneux* est d'humeur chagrine ; l'homme *querelleur*, d'humeur chicaneuse. L'un, toujours un peu triste, paraît mécontent de lui et des autres, et trouve par-tout des torts. L'autre, quelquefois d'humeur gaie, cherche des torts par-tout, et mécontente tout le monde.

On évite un homme *hargneux* ; on craint un homme *querelleur*.

HASARD, FORTUNE, SORT, DESTIN.

Le *hasard* ne forme ni ordre ni dessein ; il n'a ni connaissance ni volonté. La *fortune* forme des plans et des desseins, mais sans choix; elle agit en aveugle. Le *sort* suppose des différences et un ordre de partage : on ne lui attribue qu'une déterminaison cachée qui laisse dans le doute jusqu'au moment qu'elle se manifeste. Le *destin* forme des desseins, des ordres et des enchaînemens de causes; il connaît, veut et peut : ses vues sont fixes et déterminées.

Le *hasard* fait, la *fortune* veut, le *sort* décide, le *destin* ordonne.

HASARDER, RISQUER.

Hasarder, mettre au hasard; ce mot n'indique que l'incertitude du succès. *Risquer*, mettre en risque, ou y être : ce mot menace d'une mauvaise issue.

A choses égales, on *hasarde*; avec du désavantage, on *risque*.

Hasarder n'indique pas un succès, un événement plutôt que l'autre; tandis que *risquer* sert à indiquer dans la phrase tel ou tel genre d'événement. On *hasarde* son argent; on *risque* de le perdre et même d'en gagner.

Hasarder suppose toujours une action libre; vous *risquez* quelquefois sans le savoir et sans le vouloir.

HÂTER, PRESSER, DÉPÊCHER, ACCÉLÉRER.

Hâter marque une diligence plus ou moins grande et soutenue : on *hâte* une chose quand elle serait trop lente ou trop tardive.

Presser

Presser marque une impulsion forte et de la vivacité sans relâche : on *presse* la chose lorsqu'on est pressé.

Dépécher exprime une activité inquiète et empressée, même jusqu'à la précipitation : on se *dépéche* lorsqu'il ne s'agit que de finir la chose et de s'en débarrasser.

Accélérer marque un accroissement de vîtesse ou un redoublement d'activité : on accélère la chose lorsqu'elle va trop doucement ou qu'elle se ralentit.

HÂTIF, PRÉCOCE, PRÉMATURÉ.

Ils désignent une maturité avancée.

Hâtif indique seulement une chose avancée. Les fruits qui viennent les premiers ou dans la primeur sont *hâtifs.*

Précoce et *prématuré* marquent la circonstance de devancer ou prévenir la saison, le temps propre, les productions du même genre. *Précoce* n'exprime point d'autre idée. *Prématuré* désigne une maturité forcée ou une fausse maturité, quelque chose qui est contre nature. Ce qui est *précoce* arrive avant la saison, est hors de l'ordre commun. Ce qui est *prématuré* arrive avant la saison propre, est contre l'ordre naturel. Les fruits qui viennent naturellement ou par une bonne culture, avant la saison propre à leur espèce, sont *précoces.* Les fruits qui viennent par force avant la saison convenable, et trop tôt pour acquérir la bonté et la perfection de leur maturité naturelle, sont *prématurés*.

Ces mots s'appliquent figurément à l'esprit, à la raison, et les mêmes nuances les distinguent encore. La valeur qui n'attend pas le nombre des années est *hâtive* : la raison qui étonne dans l'enfance est *précoce* : la crainte qui prévoit un danger si éloigné, qu'il n'est, pour ainsi dire, que possible, est *prématurée*.

On doit observer, à l'égard de *prématuré*, qu'il s'applique essentiellement à ce qui s'appelle *mûr*; et cette qualité regarde proprement les fruits. Ainsi, à parler exactement, les fleurs ne sont pas *prématurées*; elles sont *précoces*; mais les fruits sont *précoces* et *prématurés*.

Haut, hautain, altier.

Haut, mot simple et générique, marque au figuré l'élévation en pouvoir, en dignité, etc., ainsi que la grandeur, l'excellence, la supériorité en tout genre. *Hautain* ne se dit proprement que des personnes, ainsi qu'*altier*; mais les poètes emploient quelquefois ces deux mots en parlant de certaines choses : mine *hautaine*, regard *hautain*, tête *altière*.

Haut se prend en bonne ou en mauvaise part, suivant les applications; car il y a une *hauteur*, comme une fierté, un orgueil convenable. *Hautain* se prend ordinairement en mauvaise part, et la poésie le dépouille, ainsi qu'*altier*, de son idée vicieuse. Dans l'homme *hautain*, la *hauteur* est vaine, boursouflée, glorieuse, importante, arrogante, superbe. Dans l'homme *altier*, elle est dure, ferme, imposante, impérieuse, absolue.

L'homme *haut* ne s'abaisse pas; l'homme *hautain* vous *rabaisse*; l'homme *altier* veut vous asservir plutôt que vous rabaisser.

Hérédité, héritage.

L'*hérédité* est la succession aux droits du défunt, et l'*héritage* la succession à ses biens. La propriété ou le domaine que la loi vous défère forme l'*hérédité*. Le bien ou le fonds que l'ancien possesseur vous laisse, forme l'*héritage*.

L'*hérédité* est le droit de celui qui *hérite*; l'*héritage* est la chose même dont il *hérite*. Ainsi, on dit l'*hérédité* d'une charge, d'un emploi, de la couronne; et l'on appelle *héritage* un domaine, un fonds, etc.

Hérétique, hétérodoxe.

L'*hérésie* est une opinion particulière par laquelle on se sépare de l'opinion commune en matière de religion.

L'*hétérodoxie* est dans l'opinion qui s'écarte de l'opinion reçue.

Ce qui est *hérétique* fait scission, fait secte, ou appartient à une secte; ce qui est *hétérodoxe* est simplement discordant, sans

P 2

aucune idée de parti, ou de relation avec un parti.

Héros, grand homme.

L'un et l'autre ont des qualités brillantes qui excitent l'admiration des autres hommes, et qui peuvent avoir une grande influence sur le bien public.

Le *héros* est un homme ferme contre les difficultés, intrépide dans le péril, et très-vaillant dans les combats : qualités qui tiennent plus du tempérament et d'une certaine conformation des organes, que de la noblesse de l'ame.

Le *grand homme* est bien autre chose : il joint au talent et au génie la plupart des vertus morales ; il n'a dans sa conduite que de beaux et nobles motifs ; il n'envisage que le bien public, la gloire de son prince, la prospérité de l'État et le bonheur des peuples. Alexandre n'était qu'un *héros*. Titus réunissait les qualités du *héros* et celles du *grand homme*.

Le *héros* est d'un seul métier, celui de la guerre ; le *grand homme* est de tous les métiers, ou de la robe, ou de l'épée, ou du cabinet, ou de la cour.

L'humanité, la douceur, le patriotisme, réunis aux grands talens, sont les vertus d'un *grand homme*. La bravoure, le courage, souvent la témérité, la connaissance de l'art de la guerre et le génie militaire, caractérisent le *héros* ; mais le parfait *héros* est celui qui à toute la capacité et à toute la valeur d'un grand capitaine, joint un amour et un désir sincères de la félicité publique.

HISTOIRE, FASTES, CHRONIQUES, ANNALES, MÉMOIRES, COMMENTAIRES, RELATIONS, ANECDOTES, VIE.

L'*histoire* est l'exposition ou la narration liée et suivie des faits et des évènemens mémorables les plus propres à nous faire connaître les hommes, les nations, les empires ; etc. Il y a des *histoires* universelles, des *histoires* générales, des *histoires* particulières.

Les *fastes* sont proprement des espèces de tablettes, ou de notes, des souvenirs de changemens authentiques dans l'ordre public, d'actes solennels, d'institutions nouvelles, de personnages illustres, les plus dignes d'être transmis à la postérité.

La *chronique* est l'*histoire* des temps, ou l'*histoire* chronologique divisée selon l'ordre des temps. Les gazettes sont des espèces de *chroniques*.

Les *annales* sont des *chroniques* ou des *histoires* chronologiques divisées par *années*, comme les journaux proprement dits le sont par jours. Les *annales* se bornent à exposer les faits, sans ornemens, sans réflexions, *année* par *année*.

Les *mémoires* sont les matériaux de l'histoire ; ils conservent et fixent la *mémoire* des choses.

P 3

Les *commentaires* sont des canevas d'*histoires* ou des *mémoires* sommaires.

La *relation* est le récit ou le rapport circonstancié d'un évènement, d'une entreprise, d'une conjuration, d'un traité, d'une fête, d'un voyage.

Les *anecdotes* sont des recueils de faits secrets, des particularités curieuses, propres à éclaircir les mystères de la politique et à développer les ressorts cachés des évènemens.

La *vie* est l'*histoire* d'un homme dans tous les momens et dans toutes les circonstances : elle nous dépeint l'homme public ou l'homme privé.

HISTORIOGRAPHE, HISTORIEN.

On appelle *historiographe* l'homme de lettres pensionné pour écrire l'histoire. Chaque souverain choisit son *historiographe*.

L'*historien* est l'homme, quel qu'il soit, qui écrit l'histoire ou une histoire.

L'*historiographe* tient plus de l'annaliste simple, et l'*historien* semble avoir un champ plus libre pour l'éloquence.

HOMME DE BIEN, HOMME D'HONNEUR, HONNÊTE HOMME.

L'*homme de bien* est nécessairement *honnête homme* ; mais l'*honnête homme* peut n'être pas *homme de bien*. Celui-ci est pur d'intention et de conduite ; il voit, veut et pratique le *bien* : il est droit dans ses vues, sage dans ses discours, moral dans toutes ses actions ; et la société a beaucoup à espérer d'un tel homme. L'*honnête homme* est juste, équitable ; il ne fait ni tort, ni mal à personne : la société n'a rien à craindre de lui. Par où l'on voit que l'*homme de bien* est de beaucoup au-dessus de l'*honnête homme*.

Entre l'*honnête homme* et l'*homme de bien* se trouve l'*homme d'honneur*, qui, par un sentiment d'orgueil, de fierté bien placée, ne fait rien qui lui paraisse indigne de sa propre estime.

HOMME HONNÊTE, HONNÊTE HOMME.

L'*honnête homme* a les vertus essentielles ; de la probité, de la bonne-foi dans les procédés, de la fidélité dans les paroles.

L'*homme honnête* n'a peut être pas dans l'âme toutes ces vertus, du-moins au même degré ; mais il est observateur attentif des usages et des biénséances de la société, observateur religieux des règles de l'*honnêteté* ; il est modéré, indulgent, poli ; il cède à vos intérêts et à vos goûts.

Les vertus propres de l'*honnête homme* sont des vertus capitales, primitives, fondamentales : les qualités de l'*homme honnête* ornent ces vertus, les perfectionnent, les complètent.

A l'*honnête homme* et à l'*homme honnête* on peut associer le *galant homme*, qu'on reconnaît à une manière de traiter, de procéder, d'agir, naturelle, aisée, ouverte, cordiale, pure, noble, généreuse et persuasive.

HOMME DE SENS, HOMME DE BON SENS.

Homme de sens dit plus qu'*homme de bon sens.*

L'*homme de bon sens* est un homme fort ordinaire, qui a assez de jugement et d'intelligence pour se conduire d'une manière convenable dans les affaires ordinaires de la société.

L'*homme de sens* a de la profondeur dans les connaissances et beaucoup d'exactitude dans le jugement.

HOMME VRAI, HOMME FRANC.

L'*homme vrai* dit fidèlement ce qui est ; l'*homme franc* dit librement ce qu'il pense.

L'un est incapable de fausseté et ne connaît pas le mensonge ; l'autre est incapable de dissimulation, et ne connaît pas la politique.

L'*homme vrai* ne trahit pas la vérité ; l'*homme franc* ne trahit pas sa pensée.

HONNÊTE, CIVIL, POLI, GRACIEUX, AFFABLE.

Nous sommes *honnêtes* par l'observation des bienséances et des usages de la société ; *civils*, par les honneurs que nous rendons à ceux qui se trouvent à notre rencontre ; *polis*, par les façons flatteuses que nous avons, dans la conversation et dans la conduite, pour les personnes avec qui nous vivons ; *gracieux*, par des airs prévenans pour ceux qui s'adressent à nous ; *affables*, par un abord doux et facile à nos inférieurs.

Il faut être *honnête* sans cérémonie ; *civil* sans importunité ; *poli* sans fadeur ; *gracieux* sans minauderie ; et *affable* sans familiarité.

HONNIR, BAFOUER, VILIPENDER.

Honnir signifie faire *honte* à quelqu'un, le traiter honteusement, s'élever contre lui par des cris injurieux, le poursuivre de traitemens humilians et flétrissans.

Bafouer, c'est *huer* quelqu'un à pleine bouche, s'en jouer sans ménagement, s'en moquer d'une manière outrageante, l'accabler d'affronts et d'injures.

Vilipender, c'est traiter quelqu'un de vil, ou comme vil, d'une manière avilissante, avec un grand mépris ; le décrier, le dénigrer.

Honnir est le cri du soulèvement et de l'indignation : *bafouer* est l'action de la dérision et de l'avanie : *vilipender* est l'expression du mépris et du décri.

HONTE, PUDEUR.

Les reproches de la conscience causent la *honte* ; les sentimens de modestie produisent la *pudeur*.

Hors, hormis, excepté.

Hors annonce la séparation qui existe entre tel objet et les objets collectivement énoncés. Le citoyen libre peut tout faire pour ses intérêts, *hors* l'injustice.

Hormis annonce l'exclusion qu'il faut donner à un objet particulier, naturellement compris dans la proposition collective. Tous les fils du testateur, *hormis* un seul, sont appelés à sa succession.

Excepté marque la distraction qu'il faut faire de la proposition générale. Tout le monde le blâme, *excepté* moi.

Humeur, fantaisie, caprice.

Sentiment vif et passager dont nous sommes affectés sans sujet.

Caprice et *humeur* tiennent plus au caractère, et *fantaisie* aux circonstances ou à un état qui ne dure pas.

Humeur emporte, outre cela, une idée de tristesse, et ne s'applique qu'aux hommes. *Fantaisie* s'applique aux hommes et aux animaux. *Caprice* s'applique quelquefois aux êtres moraux. Les *caprices* du sort.

Fantaisie a rapport à ce qu'on désire; *caprice*, à ce qu'on dédaigne; *humeur*, à ce qu'on entend ou qu'on voit.

HYDROPOTE, ABSTÊME.

Ces deux mots ne sont pas usités dans le langage ordinaire; ils signifient *buveur d'eau*.

Hydropote, mot de médecine, signifie à la lettre qui boit de l'eau par un goût particulier.

Abstême, mot de jurisprudence civile ou canonique, signifie qui se réduit à l'eau, par une aversion naturelle pour le vin, ou par toute autre cause.

HYMEN, HYMÉNÉE.

L'*hymen* forme le nœud du mariage; il fait l'époque de l'union.

L'*hyménée* tient le nœud indissolublement serré; il embrasse la durée de l'union. L'un annonce purement et simplement le mariage; l'autre le désigne dans toute son étendue, ses suites, ses circonstances, ses rapports.

HYPOCRITE, CAFARD, CAGOT, BIGOT.

Faux dévots.

L'*hypocrite* joue la dévotion, afin de cacher ses vices. Le *cafard* affecte une dévotion séduisante, pour la faire servir à ses fins. Le *cagot* charge le rôle de la dévotion, dans la vue d'être impunément méchant ou pervers. Le *bigot* se voue aux petites pratiques de la dévotion, afin de se dispenser des devoirs de la vraie piété.

L'*hypocrite* se déguise sous l'appareil de la religion. Le *cafard* fait de la religion un instrument d'iniquité. Le *cagot* accommode la religion à ses vices, à sa méchanceté. Le *bigot* se fait une petite religion commode. Tartuffe est tout cela ensemble : c'est l'*hypocrite* consommé dans tous les genres ou toutes les manières d'hypocrisie.

Hypocrite diffère des trois autres en ce qu'on ne dit pas seulement *hypocrite* de religion : il y a des *hypocrites* de vertu, de probité, d'amitié, et en tout genre de sentimens honnêtes.

J

JABOTER, JASER, CAQUETER, CAUSER.

CEUX qui *jabotent* ensemble, parlent et *causent* bas, avec un petit murmure, comme s'ils marmotaient. Ceux qui *jasent*, parlent et *causent* à leur aise, d'abondance de cœur et trop. Ceux qui *caquètent* parlent et *causent* sans utilité, sans solidité, avec assez d'éclat ou de bruit, avec peu d'égards ou d'attention pour les autres. *Causer*, c'est s'entretenir familièrement : on *cause* sur des choses graves comme sur des choses frivoles ; on *cause* d'affaires, comme pour son plaisir.

JAILLIR, REJAILLIR.

Jaillir marque une action simple, absolue et directe ; *rejaillir* marque le redoublement de cette action : il signifie aussi *jaillir* de divers côtés. L'eau *jaillit* en un flot du tuyau droit : divisée en filets différens comme une gerbe, elle *rejaillit* sur divers points de la circonférence.

Rejaillir se dit par extension des solides qui sont renvoyés, repoussés, réfléchis. Une pierre qui se brise contre une muraille *rejaillit* en morceaux.

Au figuré, on dit que les idées, les expressions *jaillissent* d'un esprit fécond, d'une bouche éloquente. *Rejaillir* exprime, dans le genre moral, le retour, le contre-coup, l'action de retomber l'un sur l'autre. La *gloire* des grands hommes *rejaillit* sur les princes qui les savent employer.

JALOUSIE, ÉMULATION.

La *jalousie* et *l'émulation* s'exercent sur le même objet, qui est le bien ou le mérite des autres.

L'émulation est un sentiment volontaire, courageux, sincère, qui rend l'âme féconde, qui la fait profiter des grands exemples, et la porte souvent au-dessus de ce qu'elle admire.

La *jalousie* est un mouvement violent, et comme un aveu contraint du mérite qui est hors d'elle. C'est un vice honteux, et le mot *jalousie* n'est synonyme d'*émulation* qu'autant que vous en ennoblissez l'idée propre, en ajoutant à ce mot l'épithète de *noble* : une *noble jalousie.*

À JAMAIS, POUR JAMAIS.

Ces deux locutions désignent une durée qui n'aura jamais de terme.

Pour jamais exprime simplement cette durée. Deux époux sont unis *pour jamais.*

À jamais appartient au langage de la passion : il exprime de plus l'intensité, la force, l'énergie de l'action. Une grande bataille est *à jamais* mémorable. Un homme est *à jamais* perdu, quand le mal est tel qu'il y a impossibilité de le réparer. Pour plus d'énergie encore, on dit *au grand jamais*, *à tout jamais*.

JOIE, GAÎTÉ.

La *joie* est dans le cœur; la *gaîté* est dans les manières.

La *joie* consiste dans un sentiment de l'ame plus fort, dans une satisfaction plus pleine : la *gaîté* dépend davantage du caractère, de l'humeur, du tempérament : l'une, sans paraître toujours au dehors, fait une vive impression au dedans ; l'autre éclate dans les yeux et sur le visage.

La *gaîté* est opposée à la *tristesse*, comme la *joie* l'est au *chagrin*. On peut être *gai*, même avec des sujets de chagrin ; comme on peut être *triste*, même avec une *joie* intérieure.

JOINDRE, ACOSTER, ABORDER.

Les personnes se *joignent* pour être ensemble ; elles s'*acostent* pour se connaître ; elles s'*abordent* pour se saluer, ou se parler.

JOUR, JOURNÉE.

Il en est de la synonymie de ces deux termes comme de celle d'*an* et *année*.

Le *jour* est un élément naturel du temps,

comme l'*an* en est un élément déterminé. Il
y a 7 *jours* dans une semaine ; 30 dans le
le mois ordinaire , et 565 dans l'année.

La *journée* est une durée déterminée, divi-
sible en plusieurs parties, et à laquelle on
rapporte les évènemens qui peuvent s'y rencontrer.

On désigne la vie entière par la pluralité
de ses élémens : il a passé ses *jours* dans la
tristesse.

On qualifie la *journée* par les évènemens
mêmes qui en remplissent la durée. La *journée* de Fontenoi fut glorieuse. On donne aussi
le nom de *journée* au travail fait dans le cours
d'une *journée* , et souvent au salaire même
de ce travail.

Jour signifie encore la clarté du soleil quand
il est sur l'horison , et quelquefois les ouver-
tures pratiquées dans un bâtiment pour y in-
troduire cette clarté. Dans aucun de ces deux
sens , ce mot n'est synonyme à *journée*.

JOYAU , BIJOU.

Les *joyaux* sont plus beaux, plus riches,
plus précieux ; les *bijous* sont plus jolis,
plus agréables , plus curieux.

Le *bijou* est toujours un ouvrage travaillé ;
le *joyau* n'est quelquefois que de la matière
brute. C'est sur-tout la façon que l'on considère dans le *bijou* , et la matière dans le
joyau. Ainsi la *joaillerie* se distingue de la
bijouterie en ce qu'elle comprend dans son

négoce les pierreries qui ne sont pas taillées ou montées.

Beaucoup de choses usuelles, comme tabatières, étuis, dés, sont rangées dans la classe des *bijous*, et ces choses là ne sont pas des *joyaux*.

JUGEMENT, SENS.

Le *sens* intellectuel est la faculté de percevoir, connaître, distinguer, discerner les objets, leurs qualités, leurs rapports. Lorsque cette faculté lie, combine ces rapports, et prononce sur leur existence, c'est le *jugement*.

Le *sens* est l'intelligence qui rend compte des choses ; et le *jugement*, la raison qui souscrit à ce compte. L'un est le rapporteur qui expose le fait ; l'autre, le juge qui décide. Nous *jugeons* sur le rapport des *sens*.

Le *jugement* est selon le *sens* : qui n'a point de *sens* n'a point de *jugement* ; qui a peu de *sens* a peu de *jugement*. Il est évident que le *sens* qui donne la connaissance des choses, règle le *jugement*, qui prononce sur l'état des choses. Le *sens* est la raison qui éclaire : le *jugement* est la raison qui détermine.

Le *sens* juge aussi ; mais alors, si nous ne l'appelons pas *jugement*, la raison en est que ses opérations sont si rapides, qu'on ne les distingue pas , qu'on ne les aperçoit pas ; on juge , on se détermine comme par instinct.

Le *sens commun* promet assez de *jugement* pour qu'on se conduise bien dans les conjonctures ordinaires de la vie. Un homme *de sens* aura de la profondeur dans le *jugement.* Avec le *bon sens* , on a le *jugement solide.* Le *sens* , joint à l'habitude des affaires , rend le *jugement* sûr.

Celui qui n'a point de *sens* est bête et imbécille ; celui qui n'a point de *jugement,* est fou , extravagant.

L'homme *sensé* a de la rectitude , du discernement , de la sagesse dans l'esprit : l'homme *judicieux* a de plus de la réflexion , de la critique et de la profondeur. On écoute l'homme *sensé* , on consulte l'homme *judicieux.*

Le *sens* regarde particulièrement la conduite , les affaires , les objets usuels : le *jugement* embrasse tous les objets du raisonnement.

JURISTE , JURISCONSULTE , LÉGISTE.

Le *juriste* fait profession de la science du droit. Le *jurisconsulte* consulte ou est consulté sur le droit , sur des points de droit. Le *légiste* fait profession de la science des lois.

L'avocat est *juriste* ; le procureur *légiste.*

JUSTESSE, PRÉCISION.

La *justesse* empêche de donner dans le faux, et la *précision* écarte l'inutile.

Le discours *précis* marque ordinairement que l'esprit est *juste.*

JUSTE, ÉQUITABLE.

Ce qui est *juste* est d'un droit parfait et rigoureux : ce sont les lois positives qui en décident. Ce qui est *équitable* est d'un droit imparfait et non rigoureux : les principes de la loi naturelle, l'honneur et la conscience de chacun en décident.

JUSTICE, ÉQUITÉ.

La *justice* est l'action de rendre à chacun ce que le droit ou la loi lui donne ; elle ne peut exister que chez les hommes réunis en société, ayant adopté des règles positives.

L'*équité* est la loi naturelle, qui connaît moins les règles de convention que le sentiment intime qui nous invite à agir envers les autres comme nous voudrions qu'on en usât envers nous.

La *justice* est dans le droit, et l'*équité* dans la raison. Nous sommes *justes* en nous conformant aux lois civiles ; nous sommes *équitables* en obéissant aux inspirations de la conscience.

JUSTIFICATION, APOLOGIE.

L'apologie n'est que la défense de l'accusé ; la preuve ou la manifestation de son innocence fait sa *justification*. La *justification* est le but de l'*apologie* ; celle-ci est un moyen de *justification*.

JUSTIFIER, DÉFENDRE.

Travailler à établir l'innocence ou le droit de quelqu'un.

Justifier suppose le bon droit, ou au moins le succès : *défendre* suppose seulement le désir de réussir. Cicéron *défendit* Milon, mais ne put le *justifier*.

Fin du Tome premier.

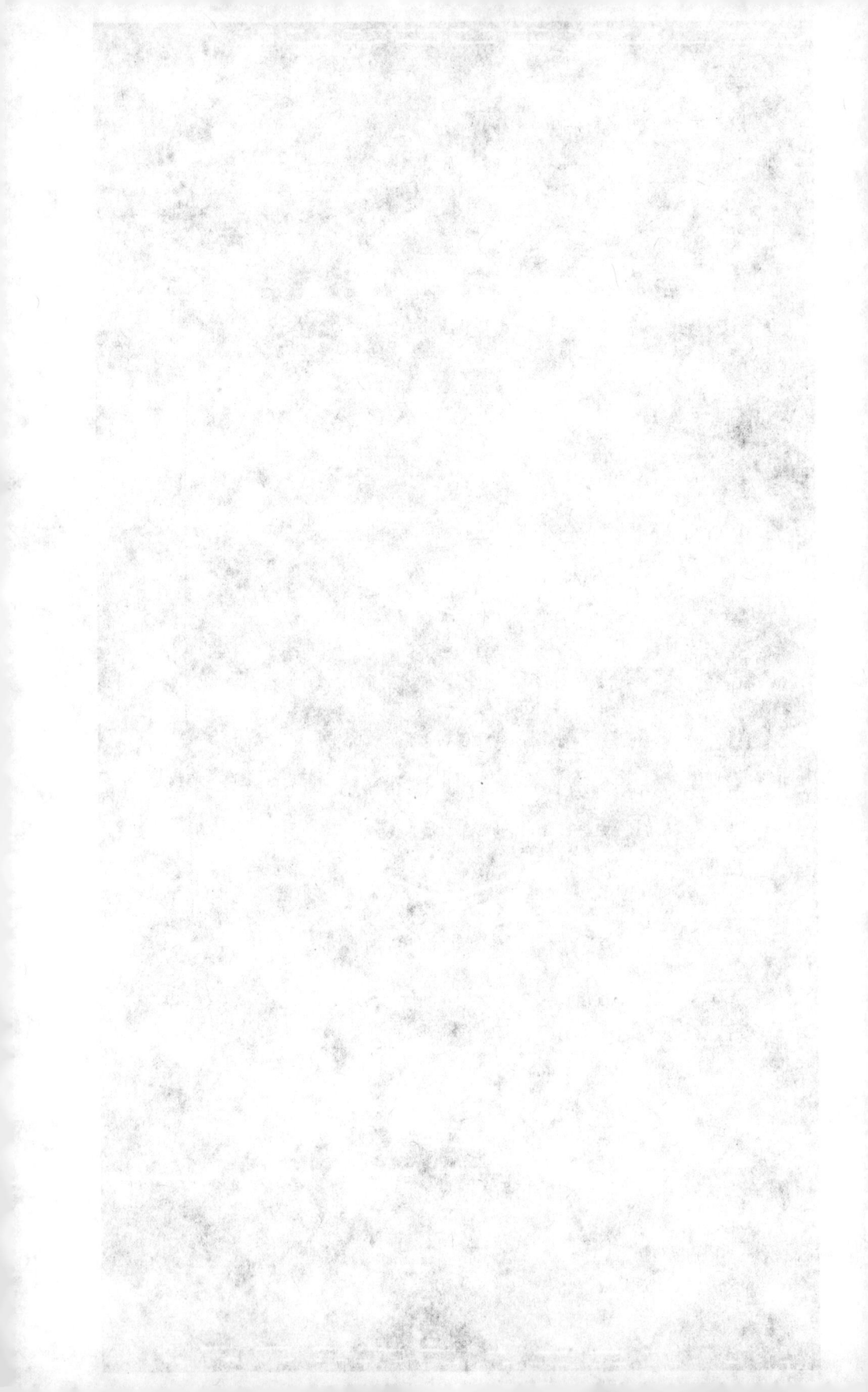

www.ingramcontent.com/pod-product-compliance
Lightning Source LLC
Chambersburg PA
CBHW071624270326
41928CB00010B/1774